DIEDERICHS
GELBE REIHE

Rocque Lobo

Traum und Karma im Ayurveda

Philosophie und Praxis

Eugen Diederichs Verlag

CIP-Titelaufnahme der Deutschen Bibliothek

Lobo, Rocque:
Traum und Karma im Ayurveda : Philosophie und Praxis /
Rocque Lobo. – München : Diederichs, 1990
(Diederichs' gelbe Reihe ; 88)
ISBN 3-424-01022-7
NE: GT

Umschlaggestaltung: Zembsch' Werkstatt, München
Produktion: Tillmann Roeder, München
Gesamtherstellung: Friedrich Pustet, Regensburg

ISBN 3-424-01022-7

Printed in Germany

Inhalt

Vorwort 9

Einleitung 15
1. Zum Stellenwert der altindischen Medizinliteratur in der Indologie 15
2. Zur Problematik der Herkunft und der Person Suśrutas 18
3. Zur Formkritik des Anfangsdialogs der Suśruta Samhitā und der Caraka Samhitā 19
4. Zur Geschichte der Suśruta Samhitā 24
5. Menschenopfer und Schamanismus 27
6. Zwei Schulen des Ayurveda 31

Kapitel I Das Herz und das Selbst aus der Sicht des Suśruta 33

1. Das Herz als Sitz des Bewußtseins 33
2. Das Herz als Sitz der Hingabe. Das Geben und Nehmen *(Hṛdayam)* 34
3. Pūrvadeha, der Frühere Leib 36
4. Sprache, Sozialisation und Zeit. Zum Begriff Karman 38
5. Sattva, Rajas und Tamas. Phasen der Bewußtseinsoszillation 46
6. Der Standort des »Kenners des Feldes« (Kṣetrajña-adhiṣṭānaṁ) 51
7. Die Kategorien der Prakṛti und der ihnen zugrundeliegende Denkakt 53
8. Das Samādhi-Erlebnis, ein Dissoziationsphänomen des Gehirns als Standort des Selbst 56
9. Kāraṇam, der Horizont der Seinsfrage 57
10. Karman als Rückstrahlung der Welt auf das Ich . . 58

11. Der Vaidya, ein Arzt, der zum Sehen verhilft 59
12. Die beiden Ich-Macher, ein Spiel von Sattva, Rajas und Tamas 60
13. Zusammenfassung 69

Kapitel II Oszillation, Chaos und Ordnung. Suśrutas Lehre von der Zeit 71

1. Sattva ist nicht nur Ordnung, Tamas nicht nur Chaos 71
2. Die unterschiedlichen Auffassungen von Caraka und Suśruta, Dravyam betreffend 72
3. Resetting-Modell versus Situationskreis 75
4. Caitanya, Bewußtsein als Prozeß 78
5. Vāyu oder Agni. Der Disput über Chaos und Ordnung im alten Indien 80
6. Die fünf Prāṇās oder Kategorien von biologischen Rhythmen 83
7. Vāyu, die lebendige Oszillation 87
8. Prāṇa und Udāna-Vāyu. Zum gestörten Akt der Nahrungsaufnahme 89
9. Das Medikament, das Herz und das Blut. Dravyam, Vāyu und Rajas 93
10. Der Durchschnitt und die individuelle Note im Hinblick auf das Experiment 96
11. Das Herz und die Marmas im Brustbereich 104
12. Zusammenfassung 106

Kapitel III Die Marma-Theorie des Suśruta, das Herzstück seiner »Lehre vom Pfeil« 108

1. Vāyu, der »Gefangene auf dem Feld« 108
2. Die Marmas des Kreislaufs und die »Lehre der fünf Elemente« 109
3. Zeit und Schmerz 115

4. Die fünf wichtigsten Marma-Gruppen des Brustkorbs 116
5. Die physiologische Bedeutung der Prāṇāyāma-Übung Nāḍiśodhana 119
6. Die fünf Elemente in der Symbolik des Schmerzerlebens im Traum 123
7. Zusammenfassung 131

Kapitel IV Vektoren des Traums, Vektoren des Herzens 133

1. Oszillation im Herzen. Ein Beispiel des Gleichgewichts zwischen Chaos und Ordnung 133
2. Zwei Zeitgeber zur gleichen Zeit, der Bhūta-Ahamkāra und der Sattva-Ahamkāra 143
3. Der Traum als subjektive Deutung der Vektoren des Herzens 146
4. Der Traum und die Irreversibilität der Zeit 154
5. Zusammenfassung 157

Kapitel V Elektrokardiographie als diagnostisches Mittel der Präventiv-Medizin . 159

1. Die Vektoren des Elektrokardiogramms 159
2. Der Test der Reaktionen des Blutkreislaufs 163
3. Die Korrelation in der Symbolik des Traums 167
4. Beispiel eines Konvergenz- und Konflikttraumes . . 170
5. Divergenz-Träume und Verständigung innerhalb der Gruppe 173
6. Die Dynamik einer Gruppe, eine Sache des Herzens 179
7. Zusammenfassung 187

Kapitel VI Die Fülle und die Leere der Zeit . . . 189

1. Das soziale Geschehen, Sehnsüchte und die Welt des Traumes 189
2. Fülle und Leere der Zeit im EKG 190
3. Das Karman und der Klartraum 192

Anhang 203

Anmerkungen 203
Abkürzungsverzeichnis 212
Gesamtergebnisse des in Kapitel V dargestellten Experimentes 213
Register 268

Vorwort

Die Entstehung dieses Buches fällt in die Zeit der Vorbereitung des internationalen Kongresses »Gesundheit in eigener Verantwortung – Mensch, Medizin, Gesellschaft«, der vom 10. bis 14. September 1990 in Hannover stattfinden soll. Als einer der vier Planer und Koordinatoren dieser Veranstaltung war mir ein Einblick in das Tauziehen hinter den Kulissen des Gesundheitswesens ermöglicht worden, der Sozialarbeitern auf so hoher Ebene im Normalfall kaum gewährt wird.

So erstaunlich es klingt, die Definition von Gesundheit ist eng mit der Definition des Wortes »Selbst« verbunden. Der Riß zwischen den zwei Lagern der Neurowissenschaften heute wurde durch die Definition des Begriffes »Selbst« hervorgerufen. Die eine Partei schwört in der Nachfolge von J. Eccles, daß die Erfahrung seiner selbst von einem evolutionären Sprung begleitet wurde, der den Unterschied zwischen Mensch und Tier ausmache.

Dieser Unterschied rücke den Menschen in die Nähe der Gottheit und lege ihm die Verantwortung für die Schöpfung und für seine eigene Selbstbestimmung auf.

Selbstorganisation sei, so sagt die andere Partei angeführt von F. Varela und H. Maturana, eine der Schöpfung innewohnende Intelligenz. Bezogen auf die Umwelt ist das Leben permanent in einem Prozeß des sich Anpassens und Umorganisierens begriffen. Gesundheit in eigener Verantwortung betreiben heißt, Sinn für diesen Prozeß entwikkeln, um sinnvolle Selbstorganisationsimpulse nicht zu verhindern.

Vor diesem Hintergrund betrachtete ich die verschiedenen pragmatischen Ratschläge der organisierten Gesundheitshilfe und der Gesundheitsbildung. Sie trugen so sehr den Stempel von Krankheit, daß ich in ihnen jene Schönheit vermißte, nach der ich bei meiner Reflexion des Wortes Gesundheit suchte. In dieser Situation befand ich mich während der Planung des Kongresses einerseits und der Übersetzung der *Suśruta Samhitā* andererseits. Das Ergebnis meines Nachdenkens über diese Situation findet auch in diesem Buch seinen Niederschlag.

Wie sehr der Status eines Berufsstandes in einer Gesellschaft für ihre Definition von Gesundheit und Krankheit für alle ihrer Bürger ausschlaggebend sein kann, führt uns die Beschäftigung mit der *Suśruta Samhitā* deutlich vor Augen. Zu Suśrutas Zeiten war die Definitionsmacht in der Hand der Priesterkaste (Brahmanen). Dem Arzt fiel damals eine untergeordnete Rolle zu, vergleichbar der des heutigen Sozialarbeiters. Er mußte für die Problemfälle der menschlichen Gemeinschaft und hauptsächlich für ihre Randerscheinungen Sorge tragen. In ihren Anfängen war die Chirurgie 1000 Jahre vor Christus in Indien keine angesehene Kunst. Ihren Platz unter den Wissenschaften mußte sie hart erkämpfen und die Angst, daß sie jederzeit verboten werden könnte, war durchaus begründet.

Heute stehen im Abendland Yoga, Ayurveda und die auf sie aufbauende körperorientierte Gesundheitsbildung an einem ähnlichen Platz. Die Vertreter dieser Disziplinen müssen Angst haben, daß ihre Kompetenz im Umgang mit Träumen, mit Bewegungsabläufen, Atemübungen und Ernährungsgewohnheiten von der kumulierten Definitionsmacht der etablierten Berufsstände in Frage gestellt wird.

Wo diese Disziplinen vorgeben, lediglich Wege zur Optimierung der Gesundheit aufzuzeigen, richtet man mikroskopisch genau das Objektiv auf die wenigen Fälle der Fehleinschätzung ihrer selbst, jener Klienten, in welchen eine Verschlechterung des Wohlbefindens eingetreten ist.

Man warnt dann hoheitlich vor jeder unkontrollierten Beschäftigung mit sich selbst und malt Horrorbilder von Verrückt-Werden und von der Aktivierung jahrelang latent gehaltener Krankheitsherde an die Wand. Obwohl rein statistisch gesehen die Wahrscheinlichkeit des Auftretens solcher Störungen des Wohlbefindens verschwindend gering ist und der Beweis eines Zusammenhanges zwischen ihnen und den durchgeführten Übungen nie einen Signifikanztest bestehen würde, zeigt sich gerade anläßlich solcher Zwischenfälle die Labilität des Systems in der Angst und der Unsicherheit, die sich unter den übrigen Übenden breit machen.

In dem Maße, wie die Therapeutisierung der Gesellschaft fortschreitet, steigt auch die Angst vor der Beschäftigung mit sich selber. Qualifikationen auf diesem Sektor dienen womöglich dazu, die Mauer vor dem eigenen Bewußtseinsspiegel, die Selbstreflexion noch höher einzurichten, damit man gar nicht hinzuschauen braucht, wo der Schuh sozial gesehen wirklich drückt.

Das Gesundheitswesen in der industriellen Welt begibt sich damit womöglich in die selbe ökonomische Krise, die einst Brahmanen in ihrer Habgier überfiel. Wo die Solidargemeinschaft nur noch zu Kasse gebeten wird und die Definitionsmacht darüber, wofür sie zahlt, lediglich in der Hand einer kleinen Gruppe von Experten bleibt, wird die Beschäftigung mit der eigenen Gesundheit in jene Regionen des Alltags verbannt, die zum Luxus und Überfluß gehören, in die Freizeit.

In dieser Freizeit jedoch macht sich die Frage nach dem eigenen Selbst, nach dem Wozu und in wessen Auftrag man die Last der Selbstverwirklichung des Berufslebens auf sich nimmt, laut.

Die Lebensqualität der Freizeit ist für viele heute wie einst für die Brahmanen das Fest, das Lebensziel. Doch auch diejenigen, deren Leben im Rausch der Selbstverwirklichung verpfuscht und behindert wurde, haben ein Recht auf die Antwort nach dem Wozu; auch diejenigen, die im Alter allein und verlassen mit den verfremdeten Bildern der Welt draußen über Apparate kommunizieren müssen, stellen sich die Frage, in wessen Auftrag dies alles geschieht.

Der große Chirurg der Vergangenheit war ein Licht auf dem Weg, der zur Antwort dieser Frage führte. Sein Licht kommt aus der Bespiegelung zweier Begriffskonstellationen am brahmanischen philosophischen Himmel: Traum und Karma.

In meiner Besprechung von Suśrutas Traumtheorie habe ich die heutige Traumforschung nicht gebührend behandeln können. Sie ist zweifellos anfangs von einer ähnlich sozialkritischen Einstellung inspiriert gewesen, wie diese bei Suśruta anzutreffen ist. Doch verfängt sie sich derzeit so sehr in den Auslegungen der verschiedenen miteinander rivalisierenden Schulen, daß es nötig war, in der Übersetzung von Suśrutas Gedanken sich von Fehldeutungen durch die falsche Wahl der Begriffskonstellationen freizuhalten. Der aufmerksame Leser möge mir das nachsehen.

Die moderne Gesundheitspädagogik steht heute unter einem Legitimationszwang. Ihr bleibt die Freizeit als Ort ihrer Betätigung, Überfluß und Luxus schaffen ihr den Boden, aus dem sie sich nährt. Es ist ein labiler Boden, auf welchem die tiefgründige Frage nach dem Selbst gestellt werden will.

Doch gerade hier leuchtet auch das Vorbild Suśrutas, eines Arztes jener Zeit, in welcher die Beschäftigung mit der eigenen Gesundheit in manchen Kreisen eine ähnlich vom Alltag abgerückte und sich in den Sphären des Überflüssigen und luxuriösen abspielende Chimere war. In anderen Kreisen derselben Gesellschaft war dafür das Wort Gesundheit ein Synonym für die eigene Existenz, den Selbstand, die Selbstachtung und überhaupt mit dem Gefühl für sich selbst verbunden.

Diese vom Krieg erschütterten Schichten, von der Not und der Armut gebeutelten Menschen wußten die Frage des Selbst weit weg von der Frage nach Besitz und Reichtum zu stellen. Bei ihnen ging es um Sein oder Nicht-Sein, und vor diesem Hintergrund war Krankheit keine Laune und Gesundheit kein Luxus.

Eine Gesellschaft, die bereit ist, die Frage der Gesundheit wirklich vor einem solchen existentiellen Hintergrund zu stellen, muß früher oder später Abschied vom Luxus nehmen, um die wahre Schönheit des Gesunden zu erfahren. Gesundheitsbildung in diesem Sinne getrieben, soll in diesem Buch eine Stütze finden.

Wir benützen den Begriff Gesundheit häufig in Metaphern. Jeder scheint zu wissen, was mit der Sanierung eines Konzerns, mit gesunder Konkurrenz oder gar mit morschen Wirtschaftssystemen gemeint ist. Doch schlägt der Streit um die eigentliche Definition des Wortes derzeit hohe Wellen.

Womöglich liegt es in der Natur des Begriffes selber, dessen existenzielle Bedeutung für einen selbst nur subjektiv höchstindividuell erfaßt werden kann. In welche eindeutige Kategorie soll der Begriff »Gesundheit« dann eingefaßt werden?

Und worüber geben uns die jeweiligen Metaphern Auskunft, wenn nicht über unsere eigene augenblickliche Erfahrung unserer eigenen leib-seelischen Wirklichkeit?

Das Doppelgesicht dieser Metaphern heute anzuschauen, zum Zeitpunkt nämlich, in welchem wir dabei sind, unsere Gesundheitssysteme zu sanieren, tut not. Überall dort sind sie in ihrer Angst erzeugenden Bedrohlichkeit präsent, wo Gesundheit nicht als Wert an sich, sondern lediglich als Gegengewicht zu der negativen Erfahrung der Krankheit begriffen wird, überall dort, wo es uns gut geht und wir doch nichts damit anzufangen wissen.

Die soziologischen Mahnrufe der vergangenen Jahre richteten sich an eine Gesellschaft, die in der Verdrängung von Schmerz die Steigerung von Lebensqualität erblickte. Heute ahnen zahlreiche Geistes- und Naturwissenschaftler, daß Schmerz ganz wesentlich als Frühwarnsystem des menschlichen Körpers zu verstehen ist. Die Verdrängung des Schmerzes, der Krankheit und des Sterbens bedeutet daher eher einen Rückschritt als eine Verbesserung der

Lebensbedingungen der Menschen der Industriegesellschaft. Deswegen verändert sich auch die Frage nach dem Selbstverständnis des Menschen in dem Maße, wie Schmerzrituale wieder Eingang in die Gesundheitsbildung finden.

Meiner Frau Dorothea möchte ich für die vielen Gespräche während der Konzeption und Ausarbeitung dieses Buches danken. Dadurch erst wurde der Text präziser und pointierter in seinen Aussagen. Meiner Tochter Christine, meinen studentischen Mitarbeitern Dagmar Schultheiß, Thomas Heis und Beniamin Zervos danke ich für die Erstellung des Manuskriptes und der Graphiken und vor allem für die damit verbundenen Rechenarbeiten.

München, im Juli 1990 *Rocque Lobo*

Einleitung

1. Zum Stellenwert der altindischen Medizin-Literatur in der Indologie

In der Indologie hat man bislang, was die Übersetzung der altindischen Sanskrit-Texte betrifft, religiöse und philosophische Inhalte bevorzugt. Die Auswahl wurde sozusagen von philosophischer Warte aus getroffen. Fragestellungen nach dem Wesen des Menschen oder seiner Stellung im Kosmos standen dabei im Vordergrund. Offensichtlich geschah dies aus der Vorstellung heraus, einen Beitrag zum Dialog zwischen den großen Weltkulturen zu liefern.

Altindische Medizin-Texte spielten in diesem Dialog bisher keine besondere Rolle. Es liegen einige wenig bekannt gewordene neuere Übersetzungen vor, wie die von W. Kirfel[1], G. Meulenbeldt[2] u. a. Hier handelt es sich um die Vāgbhaṭṭa Samhitā und das Mādhava Nidāna (nach 800 n. Chr.), beide Spätwerke, also Endprodukte mehrerer Überarbeitungen, von denen man annehmen kann, daß sie unter dem Gesichtspunkt einer fortschrittlichen Weiterentwicklung der Lehre von den Übersetzern ausgesucht worden sind. Die beiden Klassiker der altindischen Medizin sind die *Suśruta Samhitā* und die *Caraka Samhitā*.

Die *Suśruta Samhitā* ist einer der frühesten altindischen Medizin-Texte überhaupt und der erste bekannte Text, der sich ausdrücklich mit dem Gebiet der Chirurgie beschäftigt.[3] Ihr Verfasser bedient sich in seinen Ausführungen einer sehr ursprünglichen Körpersprache; in seiner Art und Weise, Organe und deren Tätigkeiten zu beschreiben, spiegelt sich ein unmittelbares Verhältnis zur Sprache und zum Körper wieder. Dieser Text ist meiner Auffassung nach deswegen sehr geeignet, um das ursprüngliche Denken in Ayurveda zu illustrieren, gerade weil er noch nicht von

Generationen von Medizinern funktionalisiert und damit verkrustet worden ist.

Altindische Medizin-Texte sind meist in Vers-Form geschrieben. Diese Verseinheiten, Ślokas genannt und zum Memorieren besonders geeignet, waren und sind heute noch für den Arzt in der Praxis gedacht. Konfrontiert mit einem Krankheitsfall, gruppiert dieser für sich durch das Rezitieren der Verse im Kopf alle zu einem bestimmten Begriff passenden Texte aus den verschiedenen Sanskrit-Standard-Werken. Durch diese assoziative Handhabung der Ślokas stellt er die Leitlinie für die jeweilige Diagnose und Therapie zusammen.

Da die Übersetzungen und Kommentare der altindischen Texte sprachlich gesehen für den Dialog mit den Geisteswissenschaften bestimmt waren, bekommt man den Eindruck, daß sie wie Antiquitäten behandelt werden. Die ursprünglichen Sanskrit-Termini erhalten einen altertümlichen Beigeschmack, und der Abstand zu einer naturwissenschaftlich geprägten Sprache ist entsprechend groß. So gesehen regen diese Texte nicht gerade zu einer Auseinandersetzung mit ihrem zugrundeliegenden Begriffsgefüge an. Was den medizingeschichtlichen Stellenwert als solchen anbetrifft, so kann man eine gewisse Befangenheit im humanistischen Ideal hellenistischer Prägung feststellen, sowie, bis zum 2. Weltkrieg die Neigung, die Geschichte des Denkens vor jedem Eindringling aus Asien zu hüten. Die wissenschaftliche Diskussion der letzten 100 Jahre über den spätantiken Dialog zwischen den hellenischen Philosophen selber und den Indern führte allerdings in Fachkreisen zur Entdeckung eines verblüffend großen Einflusses östlicher Magier auf das abendländische Denken in der Spätantike.[4] Diese Diskussion voranzutreiben ist jedoch überholt. Das Interesse an einer praktischen Nutzung in unserer Gesellschaft steht heute im Vordergrund.

In diesem Zusammenhang fielen mir auch die vielen Stimmen auf, welche aus der Praxis heraus oder aus der eigenen Erfahrung den hohen Grad an Gültigkeit einzelner Verfahren des indischen Medizin-Systems anerkennen. Wie oft betont wird, ist der Zugang zu dessen grundliegendem Paradigma auch deswegen nicht gegeben, weil auch auf indischer Seite die modernen ayurvedischen Veröffentlichungen einen starken Verschnitt darstellen. Die Gratwanderung zwischen dem Sanskrit und der Sprache der modernen Medizin ist schwierig. Es ist ein besonderes Gespür und Aufmerksamkeit für den unmittelbaren Charakter der Sanskrit-Texte notwendig. Die Gefahr, ihm physiologische Standard-Termini aufzustempeln, ist groß.[5]

Während meiner Ausbildung in den Grundlagen des Ayurveda fiel mir im Umgang mit den Ayurvedisten der besonders strenge Determinismus auf, den diese im Umgang mit ihren Patienten anwenden. Ich möchte nicht verhehlen, daß dieser eine gewisse abschreckende Wirkung auf mich hatte. Bei meinen Übersetzungen versuchte ich ihn zunächst sprachlich zu modifizieren. Er war jedoch von so grundlegender Art, daß mir dies nicht möglich war. Die Auswahl der Sūtras ist nicht zuletzt von meiner Lehrtätigkeit in der Sozialmedizin und der Sozialpädagogik geprägt, wo ich die erschreckende Hartnäckigkeit der Zivilisationskrankheiten erkennen mußte. Das Herz gehört in dieser Hinsicht zu den sehr gefährdeten Organen unserer Zeit.

Auf die Gepflogenheiten der Indologie der vollständigen Kompilierung Zeile für Zeile habe ich hier keine Rücksicht genommen. Die Verse werden stattdessen um einen Kernbegriff gruppiert und die unterschiedlichen Kontexte dieses Begriffes miteinander verknüpft.

Diese Verknüpfungselemente werden nun im Sinne moderner Arbeitshypothesen operationalisiert. Die Arbeitsweisen hierzu sind der Chronobiologie entnommen. Nur auf diesem naturwissenschaftlichen Boden war es mir möglich, die Aktualität Suśrutas herauszustellen.

Die Sozio-Chronobiologie ist eine Wissenschaftsdisziplin, die sich der gegenseitigen Bedingung von individuellen

Schlaf-Wach-Rhythmen des menschlichen Körpers und sozialen Prozeßen wie Arbeitszeiten, Festen, Trauerzeiten und der Medienkommunikation, die unsere inneren Uhren stellen und verstellen[6], widmet.

Die in den letzten Jahren entstandene Arbeit auf den Gebieten der Chronobiologie, in der Psychoneuroimmunologie[7] und in der Schmerzforschung[8] ergeben eine Fülle von Anknüpfungspunkten, die ihrerseits Suśrutas Schriften für das Verständnis des Phänomens Schmerz als individuelle Lebensbewältigungsstrategie im Rahmen der sozialen raumzeitlichen Gegebenheiten zu einer Fundgrube werden lassen. Erst durch die drei obenerwähnten Forschungszweige, die sehr genaue Nahaufnahmen des Gefüges einzelner Körperrhythmen gestatten, ist ein brauchbares Transfersystem für Suśrutas Lehre entstanden.

2. *Zur Problematik der Herkunft und der Person des Suśruta*

Suśrutas Name – man datiert den ältesten Teil seines Werkes auf 1000 v. Christus – bedeutet im Sanskrit soviel wie »Er hat es gut gehört«. Er selber beruft sich auf den König Dhanvantari, dessen Name wiederum »Herr des Inneren des Bogens« heißt. Mit der Namensgebung ist folgende Legende verknüpft: Zum Zeitpunkt des Krieges der Devas (Götter) mit den Asuras (Dämonen) befanden sich die Devas in einer bedrohlichen, mißlichen Lage. Sie waren kraftlos und matt geworden. Da entstieg der Arzt des Götterhimmels Dhanvantari aus dem in Wallung geratenen Weltmeer und brachte ihnen den Unsterblichkeitstrank (Amṛta). So gab er ihnen damit die Kraft zurück, und sie konnten wieder ihre Bögen im Krieg spannen.[9]

Bei den indischen Geschichtsquellen, die wir hier im wesentlichen benützen, handelt es sich sowohl um die Epen. *Mahābhārata* und *Rāmāyana* als auch um die Volkserzählungen und Legenden, *Purāṇas* genannt. Beim Lesen müssen wir dabei ständig im Hinterkopf behalten, daß sie Jahrhunderte lang unter der Federführung von Opferpriestern (Brahmanen) tradiert worden sind.

Sie spiegeln brahmanische Vereinnahmung und Verschleierung aber auch ein ständiges Tauziehen mit der Krieger-Kaste, welche die brahmanische Kompetenz in Frage stellt. So erfordert das Lesen dieser Schriften, beim Herausschälen des Geschichtskerns stellenweise geradezu einen detektivischen Spürsinn.

So nimmt man z. B. von brahmanischer Seite auf die oben erwähnte Selbstdarstellung Suśrutas in Verbindung mit Dhanvantari keinen besonderen Bezug.

Sein schlichter Titel »Divodāsa«, Diener des Himmels, besagt, daß er für die damalige Gesellschaft in einer untergeordneten Funktion angesiedelt gewesen sein muß. Man widmet sich dagegen ausführlicher einer anderen Figur, nämlich dem König Viśvamitra, als dessen Nachkomme und sogar manchmal Sohn Suśruta angesehen wird. Dieser ist die von den Kṣatriyas verehrte Symbolfigur, der die Brahmanen Widerstand leisten.

3. Zur Formkritik des Anfangsdialogs der Suśruta Samhitā und der Caraka Samhitā

Stellt man die Anfangskapitel der *Suśruta Samhitā, Sūtra Sthānam*, neben die Anfangsverse der *Caraka Samhitā*, so fällt nicht nur die unterschiedliche Szene auf, sondern auch der Unterschied im Inhalt des Dialogs.

Der Anfangsteil der *Suśruta Samhitā*, sinngemäß zusammengefaßt, lautet folgendermaßen:

Einst saß der heilige Dhanvantari, der Starke unter den Göttern, inkarniert als Divodāsa, König von Kaśi, in seinem Hain, umgeben von den heiligen Ṛṣis Aupadhenava, Vaitarana, Aurabhra, Pauśkalavata, Karavīrya, Gopura-rakṣita, Suśruta und andere; sie sagten zu ihm: »Es tut uns weh zu sehen, wie freundliche Menschen, die von ihren Verwandten und Bekannten geschätzt werden, plötzlich durch Krankheiten befallen werden und vor Schmerzen schreien wie lieblos verlassene Kreaturen. Wir bitten dich, zeige unserem Verstand, was wir tun können, um diese Leiden zu lindern.« ...

Dhanvantari antwortete: »Ayurveda war ursprünglich ein Teil des Atharvaveda; sogar vor der Erschaffung des Menschen hatte Brahmā (der Schöpfer) ihn in 100 000 Ślokas zusammengefaßt und in 1000 Kapitel eingeteilt. Doch dann sann er über die kurze Dauer des menschlichen Lebens nach und über das Nachlassen der Schärfe des menschlichen Gedächtnisses. Da hielt er es für weise, den Corpus des Ayurveda in acht Gebiete einzuteilen ... Hört bitte meine Erläuterung zum Śalya-Tantra (Chirurgie), welches die älteste aller Fachgebiete der Medizin des Ayurveda ist und welches von den vier Quellen des Wissens, nämlich dem Augenschein *(Pratyakṣa)*, die Schlußfolgerung *(Anumāna)*, der Überlieferung *(Āgama)* und dem Vergleich *(Upamāna)* gespeist wird.« (Su. Sth. I, 1 ff.)

Die Erwähnung der vier Quellen des Wissens stellt eine Besonderheit dar. Kein anderer altindischer Medizintext gibt derartige konkrete Handlungsanweisungen an den Arzt. Die einmal festgelegten für immer gültigen Anweisungen eines Caraka z. B. erlauben, fast wie Normen und Gebote, nur eine formelhafte Anwendung. Suśruta stellt hier im modernen Sinne geradezu dynamische Lernziele auf. Er stellt damit einen gewissen Anspruch an den Schüler, was eine Besonderheit der Yoga-Tradition ist (siehe S. 52). Dies ist im Brahmanismus nicht zu finden.

In der heutigen naturwissenschaftlichen Sprache könnte man zu den vier Quellen des Wissens ergänzend sagen: Wahrnehmung eines Phänomens, Schlußfolgerung aus der Wahrnehmung, neue Paradigmen oder Analogie-Bildung und Vergleich mit traditierten Paradigmen.

Die Anweisungen Suśrutas zur Chirurgie sind ein Kapitel, das noch eine besondere Aufarbeitung verdient. Von der plastischen Neugestaltung besonders grausamer und schlimmer Kriegsverletzungen angefangen (Su. Sth. XVI) bis hin zu Darmoperationen (Ci. Sth. II, 39–41) reichen die Beschreibungen. Dabei wird deutlich, welch hohen Stand die Chirurgie schon damals in Indien erreicht hatte. Bis ins Detail beschreibt Suśruta die Fertigkeit, ein Stück Haut von der Wange auf die infolge kriegerischer Auseinandersetzungen verletzte oder abgeschnittene Nase zu transplantieren. Geradezu genial ist seine Verwendung von Ameisen, um getrennte Darmabschnitte bei einer Operation zusammenzusetzen. Die Ameisen werden an die Enden der Darmstücke gehalten, ihre Kiefer beißen zu und fungieren als Zusammenhalt. Danach werden ihnen die Körper abgetrennt. Sogar der Schmied erhält von Suśruta Instruktionen zur Herstellung der Operationsinstrumente (Su. Sth. VII, VIII, XII). Suśruta hat Tierschnäbel, Zähne und Klauen in ihrer Funktion in der Natur so gut beobachtet, daß sie ihm als Vorlagen für seine Instrumente dienen. Zur Begründung für die zentrale Stellung des *Śalya-Tantra* läßt Suśruta Dhanvantari folgende eindringliche Legende erzählen:

Einst, wie berichtet wird, soll Rúdra, der schreckliche Zerstörer und Gott des Krieges, im Zorn dem Opfergott Yajña den Kopf abgeschlagen haben. Daraufhin begaben sich die Götter (Anm. des Verfassers: außerhalb des Himmels) zu den Aśvins (Anm. des Verfassers: die Zwillingsbrüder der niedrigen Schuhmacher-Kaste) und sprachen sie so an: »O unsere Herren, o Zwillinge, Ihr seid die Größten von uns allen. Verbindet Ihr bitte den Kopf des Yajña wieder mit seinem abgetrennten Rumpf.« Ihnen antworteten die göttlichen Aśvins: »Wir werden tun, Ihr Herren, was Ihr uns befehlt zu tun.« Dann baten die Götter den Indra (der Ranghöchste des Götterhimmels), er möge einen Teil der Opfergaben, die im Opfermahl dargebracht werden, den göttlichen Zwillingen zukommen lassen. Die Aśvins nähten den Kopf und den Rumpf wieder zusammen. ...

Die Legende verdeutlicht die Wichtigkeit des Śalya (Chirurgie) als praktische Fähigkeit, welche unmittelbare schnelle Erfolge und die schnelle Linderung von Schmerzen zeitigt (S. S. Su. Sth. I, 1–4, I, 24 und I, 25).

Caraka läßt eine große Menge von heiligen Sehern (Ṛṣis) – es sind 53 Familienhäupter genannt – an Indra mit der Frage nach der Beschreibung der Heilkunst herantreten (C. S. Su. Sth. I). Diese Seher haben sich vorher mit Opfergeschenken und durch Fasten und Bäder auf diesen wichtigen Moment vorbereitet. Es wirkt wie ein Konzil von heiligen Bischöfen, deren Sorge es hier ist, daß die Krankheiten das Wohlbefinden des Menschen stören, sie ihres Besitzes berauben und mit Schmerzen quälen. Ayurveda wird als Wissenschaft vom »Zusammenhalt« verstanden, und man fragt sich, wie man Menschen helfen könnte, Gesundheit zu genießen, damit sie sich nach den Geboten der Religion richten, die Gelübde halten und die Rituale ordnungsgemäß durchführen können. Die Krankheiten werden als Störungen gesehen, die beseitigt werden sollen. Während Suśruta in seiner Legende mit der Tat Rūdras die Notsituation eindringlich deutlich macht, in der die sofortige Hilfe der Aśvins Rettung bedeute, läßt Caraka die Legitimation des Ayurveda auf den Pfeilern der Tradition ruhen. Caraka schickt voraus, daß Bharadvāja (der Brahmane) wußte, daß Indra sein Wissen von den Aśvins bekommen hatte; diese wiederum bekamen es von Dakṣa und Dakṣa bekam es von Brahmā, dem Schöpfer selber.[10]

Genau die gleiche Genealogie finden wir zusätzlich auch an einer späteren Stelle bei Suśruta (I, 16).[11]

Formkritiker meinen daher, daß der Kern und damit die älteste Schicht der Überlieferung der *Suśruta Samhitā* durch Nāgārjuna (2./3. Jh. n. Chr.) in eine andere Form umgegossen wurde.[12] Dort, wo die großen Ähnlichkeiten mit der

Genealogie in der *Caraka Samhitā* gegeben sind, können wir annehmen, daß diese Ähnlichkeiten die neue Form darstellen. Sieht man von dieser späteren Einschiebung ab, so ergibt dieser Torso ein deutliches Bild:

Dhanvantari stellt die Chirurgie als eine sehr pragmatische Kunst in den Vordergrund. Er belächelt die Ohnmacht der Opferpriester bei der Heilung von Krankheiten ohne Kenntnis der Chirurgie.

Die Hinweise auf Rūdra (Śiva) im Text zeigen deutlich, daß dies die Unterschicht der Heilkunst darstellt, da, wie R. G. Bhandarkar erläutert, die Figur des Śiva-Rūdra schon eine allgemein bekannte Gottheit war, noch bevor ihre Stellung durch Viṣṇu streitig gemacht wurde.[13]

Wahrscheinlich ist dies auch der Grund für Caraka gewesen, den Namen Dhavantari in seiner Liste von Ṛṣis nicht zu erwähnen, da dieser auch dem Shiva-Kult näher zu stehen scheint. Caraka erwähnt dabei Galava als einen der Ṛṣis, und die üble »brahmanische Legende« läßt Dhavantari als Sohn Galavas aus einer nicht-ehelichen Verbindung mit einer Frau aus einer niederen Kaste (Vaiśya) erscheinen. Dieser Sohn wird dann von Bharadvāja in Ayurveda instruiert und in Kāśi als König eingesetzt.[14]

Es scheint daraus verständlich zu sein, daß die brahmanische Tradition mit einer potenten Kṣatriya-Figur aus der Vergangenheit fertig werden mußte, die den Segen der Chirurgie entdeckt hatte. Diese Figur vermochte offensichtlich vieles an ihrem Opferdenken und ihren Zauberritualen im Umgang mit Krankheit in Frage zu stellen. Ihre Wirkung auf die menschliche Gemeinschaft konnte für den Priesterstand gefährlich werden, da die Heilerfolge nicht zu leugnen waren. Daher konnte sie nur durch eine Umtaufe zum Brahmanen unschädlich gemacht werden. Dhanvantari oder jener König Divodāsa von Kāśi, der ungeschliffene Edelstein, mußte im Brahmanen-Reliquienschrein eingefaßt werden.

Interessanterweise verwendet man dafür sogar den Dialogstil der Upaniṣaden, der eine Erfindung der Kṣatriya-Denker gewesen war. Dieser Dialogstil degeneriert zur Indoktrinierung. Während in der ältesten Schicht der *Suśruta Saṃhitā* noch sehr einleuchtende Aperçus über die Ohnmacht von Opferzeremonien als Antwort auf Fragen geliefert werden, ist in der jüngeren *Caraka Saṃhitā* die Antwort auf jede Frage eine fertige Lehre. Beim Vergleich des Textes der *Suśruta Saṃhitā* mit dem der *Caraka Saṃhitā* fällt die Sprunghaftigkeit der Erklärung bei Suśruta auf, die typisch für lebendige Dialoge ist. Der Text wirkt dabei wie die Nachschrift eines Medizinstudenten, der am Krankenbett die Erläuterungen des Chefarztes festhält. In der *Caraka Saṃhitā* hingegen ist die deduktive Methode auffallend.

Caraka ist ganz von der Systematik und Logik des Nyāya-Vaiśeṣika-Systems, der indischen Philosophie des Atomismus, durchdrungen. Er erklärt jeden Begriff, den er verwendet, verbindet ihn mit anderen und zieht daraus Schlußfolgerungen. Suśrutas Schrift scheint die ursprünglichere zu sein. Daher schließe ich mich der Ansicht von A. Hoernle und anderen an[15], daß der älteste Teil der *Suśruta Saṃhitā* sicherlich in die Zeit der Entstehung der älteren Upaniṣaden (1000 v. Chr.) zu legen ist.

4. Zur Geschichte der Suśruta Saṃhitā

Die Entstehungsgeschichte der *Suśruta Saṃhitā* gibt einen interessanten Einblick in den soziologischen Hintergrund der indischen Geistesgeschichte. Sehr deutlich kommt hier eine kastenspezifische Dynamik in der Auseinandersetzung zwischen Brahmanen und Kṣatriyas zum Vorschein. Dieser Prozeß zeitigte die Entstehung der Lehre vom Selbst (Ātman) in der Ablösung der Lehre vom Brahman (das innerste Prinzip des Opfers), die Sāmkhya-Yoga-Philosophie, und zuletzt die Lehre des Gotamo Buddho. In dieser Tradition steht Suśruta mit seiner »Lehre vom Pfeil« *(Śalya-Tantra)*, welche eine sehr genaue Beschäftigung mit den innerkörperlichen Abläufen darstellt.[16] Ihre Ergebnisse waren so präzise und anwendbar, daß die *Suśruta Samhitā* als das erste chirurgische Lehrbuch der Welt angesehen wird.

Man kann die *Suśruta Samhitā* auch als sozialmedizinisches Dokument betrachten, in welchem sich die Kṣatriyas in aufklärerischer Weise vom Opferritual bzw. vom Opferprivileg der Brahmanen zu befreien versuchen.

Suśruta wird als Nachkomme Viśvamitras angesehen; dies bedeutet, daß er im traditionellen Verständnis der Inder auf der Seite der Kṣatriyas oder Krieger und Staatsmänner steht.

Viśvamitra nämlich ist jener König des Altertums gewesen, der es laut den indischen Epen *Mahābhārata* und *Rāmāyana* zu einem so beträchtlichen Wissen über Brahman gebracht hatte, daß er damit den Götterhimmel bedrohte. Der Brahmane Vaśiṣṭha, sein Gegenspieler, mußte ihn schließlich als ebenbürtig anerkennen. Viśvamitra, der als Freund aller Menschen dargestellt wird, und wegen seiner Neigung zum Mitleid mit anderen oft in schwierige Situationen gerät, wird als Symbolfigur von Generationen von Kṣatriyas angesehen, die durch Entsagungen und harte asketische Übungen in das Herz der menschlichen Leidenschaften vordrangen, in den Sinn der Opferrituale mit ihrem eindeutigen Ziel der Vermehrung des Besitzes der Opfernden samt aller damit verbundenen sozialen Ungerechtigkeiten und Unmenschlichkeiten.[17]

Vaśiṣṭha steht auf der Seite der Brahmanen mit der wunderbaren Kuh Sabbala *(Naṇḍini)*, die ihrerseits eine Zeitlang als befähigt erschien, ganze Armeen des Königs Viśvamitra zu vernichten. Der Kern der Geschichte scheint die Frage nach dem Sinn jener Kriege zu sein, die im Interesse der Verteidigung des Besitzes der Opferpriester (Brahmanen) und ihrer Opferfeste von den Kṣatriyas geführt werden mußten.[18]

Die Legenden, die sich um diesen Kern bildeten, zeigen in aller Deutlichkeit die Heftigkeit und Dreistigkeit, mit welcher diese Auseinandersetzung wahrscheinlich über Jahrzehnte und Jahrhunderte hinweg durchgeführt wurde.

Auf der einen Seite scheinen plötzlich Kṣatriyas Brahmanen zu bezahlen, die für sie die nötigen Opferzeremonien vorbereiten, auf der anderen Seite zeigen dann die Brahmanen in solchen Entäußerungen des Opferrituals, wie sehr sie darunter leiden. Diese Rollenumkehrungen sind nicht zuletzt ein deutlicher Hinweis auf gegenseitige Schuldzuweisungen, die zwischen den sich befehdenden Parteien hin- und herflogen.

In solchen Legenden aber spielt Viśvamitra immer die Rolle des Erlösers und Retters der Gequälten, und dies deutet an, wie langsam die soziale Wandlung sich vollzog – weg vom Brandopfer und der Schlachtung von Menschen und Tieren bis hin zu einem tiefgreifenden Verständnis vom menschlichen Leiden in seinem individuellen und sozialen Kontext.

In der Einleitung zu seiner Samhitā spielt Suśruta selber auf diese Auseinandersetzung zwischen Brahmanen und Kṣatriyas an. Für ihn leitet sich die Legitimation seiner *Śalya Tantra* oder Chirurgie von der Notwendigkeit ab, die Verwundeten auf dem Schlachtfeld zu heilen und nicht etwa davon, die Götter durch Opfer gnädig zu stimmen. Doch hinter dieser kurzen, sehr pragmatisch ausgerichteten Argumentation steht weit mehr an Geschichte, die zum Verständnis von Suśrutas Gedanken in seiner Samhitā nötig wäre.

Das zentrale Anliegen der *Suśruta Samhitā* ist die Überwindung des Menschenopfers zur Heilung anderer Menschen.

Ein Beispiel für die Auseinandersetzung mit dieser Art der Heilung ist die berühmte *Sunaḥśepa*-Legende. H. v. Glasenapp erzählt die *Sunaḥśepa*-Legende, die über diesen Prozeß Auskunft gibt, wie sie im Ṛgveda enthalten ist:

Der kinderlose König Hariścandra bat den Gott Varuṇa, ihm einen Sohn zu schenken und versprach, ihm diesen zu opfern. Als dann der Sohn, der den Namen Rohita erhielt, geboren worden war, verstand es der König, die Opferung immer weiter hinauszuschieben, und als sie schließlich stattfinden sollte, entfloh der zum Jüngling herangewachsene Rohita in den Wald. Hariścanda wurde von Varuṇa für seinen Eidbruch mit der Wassersucht bestraft; Rohita aber irrte sechs Jahre im Walde umher. Schließlich traf er einen Seher, Ajigarta, der ihm, von Hunger gequält, den zweiten seiner drei Söhne, Sunaḥśepa (Hundeschwanz), für hundert Rinder verkaufte. Mit diesem kehrte Rohita zu seinem Vater zurück, und mit Varuṇas Erlaubnis sollte nun Sunaḥśepa bei Gelegenheit einer feierlichen Königsweihe geopfert werden. Da sich niemand dazu bereit fand, das Menschenopfer darzubringen, erbot sich Ajigarta, gegen Zahlung von zweihundert Kühen seinen Sohn an den Opferpfosten zu binden und zu töten. Als der entmenschte Vater sein trauriges Werk verrichten wollte, pries Sunaḥśepa die Götter mit Hymnen, die im Ṛgveda überliefert sind, und wurde dadurch seiner Fessel ledig.

Da verschwand Hariścandas Krankheit. Sunaḥśepa aber wurde von dem Heiligen Viśvamitra vor seinen hundert eigenen Söhnen als Erbe eingesetzt.[19]

Wichtig ist die Erwähnung Súnaḥśepas als Erbe Visvamitras. Auch Suśruta steht in dieser Genealogie, die eng mit der Idee des Pañcarātra verbunden ist. Diese wiederum wird als wesentlich für die Sāṁkhya-Yoga-Tradition angesehen.[20]

5. *Menschenopfer und Schamanismus*

Um sich ein Bild davon zu machen, was die Ablösung vom Menschenopfer in Indien bedeutete, muß man sein Augenmerk nur auf die heute noch praktizierte Hakenschwung-Zeremonie lenken, in welcher junge Männer sich freiwillig an Haken, die in ihr Fleisch eingesetzt werden, aufhängen lassen und zum Tempel der blutrünstigen Göttin Kāli geführt werden.

Im Ursprung scheint die Vorstellung geherrscht zu haben, daß diese Göttin »Mutter der Zeit« sei. Wenn sie eine »schlecht gelaunte Zeit« *(Kāla)* herbeiführt, in welcher es Epidemien, Hungersnot, Fluten oder Dürre u. a. gibt, so kann sie nur durch das Opfer des besten Teiles der menschlichen Gemeinschaft besänftigt werden, das heißt durch Tötung eines jungen Menschen. Die Überwindung dieser Vorstellung geschieht in der Entdeckung der Meditation als eines besonderen Aktes der Besänftigung der bedrohlich gewordenen biologischen Regulationen.[21]

Die *Suśruta Saṃhitā* liefert die Grundlage für die Wirkweise dieser meditativen Praktiken, in welchen Menschen wahre Wunder der eigenen Schmerzregulation hervorbringen. Sie demonstrieren durch die vielen Stiche mit Pfeilen, die ihnen durch die Wangen, die Muskeln der Brust oder des Rückens zugefügt werden, daß sie immun gegen Pfeile sind. Suśrutas »Lehre vom Pfeil« *(Śalya Tantra)* liefert die theoretische Erläuterung dieses Phänomens, die *Sunaḥśepa*-Legende deutet seinen geschichtlichen Ursprung an. Sunaḥśepa selber hat im Gegensatz zu früheren Opfer-Jünglingen vor der Tötung nicht gewehklagt. Er hat im Trance-Zustand in die Tiefe des menschlichen Leidens geblickt und Verse darüber gesprochen, die im Ṛgveda enthalten sind.

Die hier beschriebenen Umstände von der Adoption eines armen Brahmanen bis hin zu den Gesängen in Trance, die den Tod verhinderten, spiegeln die gesamte Problematik wider, die sich im Umfeld dieser Opferzeremonien auftaten.

In diesem Zusammenhang erscheint mir daher der Streit um das Alter der *Suśruta Saṃhitā* (welcher Teil vor oder nach Christus verfaßt wurde) weniger wichtig als die Tatsache, daß Suśruta als Nachkomme des Ṛṣis Viśvamitra seit der Antike angesehen wurde. Auch wenn diese Behauptung lediglich in Texten wie dem *Mahābhārata* und dem *Garuda Purāṇa* gemacht wird, in Erzählungen also, die Helden ins mystisch Unglaubliche zu steigern verstehen, so scheint der Wahrheitskern der Überlieferung die uralte philosophische Fehde zwischen der Kṣatriya- und der Brahmanen-Kaste zu sein. Zusammenfassend möchte ich wiederholen:

Viśvamitra verkörpert die staatsmännische Macht, die Jahrhunderte lang durch das brahmanische Ritual (verkörpert durch Vaśiṣṭha) in die Knie gezwungen worden war. Doch durch eigene Anstrengungen brachte es Viśvamitra und damit auch die Kṣatriya- oder Krieger-Kaste zu einer ebenbürtigen religiös-philosophischen Leistung, die letztendlich von den Brahmanen (Vaśiṣṭha) akzeptiert werden mußte. Die Sāmkhya-Philosophie und der Yoga sind in dieser Kṣatriya-philosophischen Tradition zu Hause. Womöglich hat in ihnen auch der Buddhismus seinen Ursprung.

Hier hinein will die Tradition die älteste Schicht des Wirkens des Suśruta legen. Er soll laut mancher Autoren ein Zeitgenosse des Buddha gewesen sein. Doch die jetzige Samhitā, die seinen Namen trägt, ist sicherlich durch Nāgārjuna im 2./3. Jahrhundert nach Chr. überarbeitet worden.[22]

Wie allerdings auch der Name dieses Autors verrät, steht er (Nāgārjuna) in enger Beziehung zum Schlangen-Kult und damit zu jener Tradition, die später im Tantra ihre Blüte fand.[23] Betrachtet man daher Suśrutas Darstellung des Körpers von diesem Blickwinkel, so wird einem der Schlüssel zum Verständnis seiner »Lehre vom Pfeil« *(Śalya Tantra)* in die Hand gelegt: Es ist die Überwindung des Puruṣamedha oder des Menschenopfers, die in jenem Kult der Schlange offensichtlich praktiziert wurde, aus welchem er seine Kenntnisse schöpft.[24] Als Markierungssteine für diese Wende in jenem grausamen Opferritual sind zwei Legenden zu erwähnen, die von Sunaḥśepa und die von Naciketas.[25]

In beiden Legenden dreht sich die Handlung um die geplante Opferung des Sohnes durch seinen eigenen Vater, die offensichtlich in brahmanischen Kreisen praktiziert wurde. Interessanterweise wird in einen mittelalterlichen Text des Yoga der Gewalt *(Haṭha)* die Verehrung des vedischen Opfergedankens hineingeschmuggelt, allerdings unter der Benützung des Namens Vasiṣṭha. In diesem Text der *Vasiṣṭha Samhitā* wird einerseits, ungleich anderen Yoga-Texten, sowohl auf Treue zum vedischen Ritual Wert gelegt, als auch auf genaue Kenntnisse der Marmas, die Suśruta zum ersten Mal beschrieben hatte.[26] Man sieht daraus, welche weitreichenden Konsequenzen Suśrutas Werk nicht nur für die Medizin, sondern auch für die Religionsgeschichte hatte. Die Kṣatriyas, die in den vielen Kriegen genug des Blutvergießens erlebt haben müssen, scheinen sich emotional und sozial von Menschen- und Tier-Opfern nicht mehr viel versprochen zu haben. Sie hatten offensichtlich allzuoft die Enttäuschung ihrer Erwartungen trotz dieses religiösen Kunstgriffs erlebt und thematisierten sie bis hin zu ihrer Überwindung durch die neuen Schmerzrituale. Viśvamitras Name steht an erster Stelle dieser Entwicklung. Er gilt als Kṣatriya-Vater der Philosophie des Tapas oder der Askese.[27] Die Besonderheit des Mediziners Suśruta, der als sein Nachkomme angesehen wird, muß wohl darin liegen, daß er die Zerstörung des Menschen-Opfers durch die neuen Methoden der Heilkunst (Śalya oder Chirurgie als Befreiung vom tödlichen Stich) thematisiert.

Seine Schrift über den Körper des Menschen dürfte daher den Schlüssel zum Verständnis eines sehr tiefgreifenden Phänomens liefern, das nicht nur in der indischen Religion, sondern auch in der jüdischen und der christlichen eine Rolle spielt: Es ist die Überwindung des Stellvertreter-Todes durch die medizinische Theorie vom »Zeit-Schmerz-Kontinuum«, die in der Schrift des Suśruta ihre Auslegung findet.[28]

6. Zwei Schulen des Ayurveda

Die Notwendigkeit, diese Theorie ohne jedes unnötige mystische oder ideologische Beiwerk darzulegen, liegt auf der Hand. Doch hier darf man nicht vergessen, daß die uralte Fehde zwischen dem Opferparadigma der Brahmanen und dem Zeit-Schmerz-Paradigma der Kṣatriyas in der Erhellung von Krankheitszuständen unter den ayurvedischen Ärzten auch heute noch nicht ausgestanden ist. Zwei Denkrichtungen bekämpfen sich noch, wobei die dominante der beiden eher die der Brahmanen zu sein scheint.

Diese beiden Denkrichtungen im Ayurveda bezeichnen sich als:

- die Schule der Internisten, geprägt durch die Lehre des Caraka, und
- die Schule der Chirurgen, geprägt durch die Lehre des Suśruta.

Grob gesagt, sieht die Schule der Internisten die Aufgabe der Heilkunst darin, den Körper des Leidenden wieder in Einklang mit den kosmischen Rhythmen zu bringen. Sie geht von einer Urharmonie aus, die wieder hergestellt werden muß. Krankheit ist der Ausdruck einer Störung, die beseitigt werden sollte.

Die Schule der Chirurgen dagegen sieht jede Noxe als eine Aufforderung zum Eingehen einer neuen Harmonie auf einer neuen Ebene des Zusammenlebens zwischen der Noxe und dem Organismus des Leidenden. Die Noxe wird daher nicht einfach beseitigt. Vielmehr wird sie integriert und damit ihrer tödlichen Wirkung beraubt.

Die Schule der Internisten ist, wie wir sehen werden, im Opfer-Paradigma brahmanischer Herkunft verhaftet, obwohl es oberflächlich anders aussieht, die der Chirurgen dagegen im Zeit-Schmerz-Paradigma der Kṣatriyas.

Man sollte erwarten, daß ein Wissensgegenstand wie der Traum und seine Symbolik eher im Internisten-Paradigma mit seiner Behutsamkeit gegenüber jedem Eingriff von außen zuhause sein dürfte. Das Opfer, der Traum, die Mythen und Legenden, die Sagen, die Lyrik und die Hymnen – in diesen Komplex hinein paßt eher der pflegerische religiöse Umgang mit dem Leiden als der chirurgische Schnitt. Doch ist das Kernstück der Logik der Chirurgie des Suśruta die verblüffende Behauptung, daß das Herz der Sitz des Bewußtseins und auch des Traumes sei. Zu betrachten, wie er aus der Warte des Chirurgen zu diesem Ergebnis kommt, dürfte an sich schon etwas Neues auf dem Gebiet der Traumforschung bedeuten. Daß er sich dabei in der Nähe recht fortschrittlich anmutender chronobiologischer Überlegungen befindet, möchte ich in diesem Buch zeigen.

Kapitel I

Das Herz und das Selbst aus der Sicht des Suśruta

1. Das Herz als Sitz des Bewußtseins

Hṛdyam cetanāsthānam, uktam suśruta! Dehinām
tamōbhibhute tamsmistu nidrā viśati dehinām.
Nidrāhetustamaḥ, sattvam bodhane heturucyate,
Svabhāva eva vā heturgariyān parikīrtyate.

Pūrvadehānubhūtāmstu bhūtātmā svapataḥ prabhuḥ,
rajoyuktena
manasā gṛhṇātyarthan śubhaśubhán.
Kāranānām tu vaikalye tamasābhipravardhite, asvapannapi
bhūtātmá prasupta iva cocyate.

(Śa. Sth. IV, 33–36)

– O Suśruta, das Herz (Hṛdayam) ist der Ort, an welchem das (Cetanam) Bewußtsein der lebendigen Körper (Dehinām) sich zeigt.

Wenn das Herz durch Tamas überwältigt wird, dann tritt der Schlaf in ein solches Lebewesen ein.

Der Horizont, in welchem der Schlaf erscheint, ist Tamas; Sattva dagegen pflegt im Wachzustand als Horizont zu erscheinen. Oder das eigene Wesen (die Natur) wird als die wichtigere, schwerwiegendere Ursache angesehen.

Der Herr (das Selbst, das nicht im Werden und Vergehen involviert ist) vom Schlaf umgeben, dieses durch die Schöpfung geprägte Selbst, begreift die guten und schlechten Konnotationen der durch die *vorangegangenen Körper (pūrvadehanām)* gewordenen Existenzen. Dies tut es mit Hilfe des mit dem Manas verbundenen Rajas.

Frei von den Horizonten des Entstehens und Vergehens erscheint dennoch das durch die Schöpfung bedingte Selbst als ein vom Tamas überwältigtes, das nie schlafende (Selbst) eben als eingeschlafen.

Kommentar:
In diesem Text aus dem Kapitel IV seiner Lehre vom Körper sind es die beiden Begriffe Hṛdayam und Pūrvedeha, deren Verständnis die außergewöhnliche Sicht des Suśruta auf den individuellen menschlichen Körper selber und die Beziehung der Körper der Lebewesen untereinander ermöglicht.

Mit diesen beiden Begriffen werde ich mich auf den folgenden Seiten ausführlich beschäftigen. Um den Lesern, die in der indischen Philosophie nicht so bewandert sind, den Einstieg zu erleichtern, sei der kleine Hinweis quasi zum provisorischen Vorverständnis gestattet: »Das dem Manas angejochte Rajas« bedeutet soviel wie »der Verstand eines Menschen sitzt in seinem Blut« oder »es ist die Leidenschaft seines Blutes, die ihn zur richtigen Erkenntnis von Situationen führt«.

2. *Das Herz als Sitz der Hingabe*[29]. *Das Geben und Nehmen* (Hṛdayam)

Das Wort *Hṛdayam* bedeutet »Nehmen und Geben«. Im Wachbewußtsein bemißt sein Lebensprinzip den Lebensraum und die Lebenszeit eines Menschen und stellt darin Bezugspunkte auf. Die Fähigkeit, solche Bezugspunkte aufzustellen und in dem dadurch entstandenen Raum und in der dadurch wahrgenommenen Zeit zu handeln, kennzeichnet die sogenannte Stärke des Ichs. Doch ist das Ich im Sinne Suśrutas nicht nur durch diese Fähigkeit festzumachen. Vielmehr wird man des Ichs bewußt auch dort, wo die sogenannten realen Bezugspunkte des Wachzustandes verschwimmen und die Konturen von Träumen sichtbar werden. Jenes körperliche Organ, in welchem dieser Wechsel tagtäglich geschieht, ist für Suśruta das Herz *(Hṛdayam)*.

Wir sind heute gewohnt, die Ursachen für die psychophysiologischen Abläufe in unserem Körper in der Tätigkeit bestimmter Zellen zu suchen; so wird man hier eine Diskrepanz zwischen der Auffassung Suśrutas und der der heutigen Chronobiologie wahrnehmen. Die zentralen Uhren des Körpers liegen im Hypothalamus und nicht im Herzen.[30]

Doch Suśruta will nicht einen Kausalzusammenhang zwischen zwei innerhalb des Wachbewußtseins aufgestellten konkreten Gegenständen oder Bezugspunkten erstellen. Vielmehr will er einen Vorgang der Wahrnehmung beschreiben, in welchem sich der Standort des Betrachters, der Gegenstand, den er betrachtet, und der Bewußtseinshorizont plötzlich verändern.

Im Wachbewußtsein scheint das wahrnehmende Subjekt Entfernungen zwischen den Objekten, die es wahrnimmt, von seinem Standort aus als »real« oder »sachlich« abzugleichen. Er kann mit seinen Handlungsorganen, z. B. seinen Füßen und Händen, auf sie zugehen, sie ergreifen oder wegstoßen, und er erfährt dabei ein Feedback von den Objekten. Es ist die Rückblende der sogenannten »realen Welt«, die den wahrgenommenen Standort des Ichs bestätigt.

Im Traum jedoch geht das Ich an die Gegenstände der Traumwelt von einem veränderten Horizont heran. Man fliegt ohne Flügel, springt über Berge, geht über Wasser u. a.; die Welt des Traumes liefert auf ihre Weise auch Bestätigungen für diesen Standort des Betrachters. Die Rückblende der Welt des Traumes läßt ihn seine eigenen Handlungs- und Wahrnehmungskompetenzen in dieser Traumwelt deutlich erfahren, wenn auch anders als im Wachzustand.[31]

Suśruta will die Gesetzmäßigkeiten des Bewußtseins in der einen Welt nicht auf die andere übertragen und umgekehrt. Er will sie beide für sich phänomenologisch beschreiben, um sich dann die Frage nach dem Selbst zu stellen, das zu solch einer Betrachtung erst befähigt.

3. *Pūrvadeha, der Frühere Leib*

Man sollte sich vergegenwärtigen, daß es Suśruta ein großes Anliegen war, sich mit den Beziehungen zwischen den Körpern der Pflanzen-, Tier- und Menschenwelt zu beschäftigen. Diese Sicht ist uns heute in dieser Direktheit sicherlich abhanden gekommen.

Der Begriff Pūrvadeha steht in Zusammenhang mit Punarbhava – Wiedergeburt oder das Wiederentstandene –, und beide Begriffe sind zusammengefaßt in der Lehre über Karman.* Das Verständnis dieses Begriffes werde ich über den Rückgriff auf eine Passage aus dem Kapitel II desselben Buches ermitteln.

Sanniveśaḥ śarīrānaṃ dantānām patanod bhavau,
taleṣvasambhavo yaśca romnāmetat svabhāvataḥ.

Bhāvitāḥ pūrvadeheṣu satatam śāstrabuddhyaḥ,
bhavanti sattvabhūyiṣṭāḥ pūrvajātismarā narāḥ.

Karmanā codito yena tadāpnoti punarbhave,
abhyastāḥ pūrvadehe ye tāneva bhajate guṇān.

(S. S. Śa. Sth. II, 59–61)

Die Gestaltung der Körperteile wie auch das Ausfallen und das Erscheinen der Zähne, all dies geschieht durch die Natur (der Körper), auch das Fehlen der Haare an den Fußsohlen u. a.

Die Einsichten in die Śāstras (Weisheitsbücher) werden ständig (immerwährend) in den früheren Körpern hervorgebracht. Die ganz durch den Sattva geprägten Menschen werden zu solchen, die sich an ihre früheren Geburten erinnern (d. h. sie sind in dieser Einsicht geübt).

---

* Ich verwende im weiteren den Begriff »Karman«, da er einen umfassenderen Sinn birgt als das umgangssprachliche »Karma«.

Das, durch welches etwas erneut zur Existenz gelangt, wird Karman genannt, die wiederholten Taten im früheren Leib sind es, welche einem die Guṇas (Sattva, Rajas und Tamas) zuteilen.

Kommentar: Karman bedeutet im allgemeinen Verständnis heute soviel wie die Reinkarnationslehre. Auf den ersten Blick scheint Suśruta diese Lehre zu vertreten. Doch wenn man genauer hinsieht, so stellt man fest, daß er sehr deutlich zwischen zwei Begriffen unterscheidet:

Artha: Dieses Wort bedeutet soviel wie Ziel oder Zweck einer Bewegung (ich habe ihn mit Konnotation übersetzt) und steht hier in Beziehung zur Pūrvadeha, dem früheren Leib. Doch die Zeitdimension, in welcher diese beiden Begriffe zueinander stehen, ist der Tamas- oder Schlafzustand,

Pūrvajātismara: Ein Mensch, dem die Erinnerung seiner früheren Geburt gegeben ist. Doch diese Erinnerung ist nicht im Traum, sondern im Wachzustand gegeben. Mit anderen Worten will Suśruta etwas für uns Selbstverständliches und Einfaches sagen: Die Beziehung zwischen den entwicklungsgeschichtlich älteren Lebewesen und den jüngeren oder zwischen der Pflanzen- und Tierwelt und den Menschen ist durch genaues Studieren der Natur dieser Lebewesen im Wachzustand zu erreichen. Dabei wird das ganze Wissen der Weiheitsbücher vor uns ausgebreitet, vorausgesetzt, daß wir von einer wissenschaftlichen Wachheit »besessen« sind, sie zu erfahren.

Doch vom Ziel und vom Zweck *(Artha)*, die diese früheren Körper in uns selber jetzt verfolgen, d. h. wie diese Tier- und Pflanzenwelt unseren jetzigen Körper beeinflußt, darüber gibt uns erst der Traum (unsere Traumwelt) Auskunft.

Suśruta selbst ist ein hervorragendes Beispiel für den empirischen Umgang mit dem Wissen. Er lernte offensichtlich weniger aus Büchern als aus der Erfahrung am Krankenbett und auf dem Feld. Ich meine daher, daß es falsch wäre, diesen Text als Beweis dafür zu nehmen, wie dies sehr oft geschieht, daß Suśruta an die Seelenwanderung im Sinne heutiger Theosophen geglaubt hatte. Der frühere Leib und der jetzige Leib sind nicht als »feinstoffliche« und »grobstoffliche« Körper wiederzugeben.[32]

Zur weiteren Orientierung ist es angebracht, an dieser Stelle in bezug auf den Wach- und Schlafzustand den Begriff »Ich-Macher« *(Ahaṁkāra)* mit einem weiteren Text einzuführen. Vorher ist es jedoch notwendig, den Begriff Karman unter dem Aspekt der sprachlichen Sozialisation zu beleuchten, da er ja sehr oft in der westlichen Alltagssprache als eine Art Glaubenspartikel Verwendung findet.

4. Sprache, Sozialisation und Zeit. Zum Begriff Karman

Indem Suśruta in Anlehnung an die Sāṁkhya-Yoga-Philosophie sich dem Problem des Karman-Gesetzes widmet und dies mit dem Traumzustand in Verbindung bringt, beleuchtet er den Karman-Komplex ein wenig anders, als wir gewohnt sind, ihn zu begreifen.

Kulturanthropologen und Soziologen weisen darauf hin, daß die Sprache einer Menschengruppe an sich ein sehr starker Sozialisationsfaktor, ist.[33] Wir sind gewohnt, im Zusammenhang mit Sprachen meist nur den Aspekt der schönen Literatur zu betrachten.

Anhand des für altindische Medizin-Texte sehr zentralen Begriffes Karman möchte ich darstellen, was man im Umgang mit ayurvedischen Texten berücksichtigen muß. Karman bedeutet, so kann man es aus Sanskrit-Wörterbüchern leicht erfahren, in den verschiedenen Kontexten entweder das Gesetz des Schicksals, eine medizinische Behandlungsweise oder, grammatikalisch gesehen, das Objekt eines Transitiv-Verbs, eine Tat oder ein Tauschgeschäft.

Auf die Idee, daß alle diese Bedeutungen irgendwo einen gemeinsamen Ursprung hätten, kann man nicht kommen, denn dieser ist im Sanskrit nicht vorhanden. Doch betrachtet man das Prakrit, die Volkssprache, die zur gleichen Zeit im Alltag gesprochen wurde, als unsere Texte entstanden, so findet man den gemeinsamen Ursprung.[34]

Im Prakrit und in den aus ihm entstandenen modernen indischen Sprachen wie Hindī, Maraṭhī u. a. gibt es eine spezielle Konstruktion für die Vergangenheitsform eines Transitiv-Verbes. Den bei uns geläufigen Unterschied zwischen Aktiv und Passiv gibt es hier nicht. Hier nimmt das Verb die Zahl und das Geschlecht des Objektes an. Dieses Objekt befindet sich im Casus Nominativum und der Handelnde im Casus Instrumentalis. Hindi-Sprechende haben daher am Anfang Schwierigkeiten in der Übersetzung dieser Konstruktion ins Deutsche. Sie sagen z. B. »das Haus baute durch mich«, wo man einfach übersetzen würde »ich habe das Haus gebaut«.

Doch durch dieses Stolpern über eine solche Konstruktion beim Übersetzen ist mir selber die Idee vor Jahren gekommen, daß hier wissenssoziologisch eine sehr wichtige Indiz für die Entstehung jener philosophischen Auffassung von Karman als unerbittlichem Gesetz der Tat und von der Wiederverkörperungslehre steckt, die mit diesem Wort verknüpft ist.

Der Sprachwissenschaftler R. G. Bhandarkar weist darauf hin, daß eine Wandlung von der aktiven Konstruktion im alten Sanskrit zur Benützung des Passiv-Partizips sich ganz allmählich auch in Mittel- und Spät-Sanskrit vollzog und Hand in Hand mit der Integration der Śudra oder der Prakrit sprechenden Ureinwohner als die Diener-Kaste in die arische Volksgemeinschaft einherging. Die Prakrit-Sprachen liefern seiner Meinung nach Beweise für diese Entwicklung.[35]

Die Grammatik einer Sprache zeigt das Moment im Umgang mit Raum und Zeit, das ein kollektives Empfinden einer Menschengruppe prägt. Beachten wir die Zeitfolge dieser Sätze: »Ich werde ein Haus bauen«, »ich baue ein

Haus«, »ich habe ein Haus gebaut«, so werden wir verstehen, was gemeint ist, wenn man von der Verwirklichung eines Planes redet. Man holt das Haus aus einer Idee in der Zukunft und verleiht ihm Gestalt, so daß es in der Gegenwart steht. Diese meine Idee wird damit, wenn sie realisiert wird, aus der Zukunft geholt und der Vergangenheit zugeteilt. Daher wird es zum Kennzeichen der Neuzeit im Abendland, daß man im Wettlauf mit der Zeit versucht, seine Ideen zu verwirklichen. Ein Schriftsteller des Altertums formulierte dieses Empfinden des heutigen abendländischen Menschen für die Zeit schon sehr früh mit den Worten: »Die Zeit nimmt aus der Zukunft und teilt es der Vergangenheit zu.«[36]

Vielleicht kennzeichnet dieser Satz ein ewiges Ringen mit der Zeit um das Neue. Was überholt ist, interessiert auch keinen. Es ist ein Imperativ dieser Gesellschaft, mit der Zeit zu gehen. Dies geht so weit, daß man sich mit der Zeit sogar identifiziert. Diese Zeit bin ich oder sie oder er, oder die Dinge, die Welt, usw.

»Wer zuerst kommt, malt zuerst«, dieses Sprichwort zeigt dabei das Empfinden des Einzelnen im Umgang mit anderen in bezug zur Zeit. Rechtzeitig handeln heißt demnach, dem anderen Menschen, der Welt und den verschiedenen Dingen keinen Vorteil im Handeln zuzuspielen.

Eine Menschengruppe, die ein solches Zeitempfinden pflegt, ist wahrscheinlich sehr darauf bedacht, im Handeln miteinander Regeln aufzustellen, die verhindern sollen, daß eine ungleiche Verteilung von »Verbrauchsgütern« zustandekommt. Das komplexe Handeln in einer solchen Gruppe bedingt dann, daß Machtstrukturen und Machtkämpfe für die »gerechte Verteilung« sorgen. Wenn am Schluß dieser Kette universale Ideologien für andere Menschengruppen mit einer anderen Sprachgrammatik aufgestellt werden, dann merkt man nicht, wie sehr man in der eigenen Sprachlogik und im Verständnis der Menschengruppe, in welcher man sozialisiert worden (oder einfach groß geworden) ist, behaftet ist. Das Ergebnis sind oft Unverständnis und Mißverständnisse im Umgang mit der Sprache anderer Menschengruppen.

Bei der Übersetzung der Texte von Suśruta habe ich mich einiger Hindi-Kommentare bedient. Es fiel mir schon vor vielen Jahren eine gewisse Spannung in ihnen auf. Einerseits pflegten sie eine starke Treue zur Sanskrit-Vorlage in der Bemühung, ihre Bedeutung aus dem ursprünglichen etymologischen oder Sprachentwicklungszusammenhang zu erläutern. Anderseits jedoch wurde ziemlich abrupt die moderne Physiologie zum Vergleich daneben gestellt.[37] Der Grund für diese Spannung, meine ich, liegt in der Grammatik der Hindi-Sprache selber, die ein anderes kollektives Empfinden der Hindi-sprechenden Menschen zum Ausdruck bringt als das, was ich vorhin beschrieben habe.

Die Hindi-Sprache gehört zu jener Gruppe von indischen Sprachen, die sich aus dem alten Prakrit oder der Volkssprache neben dem Sanskrit entwickelt haben. Sie ist daher in ihrer Grammatik repräsentativ für das Volksempfinden der Zeit, in welcher Prakrit neben Sanskrit gesprochen wurde, insofern sie dieselbe Syntax wie Prakrit aufweist. In jenem Punkt, auf welchem ich diese Ausführungen über das Zeitempfinden beziehe, ist dies der Fall.

In Hindi sagt man für denselben Vorgang: *Mai* ghara banunga (ich werde ein Haus bauen), *mai* ghara banta (i) hum (ich baue ein Haus), *maine* ghara banā oder banāyā (das Haus zeigt sich, gebaut durch mich). Hier fällt auf, daß die Handlung des Handelnden in der Transitiv-Konstruktion mit der Gegenwart aufhört. Über das was geschehen ist, hat er keine Macht mehr. Die Sprache drückt eine Verwandlung des Menschen (als Subjekt *mai* = Ich) in ein Instrument (*maine* = durch mich) der Entstehung jener Objekte seines Handelns, wie er von der Gegenwart in die Zukunft hineinschreitet. Das kollektive Empfinden für diese Wandlung in den dann zur Verfügung stehenden Möglichkeiten, wenn man falsch gehandelt hat, zeitigt einerseits eine gewisse

Vorsicht bei künftigen Handlungen, anderseits eine Ergebenheit an den Ausgang der Handlung oder besser gesagt, an das Objekt oder die Frucht der Tat.

Bezeichnenderweise sind die Wörter, die verwendet werden, um Subjekt, Objekt und Verbum zu bezeichnen, auch Ausdruck eines kollektiven Empfindens für das Handeln in der Zeit.

Das Verbum heißt Kriya, das Subjekt Kartṛ (Kasus Nominativus), das Objekt *Karman* (Kasus Akkusativus). In der Vergangenheitsform wandelt das Subjekt aus dem Kasus Nominativus in den Instrumentalis hinein.

An dieser Stelle möchte ich vom sprachwissenschaftlichen Standpunkt aus erklären, wie es zum Begriff »Karman« als Schicksal überhaupt kommt. Karman ist im Transitiv-Satz das Objekt im Kasus Akkusativus, wenn das Verbum sich in der Gegenwart befindet. In der Vergangenheitsform verwandelt sich dieses Objekt in das Subjekt oder in den Handelnden, das heißt, es befindet sich im Casus Nominativum.

Dies ist das Gesetz des Karman oder des Objekts, wie es seinen sprachlichen Ausdruck findet: Das Haus steht (jetzt) durch mich.

Man darf nicht vergessen, daß die Prakrit-Sprachen, wie ihr Name schon sagt, das Empfinden des einfachen Volkes wiedergeben, während Sanskrit das Empfinden der Priester-Kaste darstellt, die eine kunstvolle Sprechweise für ihre Opferhandlungen und der Beschreibung ihrer Zeremonien entwickelt hatte.

Wenn es auch für jeden Menschen, ob in Asien oder im Abendland nachvollziehbar ist, der ein Haus baut, wie dieses Haus ihn in die Pflicht nimmt, so drückt das einfache Empfinden des Bauherrn in Asien sich in der Sprache des Volkes (Prakrit) anders aus als im Abendland heute.

Das Haus bedingt seinen künftigen Bewegungs- und Handlungsspielraum und sozialisiert und prägt ihn und seine Familie seinerseits.

Doch während wir sagen würden: »Dies ist mein Haus und mein Besitz. Ich habe es gebaut«, drückt das einfache Volk in Indien sein Empfinden in bezug zu einer ähnlichen Handlung des Hausbauens mit anderen Worten aus: »Dies ist mein Haus, es ist mir gegeben, es ist durch mich gebaut.«

Hierin drückt sich auch in der Sprache die Schicksalsergebenheit oder die Ergebenheit an das Gesetz des Objektes, Karman, aus.

Im Sanskrit klingen daher die philosophischen Erläuterungen des Begriffes Karman wie aufgesetzt. Im Prakrit dagegen ergeben sie einen sehr klaren wissenssoziologischen Sinn. Demnach ist auch verständlich, warum dieses Wort Karman zum Zentralbegriff der Medizin des Ayurveda wurde. Die Behandlungen, die der Arzt verordnet, werden Karmans bezeichnet. Sie sollen die Gesundung in der Zeit zum Vorschein bringen.

Interessanterweise könnte das moderne Empfinden des abendländischen Menschen durchaus von den Brahmanen geteilt werden, die das Sanskrit entwickelt hatten. Im alten Sanskrit finden wir diese spezielle Konstruktion mit dem Casus Instrumentalis nicht, die ich als Beispiel für die Prakrit-Sprachen, die Sprachen des einfachen Volkes, aufzeigte. Sanskrit ist wohlgemerkt die Kultsprache jener Priester gewesen, die das Opfermahl verwalteten, das primär zur Vermehrung des Besitzes erdacht war. Sie ist zur Sprache der Elite im heutigen Indien geworden, zur Sprache der Dichter und Denker, und drückt damit ein anderes Empfinden dieser Elite im Vergleich zum Empfinden des einfachen Volkes aus. Sollte Suśruta als Arzt sich mit dem Volk und seinen Leiden identifiziert haben, so war er sich dieses Unterschiedes im Umgang mit dem Zeitempfinden bewußt.

Wenn die Entwicklung des Prakrit als literarischer Sprache die Integration der Śudras laut Bhandarkar darstellt, so ist diese Integration zur Zeit der Kompilation der *Suśruta Saṃhitā,* wie sie uns heute vorliegt, schon vollzogen worden.

Suśruta beschreibt nämlich die Aufnahmeprüfung und die Initiation von Medizinstudenten durch ihre Lehrer (Su. Sth. II). Den Ritus, den er dafür verwendet, ist das alte vedische Upanayanam. Damit hat sich Suśruta die Freiheit genommen, die Initiation, die eine Aufnahme in die Kasten-Gemeinschaft bedeutet, zur Stärkung des Ärzte-Standes umzufunktionieren. Seine Schüler, bei deren Auswahl er auf gewisse Kriterien wie gutes Gedächtnis, körperliche Leistungsfähigkeit und ansprechendes Äußeres zu achten empfahl, wurden in einen Ritus, den er Upanayanam nannte, in die Gruppe der Vaidyas aufgenommen, nachdem sie sich das Versprechen zu gegenseitiger Verbundenheit und oberster Verpflichtung den Kranken gegenüber zu geben hatten. Auffallend ist allerdings, daß dieser Ritus, der im vedischen Zeitalter und im strengen Brahmanismus nur für die ersten drei Kasten vorgesehen wurde[38], hier in der *Suśruta Samhitā* bei der Initiation von Medizinstudenten aus allen Schichten, d. h. auch für die Śudras benutzt wird – freilich ohne die der entsprechenden Kaste betreffenden Mantras oder Zauberformeln. Der medizinische Beruf dürfte demnach zu Suśrutas Zeiten aus brahmanischer Sicht keine hochangesehene Tätigkeit gewesen sein, da allen, auch Mitgliedern unterdrückter und ärmerer Schichten, der Zugang zu dieser Tätigkeit möglich war.

Es ist nicht nur denkbar, daß dieselbe Sprachgrammatik, die für den Ausdruck von Handlungen zugrundegelegt wird, auch in der Beschreibung des Selbstfindens eines Menschen zum Vorschein kommt. Es ist wahrscheinlich, daß dem Selbstgefühl oder Selbstwertgefühl eines Menschen auch darin Ausdruck verliehen wird. Der Text der *Suśruta Samhitā* ist eine sehr gute Illustration dafür, daß Suśruta dieses Selbstgefühl des einfachen Menschen vor der Usurpierung durch die Priester zu verteidigen wußte.

Wenn ich dieselbe Konstruktion mit dem Instrumentalkausus für Karman verwende, wie ich es in der Vergangenheitsform für meine eigenen Werke tue, so müßte ich z. B.

sagen: »Karman schuf dieses Haus«, und wenn ich auf die Frage antwortete, wann und wo, dann müßte ich im Sinne Suśrutas sagen: »Im Traum.« Das heißt mit anderen Worten: Dieses Gebilde »meines Traumes« wird von irgendeinem von mir im Wachzustand behandelten Objekt kreiert. Dieses Objekt meines Tuns im Wachzustand ist Karman. Es ist mir aber im Zusammenhang mit dem Traum vielleicht nicht bekannt, was es ist, und die Aufgabe des Vaidya-Arztes ist es, mich auf den Zusammenhang zu bringen, sonst belastet mich dies, und das Karman oder Objekt verselbständigt sich.

Sucht man das Objekt (Karman) in einem anderen Leben als dem jetzigen, so verfehlt man die Pointe der ganzen Konstruktion. Der Traum als Karman (Objekt) des Karmans (Objekt meiner Handlung) ist die Aufhebung der krankmachenden Virulenz dieser Handlung, sobald sie in dieser Form erkannt wird.

Doch wie wir sehen werden, können die von außen in den Körper eintretenden Pfeile das Oszillieren zwischen Wach- und Schlafzustand behindern. In diesem Fall erst wird das im Wachzustand entstandene »Karman« nicht erledigt. Es verselbständigt sich. Das Objekt bleibt ein Fremdkörper im Leib und führt den Tod herbei. Aus diesem Zusammenhang heraus erläutert Suśruta seine Lehre von den Marmas als Wach- und Warnposten über die Oszillationen von Tag und Nacht und von Sattva, Rajas und Tamas (vgl. Śa. Sth. VI, 35: Die Hauptsitze von Soma, Māruta, Tejas und Sattva, Rajas und Tamas als auch vom Bhūtātma sind die Marmas des menschlichen Körpers).

A. L. Basham schildert sehr plastisch das Los des einfachen Volkes in Indien in vorchristlicher Zeit.[39] Mit diesem einfachen Volk mußte der Mediziner sich verbunden fühlen, wollte er selbst das Leben seines Königs retten. Suśruta schildert auch die Pflichten des Arztes, der den König auf einem Marsch gegen den Feind begleitet. Hier muß er vorausgehen und alle Zeichen des Todes, z. B. vergiftetes

Wasser, tote Tiere u. a. genau untersuchen (Su. Sth. XXXIV). Ähnlich waren seine Funktionen in friedlichen Zeiten. Da mußte er ständig in Tuchfühlung mit dem einfachen Volk bleiben, um gute Dienste zu leisten. Von diesem Kontakt zum Volk ist Suśrutas Denken offensichtlich geprägt. Das Volk lebt in den Tag hinein und erhebt keinen Anspruch auf Besitz.

5. *Sattva, Rajas und Tamas. Phasen der Bewußtseinsoszillation*

In Zusammenhang mit der beschriebenen Empfindung des Prakritsprechenden (das sind heute immerhin fast 500 Millionen Menschen in Indien) stehen die Begriffe der Sāmkhya-Yoga-Philosophie, derer sich Suśruta für die Erläuterung seiner Lehre vom Körper *(Śārīra)* bedient. Die Kernbegriffe darin sind *Avyaktam* oder das Ungestaltete, *Ahaṁkāra* oder der Ich-Macher, *Kṣetrajña* oder der Kenner des Feldes, *Sattva, Rajas* und *Tamas* oder die Eigenschaften der Horizonte von Tag und Nacht, die in Erscheinung treten, und die fünf *Mahābūtas,* Erde, Wasser, Feuer, Luft und Raum.

Diese Begriffe verraten eine unmittelbare Beziehung der Sāmkhya-Yoga-Philosophen zur Arbeit auf dem Feld. Die Wörter sprechen für sich – das Ungestaltete *(Avyaktam)* wird gestaltet. Da kommt dabei der Ich-Macher ins Spiel. Die Früchte des Feldes sind nicht der eigene Besitz, da das Feld im Auftrag gestaltet und kultiviert wurde. Am Ende dieser Überlegungen, die offensichtlich einfache Leute angestellt haben, kommt die Frage nach dem Auftraggeber. Für wen mache ich dies alles? Diese Frage stellt Suśruta am Anfang seiner Lehre vom Körper, von jenem Körper, den man einsetzt, um Arbeit zu leisten und sein Brot zu verdienen.

Es ist die Frage nach dem Puruṣa, dem Prabhu oder dem Herrn, in dessen Interesse man dies alles tut. Wer ist das?

Das ist die philosophische Frage, die hier aufgeworfen wird. Sie ist aber für den Mediziner Suśruta mehr als eine philosophische Spekulation.

Sie ist die Frage nach dem Sinn, den jeder Patient seinem Leben gibt. Warum ist er bereit, das Leiden dieser Welt auf sich zu nehmen?

Als Verknüpfung zwischen den Versen IV, 34–35 mit den Versen I, 1–4 dienen die drei Begriffe Sattva, Rajas und Tamas. Ihre Bedeutung soll nach der Wiedergabe von Kapitel I, 1–4 besonders herausgestellt werden.

Athātaḥ sarvabhūtacintā śārīraṁ vyākhyāsyāmaḥ yathovāca bhagavān Dhanvantariḥ. (Śa. Sth. I, 1)

Jetzt also werden wir den Körper, der für das Verständnis alles Gewordenen (wichtig ist), erklären. So sprach Bhagavan Dhanvantari.

Sarvabhūtānāṁ kāraṇamakāraṇaṁ sattva rajas, tamolakṣaṇam aṣṭa rūpam akhilasya jagataḥ. Sambhavahetur avyakataṁ nāma, tadekam bahūnaṁ kṣetrajñānāmadhiṣṭānaṁ, samudra ivaudakānām bhāvānām. (I, 2)

Das Avyaktam (das Unentfaltete) ist der Ermöglichungsgrund des Daseins (der Erscheinung) der ganzen Welt (des Alls). Es ist mit den Zeichen von Sattva, Rajas und Tamas und den acht Gestalten ausgestattet, selber ohne Ursache (nicht gemacht) doch Ursache aller gewordenen Geschöpfe. Dieses Eine ist den vielen »Kennern des Feldes« der Standort, wie das Meer für alle Gewässer.

Tasmādavyaktān mahānutpadyate tallinga eva. Tallingācca mahatastallakṣaṇa evahaṁkāra utpadyate, sa trividho vaikārikastaijaso bhūtadiriti. (I, 3)

Aus diesem Avyaktam entsteht die Größe *(Mahat)* aus demselben Geschlecht wie das Avyaktam (mit denselben Zeichen, Abzeichen). Von derselben Art des Mahat entsteht der Ahaṁkāra (oder *Ich-Macher*), welcher dreifach ist, feurig, wandlungsfähig, und von der Art der Elemente *(Bhūtas)*.

Tatra vaikārikād ahaṁkārāt taijasa sahāyāt,
tallakṣaṇānyeva ikadaśendriyāṇutpadyante. (I, 4)

Dort, aus dem wandlungsfähigen Ahaṁkāra mit Hilfe des feurigen (Ahaṁkāra), entstehen die elf Indriyas mit den selben Zeichen.

Kommentar:
Ahaṁkāra, der Ich-Macher des Traumzustandes, ist, wie wir sehen werden, für Suśruta ein anderer als der des Wachzustandes. Daher ist es wichtig, das Wort »Ich-Macher« ein wenig genauer unter die Lupe zu nehmen, um Suśruta zu verstehen. Wie wir sehen werden, befindet sich der »Ich-Macher« im Herzen des Menschen.

Das Herz als Sitz des Bewußtseins der Sinne bedeutet demnach nicht das Herz als Pumporgan des Blutes allein. Hier ist der Situationskreis des Gebens und Nehmens gemeint, dessen Fühler das Herz als Organ darstellt.[40] Dies bildet die Grundlage für eine erste Betrachtung einiger Phänomene.

Hypothese 1: Für Suśruta muß es zwei Anteile des Ich geben, deren jedes seinen eigenen Erlebnishorizont hat. Der eine Ich-Anteil ist das Ich des Wachzustandes, der andere Ich-Anteil der des Traumes. Für jeden dieser Ich-Anteile gibt es einen eigenen Ich-Macher.

Śārīra, der menschliche Körper
Bei der Besprechung dieses Textes ist es wichtig festzustellen, daß es die Schrift eines Mediziners der Antike ist und daß es hier um jenen Teil seines Gesamttraktats über Śalyatantra handelt, in welchem er vom Körper *(śārīra)* spricht. Dieses Wort śārīra wird mit dem kurzen Sanskrit-Satz ›Sīryate iti śārīra‹ definiert, was soviel bedeutet wie »das, was auseinanderfällt, ist der Śārīra«.

Doch Suśruta fängt die Erläuterung des Begriffes Śārīra mit einer kurzen Wiederholung der wichtigsten Begriffe der Sāṁkhya-Philosophie an. Es wäre verständlich gewesen, wenn er dies am Anfang der Sūtra Sthānam getan hätte. Doch dort erläutert er die Wichtigkeit von Śalya-Tantra oder der Chirurgie, wie wir gesehen haben.

Da allerdings die Tridoṣa-Lehre des Ayurveda, die Lehre von Kapha, Pitta und Vata oder ›Schleim, Galle und Wind‹, wie man früher übersetzt hat, um welches sich das ganze System dreht, ohne die Sāṁkhya-Philosophie unverständlich wäre, ist es doppelt verwunderlich, daß diese Systematik nicht gleich zu Anfang des Sūtra Sthānam oder der allgemeinen Grundlagen für sein ganzes Traktat gestellt wird, sondern erst bei der Besprechung des Śārīra.

Suśruta will offensichtlich die Kosmogonie des Sāṁkhya, das an die Kosmogonie des Ṛgveda und der älteren Upaniṣaden anknüpft durch seine spezielle Lehre vom Körper erweitern.

Im Ṛgveda X, 90 finden wir das klassische Lied über die Erschaffung des Menschen Puruṣa. Der kosmische Puruṣa oder der Urmensch ist das große Opfer, aus dessen zerlegtem Körper die Welt und die menschliche Gesellschaft entstanden sind. Die Körper der Brahmanen sind aus seinem Kopf geschaffen worden, die der Kṣatriyas aus seinen Armen, die der Vaiśyas aus seinen Schenkeln, die des Abschaums der Gesellschaft aus den Füßen. Diese Erzählung schafft eindeutig eine Beziehung zwischen Gesellschaft und Körper, und Suśruta greift sie offensichtlich deswegen in seiner Lehre vom Körper auf.[41]

In der *Aitareya-Upaniṣad*, ein späterer Kommentar zu diesem Text des Ṛgveda, verwandelt sich dieses Lied in eine Darstellung der Erschaffung der Welt durch das Selbst *(Ātman)* und wie das Selbst Besitz ergreift vom Körper des Menschen.

In Suśrutas Version, die sich an die Sāṁkhya-Philosophie anknüpft, sind Puruṣa (der Mensch) und Ātman (das Selbst) identisch. Dies bedeutet schlicht, daß das Opfer des Körpers, das es darzubringen gilt, im Interesse des Selbst, das in diesem Körper wohnt, zu bringen ist und für kein anderes Wesen und auch keine Gottheit außerhalb dieses Leibes.

Eine solche radikale Abwendung von der Anbetung der Außenmächte und -gewalten und die Hinwendung zum innewohnenden Selbst verlangte nach einer Legitimation, um akzeptiert zu werden.

Ich möchte diese Legitimationsfrage im Sinne der Philosophie der Postmoderne an den Text stellen und sie beantworten.

Man könnte sich fragen, ob die Beweisführung im erzählerischen Stil erfolgt oder im streng wissenschaftlichen Stil unter Anwendung der Prinzipien der Logik.[42] Man kann dabei feststellen, daß ein Gesichtspunkt des narrativen Stils von Suśruta berücksichtigt worden ist – der Bezug auf die Tradition, die von Dhanvantari herkommt: Suśruta hat sein Wissen von ihm und gibt dieses Wissen weiter.

Doch ist darüber hinaus immer auch eine Handlungsanweisung verbunden, die sich situationsbedingt erst durch die richtige Anwendung der Logik des Sāṁkhya-Systems ermitteln läßt. Hierbei beansprucht dieses System der Medizin eine gewisse Pragmatik. Dies heißt, daß es durch den Heilungsbeweis auch den Beweis der gemachten Aussage über die Welt beizubringen vermag, um dabei auch jeden konträren Beweis oder jede kontradiktorische Aussage bezüglich desselben Referenten, nämlich der Welt, zu widerlegen.

Da Suśruta die Erklärung des Körpers auf der Basis der Kosmogonie des Sāṁkhya stellt, steht und fällt mit anderen Wörtern für ihn seine Medizin-Lehre mit der Widerlegbarkeit oder Nicht-Widerlegbarkeit dieses Systems. Andererseits vermag Suśruta unter Anwendung des Sāṁkhya-Systems als Grundlage große Heilerfolge nachzuweisen, die als Beweis für die Richtigkeit des Sāṁkhya-Systems angeführt werden können. Daher ist es nicht zulässig, Ayurveda im Sinne der traditionellen indischen Medizin zu betreiben, ohne zu wissen, um was es im Sāṁkhya geht.

6. *Der Standort des »Kenners des Feldes« – Kṣetrajña-adhiṣṭānaṁ*

Der Begriff Kṣetrajña, »Kenner des Feldes«, wird als Synonym für Puruṣa (der Urmensch), Prabhu (der Herr) oder auch Ātman (das Selbst) verwendet. Um den Grund dafür zu verstehen, sei mir hier eine kleine wissenssoziologische Erläuterung erlaubt.

Die Kṣatriyas (Krieger), die Vaiśyas (Händler, Handwerker) und die Śudras (Bauern und unterste Gesellschaftsschicht) fragten sich offensichtlich schon in vedischer und nachvedischer Zeit, in wessen Auftrag sie handelten. Die Antwort der Veden, von den Brahmanen gegeben, war: »Im Auftrag der Götter!« Der Kosmos sei der Körper des Urmenschen, und nur dieser kenne die einzelnen Bewegungen seines Leibes und führe sie in der Pflanzen-, Tier- und Menschenwelt im Zusammenspiel der verschiedenen lebendigen Körper *(Dehas)* zusammen.

So einleuchtend dieses Konzept auf den ersten Blick erscheint, so fehlte in ihm eine brauchbare Erklärung für das Leiden, für Krankheit und für den Krieg, es sei denn, man verfällt einem totalen Fatalismus und sieht alles, was geschieht, als Götter-gewollt und vom Puruṣa bewilligt, an.

Doch die Kṣatriya-(Krieger)-Philosophie Indiens war offensichtlich unzufrieden mit dieser Erklärung als Handlungsbasis vor allem in der Rechtssprechung, in der Medizin und in anderen Sparten des menschlichen Zusammenlebens. Daraus entstand die Hinterfragung des Begriffes Kṣetrajña und die Erstellung eines brauchbaren Bezugs zwischen diesem, den menschlichen Empfindungen und den menschlichen Leidenschaften.

Diese Bezeichnung Kṣetrajña erinnert an den Vers der Yoga-Sūtras des Patañjali, jener Autorität des Yoga in vorchristlicher Zeit, in welchem es heißt:

Yogaścitta vṛtti nirodhaḥ,
tadā dṛṣṭuḥ svarūpe 'vasthānam,
vṛtti sārūpyam itaratra,
vṛttayaḥ pañcatayyaḥ, kliṣṭa akliṣṭaḥ
pramāṇa, viparyaya, vikalpa, nidrā, smṛtayaḥ.
Pratyakṣa, anumāna, āgamāḥ pramānāṇi. (I, 1–I, 7)
...
Abhāva pratyaya alambana vṛttir nidrā. (I, 10)

Yoga ist das Nicht-Auftreten der Schwankungen des in Erscheinung Gebrachten. Dann ist der Standort (Erscheinen) des Sehers in seiner eigenen Wesensform. Ist er (der Seher) mit Schwankungen behaftet, dann ist er anderswo.

Die Schwankungen sind fünferlei, schmerzhafte und nicht schmerzhafte: das Wissen, der Irrtum, die Unschlüssigkeit, der Schlaf und das Gedächtnis (sind die Nicht-Schmerzhaften).

Der Augenschein, die Schlußfolgerung und die Tradition gehören zum Bereich des gesicherten Wissens. (I, 1–I, 7).

Das Fehlen des Vertrauens zu einer (empirischen) Stütze ist die Schwankung, die Schlaf genannt wird[43] (I, 10).

Der Begriff »Kṣetrajña«, der »Kenner des Feldes«, erinnert auch an den Diskurs in der *Bhagavad Gītā,* des meist gelesenen heiligen Textes der Hindus (ca. 500 v. Chr.). Dort war das Kṣetram eindeutig das Schlachtfeld als Sinnbild für das Leben.

Hier ist das Kṣetram oder »Feld« der von der Desintegration bedrohte Körper. Das Avyaktam oder das »Unentfaltete« ist der Horizont des »Kenners des Feldes«, d. h. der Horizont für die Erkenntnis des eigenen Selbst. Wer, mit anderen Worten, sein Selbst erlebt, der sieht den konkreten Körper vor diesem Horizont.

Er entwickelt Lebensperspektive erst, indem er sich im klaren ist über seinen eigenen Standort im Leben. Das kann er nur sein, wenn er nicht hin- und herschwankt zwischen den beiden Anteilen seines Ichs, ob im Interesse des gesicherten Wissens (Wissenschaft) oder etwas anderem, ohne zu wissen, was diese Anteile zusammenhält.

Patañjalis Yoga-Sūtras zeigen auch eine Mischung der beiden Vaiṣṇaviten- und Śaiviten-Strömungen ähnlich wie die *Suśruta Saṃhitā*, doch grenzt Patañjali das Samādhi-Erlebnis, das Eintauchen in das eigene Selbst, sogar vom gesicherten Wissen im Wissenschaftsbetrieb ab.

Suśruta erwähnt diese vier Quellen des Wissens, wie wir gesehen haben, in Zusammenhang mit der Chirurgie. Dieses Wissen mit seinen vier Quellen ist ähnlich wie der Schlaf nicht schmerzhaft, d. h. durch einen Pfeil in seinen Schwankungen blockiert (Kliṣṭa). Doch in dieser Art des Wissens betrachtet man die Welt von einem anderen Standort als vom eigenen Selbst aus. Schmerzhafte Schwankungen dagegen sind für Patañjali Avidyā (die Unfähigkeit zu visualisieren, d. h. im Traum oder Trance-Zustand), Asmitā (Befangenheit im Ich), Abhiniveśa (der Drang nach dem Leben) Dveśa (Zwietracht) und Rāga (die Wallung des Blutes) (Yoga Sūtras I, 42).

Die Begrifflichkeiten von Patañjali und Suśruta sind die gleichen. Es ist daher anzunehmen, daß Suśrutas Anliegen in der Beseitigung von Krankheiten und Schmerzen in Einklang mit den Zielen des Yoga stehen muß.

Auch Suśruta will wie Patañjali seinen Patienten zum Erkennen des Standortes ihres Kṣetrajña, d. h. ihres eigenen Selbst, führen.

Dieser Standort ist das Unentfaltete, das sich bei bewußter Hinwendung des Kṣetrajña nach innen als Körper *(śārīra)* zeigt.

7. *Die Kategorien der Prakṛti und der ihnen zugrundeliegende Denkakt*

Die Prakṛti (Natur) des Menschen ist die Summe der Entfaltungsprozesse aus dem Avyaktam (dem Unentfalteten) heraus.

Für das Sāṁkhya-System, auf welches Suśruta sich bezieht, steht auf der einen Seite am Anfang:

Avyaktam (das Nichtentfaltete),
welches sich als
Mahat (die Größe mit den Guṇas, Sattva,
Rajas, Tamas),
dann als Ahaṁkāra (der Ich-Macher mit den Guṇas,
Sattva, Rajas und Tamas),
und schließlich als Mahābhutas (die fünf Elemente)
und Indriyas (die Sinne) äußert.

Auf der anderen Seite steht Puruṣa. Allein dieser Puruṣa ist des Bewußtseins mächtig. Das Avyaktam und alle weiteren Prinzipien sind unbewußt.

Es ist wichtig zu wissen, daß der Bereich der Sattva-Ahaṁkāra ohne den Gang über den Tamas-Ahaṁkāra keinen Zugang zum Ziel der »verkörperten Existenzen« hat, d. h. auch zu den biologischen Symbolen Vāta, Pitta und Kapha, die aus den Elementen entstanden sind. Der Zugang erfolgt nur über Rajas, d. h. das Prinzip der Leidenschaft.

Unter Tanmatras kann man heute die Urmaße für die Unterscheidung verstehen, wie etwa die zweier Licht- oder Tonreize voneinander. Das Auge braucht z. B. 30 msec, das Ohr 3 msec usw.

Viele der Deutungen älterer Indologen scheinen unter dem Einfluß Descartes zu stehen. Das Avyaktam und alles, was aus ihm hervorgeht, wird mit der res extensa (materielle Welt) gleichgesetzt, der Puruṣa mit der res cogitans (denkendes Subjekt).[44]

Eine solche Auslegung ist jedoch nicht zulässig, weil das Avyaktam und das Mahat der Erfahrung des Ich im Ahaṁkāra vorausgehen. Damit wäre auch der Puruṣa durch einen Denkakt nicht zu erfassen. Was ist dann der Akt, falls es einen solchen gibt, auf welchen sich diese Erfahrung bezieht, der als Beweis für die Richtigkeit dieser Kosmogonie

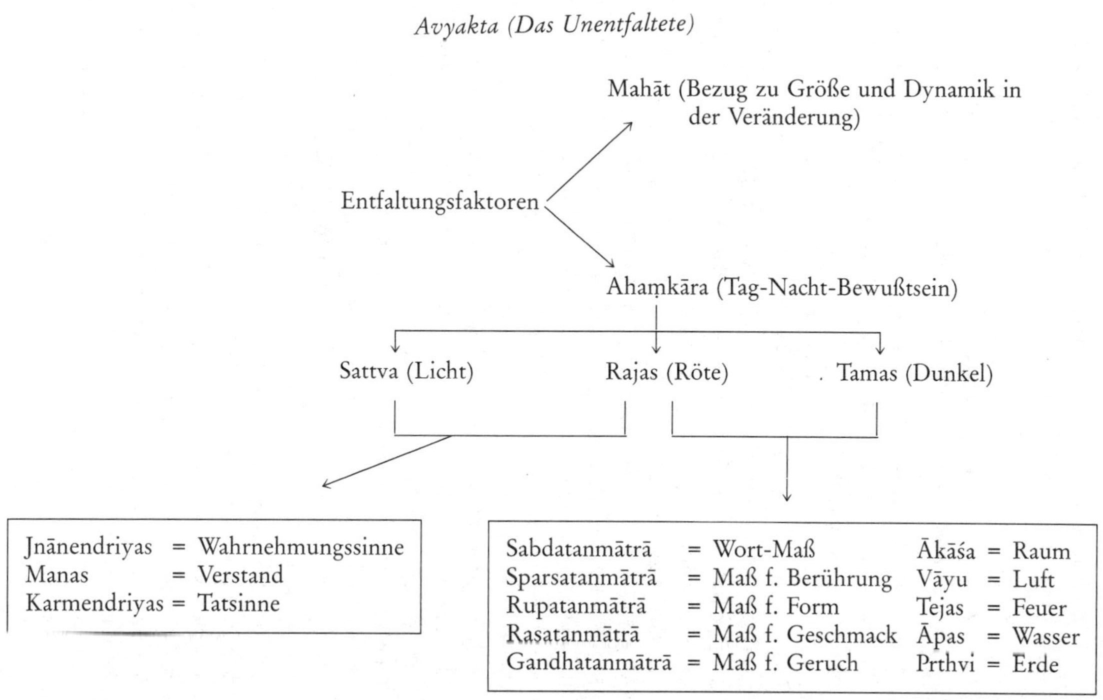

Avyakta (Das Unentfaltete)
Mahāt (Bezug zu Größe und Dynamik in der Veränderung)
Entfaltungsfaktoren
Ahaṃkāra (Tag-Nacht-Bewußtsein)
Sattva (Licht)
Rajas (Röte)
Tamas (Dunkel)
Jnānendriyas = Wahrnehmungssinne
Manas = Verstand
Karmendriyas = Tatsinne
Sabdatanmātrā = Wort-Maß
Sparsatanmātrā = Maß f. Berührung
Rupatanmātrā = Maß f. Form
Rasatanmātrā = Maß f. Geschmack
Gandhatanmātrā = Maß f. Geruch
Ākāśa = Raum
Vāyu = Luft
Tejas = Feuer
Āpas = Wasser
Prthvi = Erde

gilt? Sind diese Begriffe schlichtwegs Postulate oder steckt eine Wirklichkeit dahinter, die es zu ermitteln gilt.

8. *Das Samādhi-Erlebnis, ein Dissoziationsphänomen des Gehirns als Standort des Selbst*

Die Wirklichkeit, um die es hier zu gehen scheint, ist das Phänomen des Höhepunktes der Meditation, der paradoxe Schlaf, in welchem der Körper wacht, während der Kopf schläft.[45] Dieses Phänomen hat eine physiologische Grundlage in der Dissoziationsfähigkeit des Nervensystems, wovon der Traum ein Ausdruck ist. Hier wird die Motorik ausgeschaltet, während man die tollsten Kunststücke im Traum erlebt.

Suśruta sieht den Ursprung des Traumes im Herzen des Menschen. Ich habe versucht, diese Aussage durch ein Modell zu untermauern, das aus dem modernen Verständnis für den Blutkreislauf in Zusammenhang mit Überlegungen über den rhythmischen Fluß von Neurotransmittern, die den Traum bedingen, entstanden ist. Ich habe Anleihen auch bei der Klartraum- und Schmerzforschung gemacht und stelle das Phänomen der Dissoziation der zentralen Uhren des menschlichen Organismus in den Vordergrund. Der gesunde Traum ist der Nachweis der Fähigkeit zu dissoziieren, d. h. in den jüngeren und höheren Funktionen des Gehirns zu wachen, während der ältere Teil und der Körper schläft und umgekehrt.[46]

Wo diese Fähigkeit bedroht ist, und meist geschieht dies durch die Sozietät oder die Einflüsse der Gesellschaft, in welcher wir uns befinden, wird der Traum zum Alptraum, dort ist der Seher oder der Kṣetrajña nicht mehr bei sich im Körper. Er ist anderswo, bei einem anderen, der ihn zum Aufwachen zwingt.

8. Kāraṇam, der Horizont der Seinsfrage

Das Wort Kāraṇam wird im Deutschen oft mit »Ursache« wiedergegeben. Ich habe in Einklang mit der Sanskrit-Grammatik das Wort »Horizont« bevorzugt. In der Grammatik bedeutet *Kāraka* der Kasus. Der *Kāraka* oder der Kasus eines Wortes ist immer direkt auf das Handlungswort oder das Verbum eines Satzes bezogen. *Kartṛkāraka* bedeutet demnach der Agens oder das Subjekt, *Karmakāraka* das Objekt und *Karaṇakāraka* das Instrument oder das, wodurch etwas geschieht. Ātmanā (Instrumentalis) iti ātmā (Nominativum) bedeutet soviel wie »das, was durch sich selbst ist, nennt man das Selbst«. Das eben, was ein Instrument zum Instrument werden läßt, ist das Kāraṇam. Das verlängerte a deutet auf ein Kausativum hin. Es ist ebenso wenig greifbar wie der Horizont des Sehens, der uns die Perspektive in der Betrachtung von konkreten Gegenständen ermöglicht. Doch ohne einen solchen Horizont könnten wir keine Höhe und Tiefe wahrnehmen, geschweige denn sie in der perspektivischen Malerei ins Bild setzen.

Indem ich von Horizonten des Bewußtseins spreche, möchte ich diesen Sachverhalt verdeutlichen. Das Greifbare kann nie der Horizont sein. Es wäre daher verkehrt, von der Ursache des Bewußtseins zu sprechen oder gar Neurotransmitter wie Acetylcholin, Noradrenalin u. a. in diesem Zusammenhang als die Stoffe zu bezeichnen, aus welchen das Bewußtsein entsteht.

In dem Augenblick, in welchem ich mir bewußt bin, daß ich etwas wahrnehme, sei es im Wachzustand oder im Traum, leuchtet mir der jeweilige Horizont meines momentanen Bewußtseins auf. Wenn dies der Sinn des Textes ist, so könnte er, im Sinne der modernen Phänomenologie des Bewußtseins übersetzt, zu ganz neuen Schlußfolgerungen für die medizinische Praxis führen.

10. Karman als Rückstrahlung der Welt auf das Ich

Die philosophische Tradition des 20. Jahrhunderts ermöglicht uns die Erhellung dieses Problems des Karman durch eine Hinterfragung der Metaphysik und ihrer Hypostasierungen der Prinzipien der Logik, als ob sie Wesenheiten an sich wären. Die jeweilige Erfahrung dessen, was als »Ich« bezeichnet wird, ist abhängig von der Sozialisation und damit der Gesellschaft, in welcher man sich befindet. Dies geht so weit, daß die Sprache selber, in welcher das Denken seinen Ausdruck findet, eine der Gesellschaft entsprechende Struktur annimmt.

Besonders wichtig ist es hier, die Frage nach der Struktur der Sprache im Bezug zum Umgang mit der Zeit im Prakrit, im Sanskrit und im Hochdeutschen zu vergleichen, um zu verdeutlichen, daß jenes a priori der Zeit-Erfahrung, wovon Kant sprach, durch das Erlebnis einer anderen Sprachlogik im Sanskrit zum ganz anderen Ergebnis führen könnte. Für die abendländische Philosophie seit Aristoteles ist die Zeit in Vergangenheit, Gegenwart und Zukunft als eine Art von Kontinuum zu sehen, in welchem die Gegenwart aus der Zukunft holt und der Vergangenheit zuteilt (Censorinus).[46] Es ist eine unerbittliche Dimension, die über der Erfahrung des Einzelnen steht und sie bestimmt: Ich bin, ich war, ich werde sein, aber auch, Ich tue dies, Ich werde dies tun und Ich habe dies getan.

Um mit Martin Heidegger zu sprechen, stehen diese beiden Aussagereihen zueinander in einem bestimmten Kontext in bezug auf die Frage nach dem Sein. Das Ich der ersten Reihe versteht sich aus der Rückstrahlung der Welt der zweiten Reihe als Seiendes. Vielleicht versteht auch das eigene Sein sich als endliches, zum Tod bestimmtes, weil es in einer solchen Sprachstruktur nicht anders zu denken vermag.[47]

Gehen wir dagegen auf die Konstruktion des Satzes in der moderneren indischen Sprache Hindi ein.

Das Subjekt heißt, wie wir sahen, Kartṛ, das Tätigkeitswort Kriya und das Objekt Karman. Dieses letzte Wort Karman deutet die Rückstrahlung der Welt als Seiendes auf die Erfahrung des Seins des Subjekts derart an, daß es darauf hinweist, daß dieses Sein in Geschlecht und Zahl durch die Objekte der Handlung bedingt ist. Das bedeutet, das Sein des von mir in Erscheinung gebrachten Gegenstands (nehmen wir an, ich zimmere einen Stuhl) bedingt sich selbst in der Zeit des Jetzt und versetzt mich in den Casus-Instrumentalis als eine Art Amme seines Werdens.

Ein zukünftiges Etwas bedingt mich nicht in der gleichen Form, solange es nicht Gestalt und Größe annimmt und dazu beiträgt, mein Ich zu gestalten. Vergangenheit, Gegenwart und Zukunft sind damit nicht Aspekte der Zeit an sich, sondern lediglich Aspekte des Subjektiven in bezug zur Welt, zum Seienden. Die Verunsicherung über das Handeln – wie sollte ich handeln ob ich dies tue oder das Gegenteil – beides ist falsch; ich befinde mich in einer Double-Bind-Situation, bin emotional total verunsichert. Diese Verunsicherung erst wirft das Subjekt auf die Ursituation des »Seins außerhalb oder vor der Zeit« auf das, was als Avyakta bezeichnet werden kann. In dieser Situation gilt es, zum »Sehen«, Vidyá (Wissen), vorzustoßen. Das erste Leiden ist Avidyā oder »Nicht-sehen-können« (Nicht-Wissen).[48]

11. Der Vaidya, ein Arzt, der zum Sehen verhilft

In bezug auf das, was der Arzt zu tun hat – und hier spielt das Kausativum als Performanz eine wichtige Rolle – heißt dieser sogar Vaidya (Kausativ von Vid), weil er den Patienten zu einer Handlung verhilft, in welcher Karman oder das Objekt ihn nicht an der Erfahrung seines eigenen Seins hindert, sondern ihn dazu geradezu befähigt. Die *Suśruta Samhitā* legt Wert darauf zu erklären, welche Eigenschaften der Vaidya haben muß, daß dies geschieht. Sie legt auch Wert darauf, die Tätigkeit des Arztes auf diese Grundlage zu stellen, und ist insofern mehr als eine billige Reparatur-Anweisung für kranke Körper. Der Arzt heißt in der *Suśruta Saṁhitā* Vaidya (Su. Sth. X und XXXIV), bei Caraka[49] (C. S. Su. Sth. XI, 50–53) Bhiṣaj.[50]

Offensichtlich hat es schon zu Suśrutas und Carakas Zeiten zwei Sorten von Ärzten gegeben, die Śalya oder auch Viśikhā-Vaidyas oder solche, die ihre Patienten zum Erkennen des tödlichen Pfeiles führten, und Bhiṣag Atharvans oder Magier und Feuer-Priester. Mit dem Namen geht auch ein gewisses Selbstverständnis Hand in Hand, besonders für den Śalya-Vaidya als Kenner der Gefahren für den König auf dem Schlachtfeld (S. S. XXXIV). Unter diesem Aspekt sollte man Suśrutas Philosophie auch betrachten. Entsprechend muß man zunächst feststellen, was Suśruta unter der Erfahrung des Seins für sein Medizin-System verstand.

12. Die beiden Ich-Macher, ein Spiel von Sattva, Rajas und Tamas

Tatra vaikārikādahaṁkārāttaijasasahāyāttallakṣaṇanyevai kadaśendriyāṇyutpadyante. (Sá. Sth. I, 5)

Dort in der Vaikārika Ahaṁkāra entstehen, mit Hilfe des Taijasa, die elf Indriyas mit denselben Eigenschaften (Guṇas).

Tadyathā śrotratvak cakṣurjihvāghrāṇa vagghastopasthapāy upadāmanaṁsīti. Tatra pūrvāṇi pañca buddhī indriyaṇi, itarāṇi pañca karmendriyāṇi, ubhayātmakaṁ manaḥ. (I, 6)

Nämlich: Srotra (das Feld des Hörens), Tvac (der Haut), Cakṣu (des Auges), Jivhā (der Zunge), Ghrāṇam (des Geruchs), Vāc (der Sprache), Hasta (der Hand), Upastha (des Geschlechtsorgans), Pāyu (des Afters), Pāda (des Fusses) und Manaḥ (des Gefühls und des Verstands). Von diesen sind die ersten fünf Buddhi-Indriyas, die folgenden fünf Karmendriyas, von beiderlei Gestalt das Manas.

Bhūtāderapi taijasasahāyāttalakṣaṇanyeva pañca tanmātrāṇyutpadyante. Tadyathā śabdatanmātram, sparśatanmātram, rūpatanmātraṁ, rasatanmātram, gandhatanmātramiti. Teṣām viśeṣāḥśabdasparśarūparasagandhāḥ, tebhyo bhūtanivyomanilānalajalorvyaḥ, evameṣā tattvacaturviśatirvyākhyātā. (I, 7)

Aus dem Bhūta-Ahaṁkāra mit der Hilfe des Taijasa und eben von seiner Art entstehen die Tanmātras. So also Śabdatanmātrā, Sparsa, Rūpa-, Rasa-, Gandha-. Aus ihnen entstehen der Raum, der Wind, das Feuer, das Wasser und die Erde. So sind 24 Tattvas erklärt worden.

Tatra buddhi indriyāṇām śabdādayo viṣayāḥ, Karmendriyānām yathāsaṁkhyam vacanādānananda visargaviharaṇāni. (I, 8)

Dort sind Śabda usw. die Felder der Buddhi Indriyas, während zu den Karmendriyas Sprechen, Handeln, Genießen, Entleeren und sich Fortbewegen gehören.

Avyaktam mahānahaṁkāraḥ pañcatanmātrāṇi cetyaṣṭau prakṛtayaḥ, śeṣāh ṣodaśa vikārāḥ. (I, 9)

Avyakta, Mahat, Ahaṁkāra und die fünf Tanmātras, diese acht zählen zur Prakṛti, die restlichen 16 zu ihren Modifikationen (Vikāra-Abwandlungen).

Svaḥ svaścaiṣām viṣayo adhibhūtaṁ, svayamadhyātmam, adhi-daivatam-atha buddher brahmā ahamkarasyeśvaraḥ, manasaś candramāḥ, diśaḥ śrotrasya, tvaco vayuḥ, suryaścakṣuṣaḥ rasanasyāpaḥ, pṛthivī ghrān vāco agniḥ, hastayor indraḥ, pādayorviṣṇuḥ payormitraḥ, prajāpatir upasthasyeti. (I, 10)

Jedes dieser Felder hat jeweils seinen eigenen weltlichen empirischen Bezug. Sie sind jedoch selbstorganisierend. Über jeder regiert eine Gottheit.

So ist der Buddhi Brahmā, dem Aham'kāra Īśvara, dem Manas der Mond, dem Ohr die Himmelsgegenden, der Haut der Wind, den Augen die Sonne, dem Geschmack das Wasser, dem Geruch die Erde, der Sprache das Feuer, den Händen Indra, den Füßen Viṣṇu, dem After Mitra, den Geschlechtsorganen Prajāpati zugeteilt.

Tatra sarva evācetana eṣa vargah, pañcaviṅśatitamaḥ kāryakāraṇasamyuktaścetāyitā bhavati. Satyabyacaitanye pradhānasya puruṣakaivalyartham pravṛttimupadiśanti kṣīrādīmścātra hetūnādāharanti. (I, 11)

Eben alle sind von dieser Klasse (Gruppe) ohne Cetana oder Bewußtsein. Der fünfundzwanzigste entsteht aus der Verbindung von Tat und Ursache als Bewußtsein (oder das in Erscheinung Gebrachte).

Obwohl sie ohne Bewußtsein sind, zeigen sie in ihrer Entstehung auf ihren Herrn, den Puruṣa, als ihr einziges Ziel, ähnlich wie sie den Anfang der Milch und andere Lebenserscheinungen zeitigen.

Kommentar:
J. D. Sharma stellt zur Erklärung des Textes einen Begriffsbaum auf[50], aus welchem die beiden Anteile des Ichs deutlich ersichtlich sind (siehe S. 55).

Nehmen wir die beiden Verse unter Ahaṁkāra, so werden wir feststellen, daß der Ahaṁkāra oder das Prinzip, das einem die Erfahrung des Ichs zuteil werden läßt, sich nach den drei Eigenschaften, auch Guṇas genannt, Sattva, Rajas und Tamas gestaltet, denen wir in Kapitel IV, 34 und 35 begegnet sind. Dort war Sattva zuständig für die Entstehung des Wachzustandes, Tamas dagegen für die Entstehung des Schlafzustandes. Die doppelte Rolle von Rajas kommt in Kapitel I, 1–4 deutlich zum Ausdruck. Aus Sattva in Verbindung mit Rajas entsteht demnach der Horizont des Wachzustandes, in welchem man die Welt wahrnimmt und in ihr handelt. Dies ist gemeint mit den Begriffen Jñānendriya (aus *Jnāna* – Erkennen und *Indriya* – Sinn) oder Wahrnehmungssinn und Karmendriya (aus *Karma* – Tat und *Indriya* – Sinn) oder Tatsinn. Das Manas ist der Verstand.

Dagegen wird aus Rajas in Verbindung mit Tamas die Urmaße für Sprache *(Śabda)*, für den Tastsinn *(Śparśa)*, für Form *(Rūpa)*, für den Geschmack *(Rasa)* und den Geruch *(Gandha)*. Diese Urmaße sind den Elementen, Raum *(Akāśa)*, Luft *(Vāyu)*, Feuer *(Tejas)*, Wasser *(Āpas)* und Erde *(Pṛthvi)* zugeordnet. Erinnern wir uns nochmals an den Text von Kapitel IV, 36, in welchem davon die Rede ist, daß das Selbst im Schlaf die guten und schlechten Konnotationen der durch die vorangegangenen Körper gewordenen Existenzen mit Hilfe des mit Rajas behafteten Manas begreift.

Das Bindeglied zwischen dem Wachzustand und dem Schlafzustand, zwischen der Erfahrung des Ichs in diesen beiden Zuständen ist wohl die Eigenschaft Rajas.

Das Prinzip Rajas kommt von der Wurzel Raj, Rañj, und bedeutet Leidenschaft oder auch ursprünglicher die Färbung, die Rötung. Bei Caraka (Śa. Sth. IV, 7) bedeutet Rajas sogar die Menses der Frau. Es wird daraus ersichtlich, daß mit diesem Prinzip nicht nur der rhythmische Wechsel vom Schlaf- zum Wachzustand und umgekehrt angedeutet ist, sondern auch die Ursache für die Periode der Frau. Mit Prinzip der Rötung ist das Blut angedeutet, und damit schließt sich der Kreis der Überlegungen. Der Sitz des Manas (Verstand) ist im Herzen. Manas ist jedoch mit Rajas behaftet, d. h. mit der aus dem Blut entspringender Leidenschaft. Es ist diese Leidenschaft, die Bewußtsein von sich selbst und von anderen und auch von der Welt, in der wir leben, schafft.

Das Rajas-Prinzip steht als Zünglein auf der Waage zwischen dem Wach- und dem Schlafzustand. Aus heutiger Sicht könnte man an das Blut als Träger von Schlaf-Hormonen und Hormonen des Wachzustandes denken. Durch diese Auslegung läßt sich eine zweite Hypothese in Zusammenhang mit dem Begriff Rajas formulieren.

Hypothese 2: Rajas deutet ein Prinzip der Organisation des Blutes an, das als Träger von Neurotransmittern, Hormonen, Enzymen oder gar Ernährungssubstanzen funktioniert. Störungen im Gleichgewicht zwischen dem Wach- und dem Schlafzustand äußern sich im Ungleichgewicht der Bestandteile des Blutes.

Überprüfung der Hypothese anhand von Textbelegen
Um sicher zu gehen, daß ich in der Formulierung der Hypothese Suśruta nicht überinterpretiere, führe ich einen Text aus dem *Sūtra Sthānam* seiner Samhitā ein.

Im Kapitel XIV des *Sūtra Sthānam* geht es um den Weg, den die Nahrung durch den menschlichen Körper nimmt. Nach dem Abbau der einzelnen Nährstoffe im Verdauungstrakt werden diese in der Form des Chylus *(Rasa)* zum Herzen geführt. Dieser Chylus hat laut Suśruta seinen Sitz im Herzen und wird vom Herzen aus überall hintransportiert, um die einzelnen Gewebearten im Körper zu ernähren. Die genaue Beschreibung dieses Prozesses mit allen Konsequenzen, die Suśruta dabei für die Ernährung des Menschen in Einklang mit den Jahreszeiten zieht, spare ich hier für eine künftige Arbeit über die Ernährungslehre in Ayurveda auf. Doch wichtig ist es an dieser Stelle, zwei Verskomplexe wiederzugeben, aus welchen ersichtlich wird, was Suśruta mit der Wirkweise des Rajas und den rotmachenden Eigenschaften dieses Prinzips, aus welchen das Blut entsteht, meinen könnte.

Atrocyate sa khalu dravanusāri snehanajīvana tarpanaddhāraṇādibhirviśeṣaih saumya ityavagamyate. (Su. Sth. XIV, 3)

Da der (Lymph-Chylus) Rasa nach der Art einer Flüssigkeit die Eigenschaften zu ölen (lubrifizieren), Leben zu spenden, zu sättigen (stärken und laben), aufzubauen (und das Gewebe zu unterstützen) besitzt, er freilich eben als saumya bezeichnet werden muß.

Sa khalvāpyo raso, yakṛtplīhānau prāpya rāgamupaiti. (Su. Sth. XIV, 4)

Dieser (Rasa), obwohl freilich von āpya- (Wasser-Eigenschaften) Qualität, geht durch die Leber und die Milz (rot) gefärbt hervor.

Rañjatāstejasa tvāpaḥ śarīrasthena dehinām Avyāpannāḥ prasannena raktamityabhidhiyate. (Su. Sth. XIV, 5)

Gefärbt (rotgeworden) durch die im Körper der Lebewesen innewohnende milde Hitze, bekommt eben der reine, nicht geschädigte Rasa (von Wasser-Eigenschaften) den Namen Rakta (Blut).

Vistrata dravata rāgaḥ spandanam laghutā tathā Bhumyadīnām guṇā hyete dṛasyante catra śonite. (Su. Sth. XIV, 9)

Im Blut (durch die Verwendung des Wortes Śonita – Menstrualblut – ist die Gleichsetzung von Rakta – Blut mit Menstrualblut beabsichtigt) treten in Erscheinung der rohe Fleischgeruch, Flüssigkeit, rote Farbe, Mobilität und Leichtigkeit, welche der Reihe nach die Eigenschaften von Erde u. a. (Wasser, Feuer, Luft und Raum) darstellen.

Aus diesen Versen geht hervor, daß das Übergehen von den Saumya – zu den Agneya-Eigenschaften im und am Rasa durch die Tätigkeit der Leber und der Milz bewerkstelligt wird. Diese Agneya- oder erhitzenden Eigenschaften sind die gleichen, welche den Menstrualfluß der Frau ermöglichen. Die ihnen entgegenwirkenden Eigenschaften, welche als Saumya oder kühlend bezeichnet werden, sind jene, welche die Samenflüssigkeit und die Spermien des Mannes hervorrufen. Doch als wesentlich ist dabei die Rolle des Rajas oder des Prinzips der Leidenschaft zu betrachten. Rajas vermittelt in der Zeit zwischen der Erfahrung der

Elemente (einen Anteil des Ichs) und der Sinneserfahrung (einem weiteren Anteil des Ichs).

Diese elementare Erfahrung ist durch das zeitliche Oszillieren zwischen Tamas (Prinzip des Schlafs) und Sattva (Prinzip des Wachzustandes) zu erreichen, und dieses Oszillieren wird laut Súsruta ermöglicht durch das Blut. Doch ist für ihn offensichtlich das Blut auch Prinzip der Differenzierung als Mann oder als Frau und damit sogar jenes Prinzip der Leidenschaft in den sozialen Beziehungen. Demnach läßt sich eine dritte Hypothese ausformulieren.

Hypothese 3: Das Oszillieren zwischen den beiden Anteilen des Ichs (den Elementen) und der Sinneserfahrung ist ungestört und damit im Gleichgewicht, wenn sich der Schlaf/Wach-Rhythmus im Gleichgewicht zwischen Sattva und Tamas entwickelt.

Überprüfung der Hypothese anhand von Textbelegen
Suśruta beschreibt drei Arten von Personen, deren Schlafverhalten sich nach der Dominanz der Eigenschaften von Tamas, Rajas oder Sattva in ihnen richtet:

Nidrām tu vaiṣṇavim pāpmānamupadiśanti, sā svabhāvata eva sarvaprāṇinaḥ abhiśpṛsati.

Tatra yadā sañjñā vahāni srotaṁsi tamobhūyiṣṭaḥ śleṣmā pratipaddhyate, tadā tāmsā nāma nidrā sambhavatyanavabodhinī, sa pralayakāle, tamobhūyiṣṭānāmahaḥsu niśāsu ca bhavati, rajobhūyiṣṭānāmanimittam sattvabhuyiṣṭānāmardha ratre, kṣīnaśleṣmanāmanilabahūlānām manaḥśarira bhitāpinām ca naiva sā vaikāriṇi bhavati. (Sā. Sth. IV, 32)

Sie bezeichnen den Schlaf als Vaiṣṇavi (d. h. als Viṣṇus Māyā oder Illusion) und als Leid (auch im Sinne von Verfallensein – sündhafte Verschuldung); dieser überwältigt eben von Natur aus alle Lebewesen. Wenn die Empfindung tragenden Kanäle *(Srotaṁsi)* durch mit sehr viel Tamas besetztem Śleṣma (Kapha-Schleim) befallen (blockiert) werden, dann entsteht der als tamasisch bezeichnete bewußtlose Schlaf. Dieser entsteht in der Stunde des Todes. Bei Menschen, die von zuviel Tamas verfallen sind, entsteht er bei Tag und bei Nacht, bei denen, die durch zuviel Rajas geplagt sind, ohne Veranlassung (d. h. plötzlich, ohne Grund), bei Menschen, die von zuviel Sattva befallen sind, in der Mitte der Nacht. Jene, deren Śleṣma erschöpft ist, die vom Element Wind (Anila) stark befallen sind und im Manas und im Körper von Schmerzen geschüttelt werden, in ihnen entsteht der Schlaf nicht. Er ist dort krankhaft (Delirium). In einem vorangegangenen Vers heißt es:

Śonitakaphaprāsādajam hṛdayam. (Śā. Sth. IV, 30)

Das Herz ist aus dem besten Teil des Blutes und des Kapha (Schleimes) entstanden.

Das heißt im Klartext, daß Störungen des Kapham, das jenes Gleichgewicht zwischen Sattva und Tamas darstellt, oder Störungen des Blutes, das Rajas zum Prinzip hat, als Ursachen für Schlafstörungen und auch für Alpträume angesehen werden können.

In der Vorstellung, daß der Schlaf ein Abbild von Viṣṇus Māyā ist, finden wir die Antwort für die Einteilung der Urmaße für die Elementarerfahrungen von Sprache, Berührung, Geruch, Geschmack und Sehen zum Tamas-Anteil des Ichs *(Ahaṁkāra).*

Dieses Urspiel Viṣṇus mit seinem Kosmos steckt in jedem Lebewesen des Kosmos; damit wird von Zeit zu Zeit das Bewußtsein vom Schlaf benebelt. Doch in den Elementen selber steckt Tag und Nacht in der Form von einem durch Sattva, Rajas und Tamas hergestelltes Gleichgewicht. Dieses Gleichgewicht der Elemente hat offenbar nichts zu tun mit dem Gleichgewicht von Sattva, Rajas und Tamas im Ahaṁkāra und Mahān im allgemeinen. Daher ist es denkbar, daß es zwei Sorten von Störungen geben kann, eine rein elementare oder von einem Mißverhältnis in den Urmaßen der dem

Körper gestaltenden Prozesse bedingte Störung und eine durch das Ungleichgewicht in der Ich-Macher-Funktion erzeugte.

H. Zimmer hat im Bezug zur Māyā Viṣṇus einiges sehr Wichtige gesehen: »Was der Traum für den Schlafenden ist, bedeutet der Mythos für den wachen Menschen. Wenn der Geist im Bann des Schlafes ruht, wird in den Träumen laut, was nicht Geist ist an unserer Natur, es spricht in Sinn und Bild.

So handeln auch die Mythen nicht vom Reich des Geistes, aber des Leibes – vom großen Leib der Welt und von kleinen des Menschen, der das Gesamtorgan seines Lebens ist.«[51]

Wir finden oft eine fatalistische Tendenz in manchen Darlegungen des Begriffes Karman, als ob es darum ginge, der Welt zu entrinnen, um von Karman zu fliehen. Ganz im Gegenteil! Nur indem man sich voll der Sphäre des Traumes anvertraut, versteht man was Karman und Māyā bedeuten. Es ist die Art, in welcher ein leidgeprüftes Volk sich zu artikulieren versteht: Das Leben geht doch weiter.

Wir formulieren daher für diesen Abschnitt eine letzte Arbeitshypothese.

Hypothese 4: Das Gleichgewicht des Menschen kann laut Suśruta sowohl durch ein Ungleichgewicht im Ich-Macher, als auch durch ein Ungleichgewicht unter den Elementen gestört werden oder durch ein Ungleichgewicht zwischen diesen beiden Prinzipien.

Suśruta unterscheidet damit deutlich zwischen Krankheiten des Manas als Krankheiten des Herzen, die erzeugt sind von der Sozietät und den Krankheiten der Elemente, die im Körper als solche repräsentiert sind und Krankheiten in der Oszillation der Uhren des Körpers (Blut).

Suśrutas eigene Darstellung der Zuordnung von Raum, Luft, Feuer, Wasser und Erde zu Sattva, Rajas und Tamas ist im Sinne unserer Hypothese:

Tatra sattvabahūlamākāśam, rajobahūlovāyuh, sattvarajobahūlaḥ agnih, sattvatamobhahūla āpaḥ, tamobhahūla pṛthvīti. (Śa Sth. I, 20)

Dort eben ist der Raum reich an Sattva, die Luft an Rajas, das Feuer an Sattva und Rajas, das Wasser an Sattva und Tamas und die Erde an Tamas.

13. Zusammenfassung

1. Das Selbst äußert sich laut Suśruta im Geben und Nehmen im Herzen nicht nur in der Form der Pumpleistung des Blutes. Vielmehr ist das Herz der Sitz des Verstandes und des Gefühls für die eigene Identität.

2. Diese Identität wird vermittelt durch die Sozietät. Man wird als Frau oder Mann angesehen, und man erlebt sich selber entsprechend. Was wir Sozialisation nennen, ist für Suśruta der Ahaṁkāra oder Ich-Macher.

3. Dieser Ich-Macher ist als soziales Feld zu sehen, in welchem zwei Anteile unserer Erlebniswelt vertreten sind: Der Traum-Anteil, in welchem unsere Beziehung zur Welt nach den Urmaßen oder Tanmātras für die Erfahrung von Raum, Luft, Feuer, Wasser und Erde gemessen werden, und der Wachanteil, in welchem unsere Alltagserfahrung zur Welt mit den Maßen der herrschenden Konvention wiedergegeben werden.

Wenn wir z. B. im Traum 10 000 km zurücklegen, so dürfen diese 10 000 km nicht in Relation zur Verlaufsdauer des Traumes gesetzt werden, das heißt z. B. zu den 30 Sekunden der Dauer des Traumes, da der Traum seine eigenen Dimensionen hat.

4. Wenn die Bestandteile des Ichs aus der Traumwelt mit denen aus der Wachwelt in Relation zu einander gemessen werden sollen, dann kann dies nur über den Weg der Bestandteile des Blutes geschehen.

5. Das Oszillieren der verschiedenen Parameter für das Messen der Bestandteile des Blutes zeigt an, ob sie zueinander im Gleichgewicht stehen oder nicht und ob das Verhältnis vom Wach- zum Traumerleben im Gleichgewicht ist oder nicht.

6. Störungen im Oszillationsvorgang können durch soziale Faktoren einerseits, durch innerelementare Verschiebungen des Gleichgewichts andererseits verursacht werden.

7. Karman oder die Wirkung einer im Wachbewußtsein verrichteten Handlung verselbständigt sich im menschlichen Körper erst dann, wenn die natürliche Tag-Nacht-Oszillation des Bewußtseins des Leidenden gestört ist. Sonst wird das Karman auf natürlichem Wege im Traum erledigt.

8. Wer das Leiden, das er empfindet, der Sphäre des Traumes zu überantworten vermag, der hat es damit schon überwunden. Wer den Traum als Benebelung seines Bewußtseins von sich selber und seines eigenen Willens ansieht, der leidet und weiß nicht warum. Wer träumen kann, leidet zumindest nicht so intensiv. Er hat auch Verständnis für die Inhalte seiner Träume und versteht dadurch den Sinn des Lebens.

Kapitel II

Oszillation, Chaos und Ordnung. Suśrutas Lehre von der Zeit

1. Sattva ist nicht nur Ordnung, Tamas nicht nur Chaos

Manch ein Kommentator der Texte des Suśruta neigt dazu, den Zusammenhang von Sattva mit dem Wachbewußtsein und von Tamas mit dem Schlaf zu überinterpretieren. Dadurch wird Sattva zum Licht-Prinzip erklärt und Tamas als Dunkelheit verteufelt. Der große Begründer der Internisten-Schule Caraka selber verleitet uns zu dieser Interpretation. Für Caraka sind nämlich Rajas und Tamas Prinzipien, aus welchen Krankheit entstehen kann. Krankheit wird als Unordnung im Kosmos verstanden, und daher wird deutlich, daß Tamas- und Rajas-Situationen zu vermeiden sind, will man gesund bleiben.

Da das Wort Tamas auch Dunkelheit bedeutet und Rajas manchmal einen Dunstkreis bezeichnet, neigt man dazu, diese beiden Prinzipien als chaotische Kräfte, die an der Gesundheit eines Menschen zehren, anzuschauen. Sattva allein bringt dann Ordnung in den Organismus hinein (C. S. Su. Sth. I, 57).[52]

Diese Vorstellung hat allerdings nicht sehr viel mit Suśrutas Auffassung von Sattva, Rajas und Tamas zu tun, wie wir sie im vorigen Kapitel kennengelernt haben. In meinen früheren Schriften habe ich versucht, die beiden Standpunkte von Caraka und von Suśruta in eine Synthese zu bringen.[53] Doch dabei bin ich an Grenzen gestoßen, die sich nicht dadurch beseitigen ließen, daß man sie verschweigt. Daher möchte ich hier zunächst die Unterschiede zwischen Suśruta und Caraka im Verständnis dieser Begriffe verdeutlichen.

Zumindest sei dabei jetzt schon darauf hingewiesen, daß Krankheit nicht immer mit Chaos gleichgesetzt werden kann oder gar Gesundheit mit Ordnung. Im Zuge des Weiterdenkens der Chaos-Theorie I. Prigogynes auf dem Gebiet der Medizin wird Gesundheit heute als das gefährdete Gleichgewicht zwischen Chaos und Ordnung gesehen und als Fähigkeit des Organismus dargestellt, zwischen diesen Extremen hin und her zu pendeln.[54] Demnach ist im Körper sowohl zuviel Ordnung als auch zuviel Chaos krankhaft. Es hängt lediglich vom organischen System ab, in welchem ein Mehr oder ein Weniger des einen oder anderen der beiden Prinzipien von Haus aus bevorzugt wird.

2. *Die unterschiedliche Auffassung von Caraka und Suśruta, Dravyam betreffend*

Wenn es auch in der inneren Medizin gelänge, darzustellen, wie diese gefährdete Balance zu halten wäre, so ist es umso schwieriger, dafür zu sorgen, daß dies auf der Ebene des sozialen Lebens geschieht, das durch Ideologisierungen, Glaubenskämpfe und andere Irrationalitäten immer gefährdet ist, in eine Sackgasse zu gelangen. Umso wichtiger ist es, die Anstrengungen des Suśruta bei der Strukturierung seiner »Chaos-Theorie« zu respektieren, und das nicht nur durch ein wohlwollendes Lippenbekenntnis, sondern im Sinne einer ernsthaften naturwissenschaftlichen Auseinandersetzung.

Um dies tun zu können, möchte ich zum Kontrast des vorangegangenen Textes die Definition des Caraka an den Anfang stellen:

Śarīrendriya sattvātma Samyogo dhāri jīvitam, nityagascanubandhasca paryyāyairāyurucyate (C. S. Su. Sth. I, 42)

Der Zusammenschluß von Śārīra (Körper), Indriya (Feld der Sinneserfahrung) und Sattva (Lebensfluß) nennt man Āyus. Es wird auch Dhāri (der Zusammenhalt) oder Jīvītam (das Lebende) oder Nityaga (der unverzichtbare Kern) oder Anubandha (der Zusammenschluß, die Verbindung) genannt.

Auffallend ist in diesen Versen, daß Sattva, Rajas und Tamas nicht dieselbe Bedeutung haben wie bei Suśruta. Sattva ist hier ein selbständiges Prinzip neben dem Körper, wie Manas auch.

Caraka, der dem Nyāya- und Vaiśesika-System der indischen Weltanschauungen angehört, führt eine andere Narration oder ein anderes Argument in der Legitimationsfrage seiner Lehre an als Suśruta. Suśruta hat sie aus dem Munde Dhanvantaris, des Herrn des Inneren (Geheimnisses) des Bogens, Caraka aus dem Munde des Schöpfers selbst, über den Gott Indra.

Caraka betont dabei, daß Gesundheit wichtig für das religiöse Leben sei, damit man alle Vorschriften einhalten könne. Aus der Sorge, daß dieses religiöse Leben, das in brahmanischen Kreisen Wohlstand gewährleistet, durch Krankheit gefährdet sein könnte, läßt Caraka Indra seine Weisheit über die Medizin verkünden. In diesem Zusammenhang verwendet er die Lehre von den Elementen u. a. im Sinne der positiven Verstärkung durch gleichgerichtete Eigenschaften *(Sāmānya)* und der negativen Verstärkung durch ungleiche oder besondere Eigenschaften *(Viśeṣa).* In diesem Sinne sind Noxen lediglich Störfaktoren, die es zu beseitigen gilt.

Der Begriff Sāmānya ist Kausativum von Samāna, Zusammenatmen, und bedeutet demnach bei Caraka mehr als einfache Gemeinsamkeit.[55] Es bedeutet hier den Ermöglichungsgrund für das Zusammen-Pulsieren oder Zusammenatmen. Im medizinischen Sinn ist es das Prinzip, das einem Medikament, Dravyam, jeweils erlaubt, in einen bestimmten Rhythmus eines organischen Prozesses verstärkend einzugreifen.

In Bezug zu Karman sagt Caraka explizit:

Samyoge ca vibhāge ca kāraṇam dravyamāśritam, Kartavyasya kriyā karma karma nanyadpekṣate. (C. S. Su. Sth. I, 52)

Die Ursache für die Vereinigung und die Trennung ist der Anknüpfungspunkt für eine Substanz, Dravyam (im menschlichen Körper). Die Verrichtung dessen, was es zu machen gilt, das ist Karman. Es gibt keine andere Erwartung an Karman als diese.

Ityuktam Kāraṇam.
Kāryam dhátusāmyamihocyate, dhātussāmyakriyā coktā tantrasyāsya prayojanam. (C. S. Su. Sth. I, 53)

Dies ist die sogenannte Ursache. Das, was zu bewerkstelligen ist, nennt man den Gleichklang der Dhātus (die Synchronisierung der Rhythmen der Gewebe – Dhātusāmya).

Die Handlung, die diese Balance der Dhātus, des Gewebes des Körpers, herbeiführt, nennt man den Grund für diese Disziplin (Wissenschaft).

Carakas Denken ist im Gegensatz zu Suśrutas ziemlich linear: Die Substanzen haben eine gewisse Wirkung an sich, und diese Wirkung ist immer die gleiche, da die Substanz in ihrer »atomaren« Form (als *paramanu*) laut Caraka unveränderlich ist. Da diese Wirkung nur hervorgerufen werden kann, wenn die Substanz von der gleichen Natur ist wie der Patient, geht es in der Diagnose der Internisten-Schule in der Nachfolge Carakas primär darum, die Prakṛti oder Natur des Patienten zu ermitteln.

Suśruta dagegen ist der Meinung, daß Dravyam, das Medikament, als Horizont des Lebensflußes zu sehen ist. Dieser verwandelt sich, je nachdem, wie er dem Menschen erscheint. Es ist diese Verwandlung des Horizontes des eigenen Lebens, der im Traum sichtbar wird. Demnach ist es nicht voraussehbar, wie eine Substanz oder eine meiner willentlichen Handlungen auf mich zurück wirken wird. Doch ist sie erfahrbar als das, was ins Leben gerufen worden ist, als der Körper meiner vergangenen Taten im Traum.

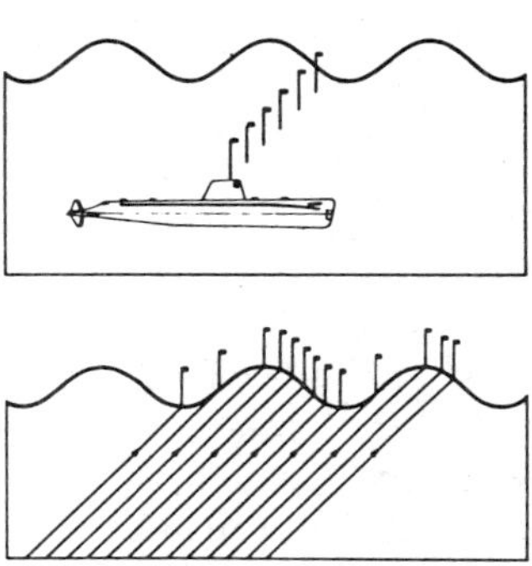

Abb. 1a

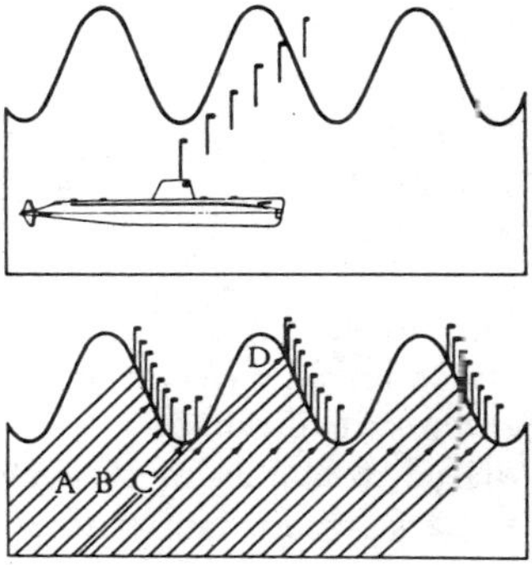

Abb. 1b

Ein Unterseeboot steigt langsam zur rhythmisch bewegten Grenzfläche zwischen Wasser und Luft auf. Wenn die Wellen flach sind, variiert die Aufstiegsdauer nur wenig, und die Auftauchpunkte werden in allen Phasen der Welle zu finden sein, wenn auch geringfügig häufiger auf der abfallenden Wellenseite. Falls die Wellen aber sehr hoch sind, unterscheiden sich die Aufstiegszeiten des Unterseeboots stärker, und die Auftauchpunkte liegen überwiegend dort, wo der Wasserspiegel fällt. (Aus: Winfree, S. 55)

Da ich nicht über die Existenz dieses Körpers im Sinne von Machen, Wollen, Gestalten oder Erschaffen verfügen kann, bleibt mir nur eines übrig: jenes Prinzip zu kultivieren, aus welchem heraus der Wachzustand in den Schlaf kippt und umgekehrt, und dieses Prinzip ist Rajas, die Leidenschaft meines Bluts.

3. Resetting-Modell versus Situationskreis

Um den Unterschied in den beiden Auffassungen deutlich zu machen, möchte ich einen Vergleich aus der Diskussion in der modernen Chronobiologie bringen. Der Vergleich ist A. Winfrees Abhandlung über biologische Uhren entnommen.[56] Sein Resetting-Modell für biologische Uhren entspricht meiner Meinung nach der Auffassung Suśrutas. Um das Modell zu verdeutlichen, sei auf die beiden Bilder (Abb. 1 a u. 1 b) hingewiesen. Es sind Bilder von den Vektoren, die auf ein U-Boot wirken, wenn es bei einer ruhigen Seelage an die Oberfläche des Meeres aufsteigen will (a) und wenn es das gleiche bei stürmischem Wetter versucht (b). Die Wellen auf dem Meer im ersten Fall erlauben das Aufsteigen des Bootes in jeder Phase (a). Die Wellen sind im zweiten Fall so stark, daß das Boot nicht in jeder Phase dieser Wellen an die Oberfläche geraten kann (b).

Dieses Bild hat Winfree für die Reaktion menschlicher Zellen auf Außeneinflüsse verwendet. Das U-Boot ist vergleichbar mit einem Reiz, einem Außeneinfluß oder auch einem Medikament, die Wellen des Meeres mit dem momentanen Rhythmus der Zelle. Je nachdem, ob ein ruhiger »Nacht-Rhythmus« oder ein starker »Tag-Rhythmus« vorhanden ist, ergibt sich eine andere Zeit für die Verarbeitung des Reizes. Diese Zeit äußert sich im Muster der Resultanten der zusammenwirkenden Vektoren. Es ist dabei wichtig, dafür zu sorgen, daß die verschiedenen Zellen eines Organs nicht selber so in Phase zueinander stehen, daß die einen im Tag-Takt, d. h. schnell laufen, die anderen in einem Nacht-Takt, d. h. langsam. Unter solchen Umständen käme es dann zur Bildung von Wirbelströmungen im Organ, und die Wellen würden an bestimmten Punkten ersticken. An solchen Punkten im Organ könnten die Zellen selber in ein sogenanntes »schwarzes Loch« der Zeit fallen. Sie würden vom System her und vom Organ nicht mehr die richtige Information bekommen, ob sie sich im Tag oder in der Nacht befänden. Sie könnten von sich aus versuchen, sich neu zu organisieren. Meistens jedoch gehen sie, wie im Falle des Herzinfarktes, zugrunde.

Um Carakas Vorstellung der Wirkweise von Außeneinflüssen, Reizen und Medikamenten auf den Körper des Menschen zu verstehen, möchte ich ein anderes Bild aus der modernen Physiologie verwenden. Die Oszillation eines offenen Systems ist abhängig von den auf es wirkenden Kräften. Im Falle einer Kerzenflamme sind diese Kräfte jeweils fein aufeinander abgestimmt, d. h. die Größe des Dochts, die Menge des geschmolzenen Wachses und der Zustand der umgebenden Luft. T. v. Uexküll verwendet dieses Bild für die Darstellung des Menschen im lebendigen Situationskreis.[57]

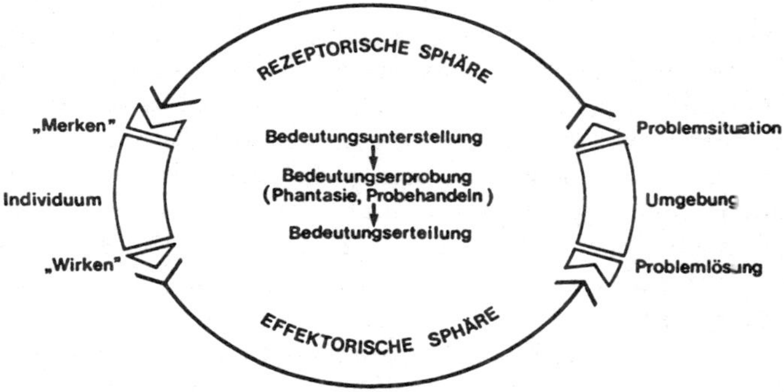

Abb. 2: »Der Situationskreis« unterscheidet sich vom Funktionskreis durch Zwischenschaltung der Phantasie, *in der Programme für Bedeutungserteilung (»Merken«) und Bedeutungsverwertung (»Wirken«) vor der endgültigen Bedeutungserteilung (die dann das bedeutungsverwertende Verhalten in Gang setzt) durchgespielt und erprobt werden.*
Dadurch wird die Situation *in der Phantasie experimentell (durch* Probehandeln*) vorstrukturiert: das heißt, Bedeutungserteilung erfolgt zunächst als (hypothetische) Bedeutungsunterstellung, deren Konsequenzen (in der Phantasie durch »Probehandeln«) abgetastet werden. (Aus: Lehrbuch der Psychosomatischen Medizin, S. 32).*

Ein Reiz ist ein Merkmal, das von außen an das System herantritt. Dieses Merkmal wird verarbeitet, wozu auch viel Phantasie im Probe-Handeln gehört; die Antwort darauf ist dann das Wirkmal.

Obwohl im ersten Augenblick die Statik dieser Konstruktion nicht auffällt, wird sie sichtbar, wenn wir Merkmal und Wirkmal allein beobachten. Hinter dieser Bezeichnung steckt der Zwang zur Objektivierung, das Merkmal bleibt etwas Gegebenes, Unveränderbares ähnlich dem Konzept des Dravyam bei Caraka. Der Körper des Menschen kann dieses Unveränderbare dann nur verarbeiten und integrieren. Er muß sich mit ihm arrangieren.

In Suśrutas Version ist ähnlich wie bei Winfree der Augenblick der Zusammenkunft zwischen dem Reiz und dem Organismus das Entscheidende für die Benennung dessen, was und wie überhaupt »gemerkt« wird und damit als Merkmal bezeichnet werden kann. Dieser Augenblick ist jedesmal ein anderer. Daher ist nicht voraussehbar, wie ein Medikament an sich wirken wird. Es ist aber voraussehbar, ob dieses Medikament durch die ungleichen Wellenbewegungen unter den Zellen des Organismus in ein »schwarzes Loch« gezogen wird oder ob es in die normale Oszillation zwischen Tag- und Nachtphasen heilsam wirken kann. Was für Suśruta Prakṛti heißt, sind die Landkarten solcher Wellenbewegungen des Organismus. Der »Kenner des Feldes« *(Kṣetrajña)* ist vergleichbar mit dem Kapitän eines Schiffes, der die Amphidromien im Meer genau mit seinem Kompaß sichtet. Amphidromien sind nämlich solche Orte, an welchen Ebbe und Flut zur gleichen Zeit eintreffen. Daß Ergebnis ist, wie man sich denken kann, ein Strudel, der in die Tiefe zieht.

4. Caitanya, Bewußtsein als Prozeß

Wir haben gesehen, daß Rajas jenes Prinzip ist, das Oszillation zwischen zwei Ich-Anteilen des Bewußtseins ermöglicht. Indem Caraka (der Späher, Wanderer – so die wörtliche Bedeutung seines Namens) den Wert auf die abstrakte Durchdringung bis zur »atomaren Eigenschaft« der Substanzen und zur »atomaren unveränderbaren Natur« des Patienten setzt, betont er die Statik und die Ordnung im

Kosmos. Die Abweichung davon ist die Krankheit oder die Verblendung. Der Bhiṣaj oder der Arzt hat die Aufgabe, den Patienten dahin zu bringen, daß er dies sieht.

Für Suśruta dagegen gilt es, weder die »atomare unveränderbare« Natur des Patienten, noch die »atomare Eigenschaft« der Substanzen an sich zu erkennen, sondern lediglich ihre Wirkung daran festzumachen, wie sie die Oszillationen des Bewußtseins gestört oder unterstützt haben. Tritt man auf diese Weise mit sich selbst in Beziehung, so erreicht man jene Gelassenheit seitens des beide Ich-Anteile zusammenhaltenden Selbst, die notwendig ist, um klar entscheiden zu können, was wirklich den Kontakt mit dem von außen kommenden Körper ausmacht, dem Reiz, und die Antwort meines Organismus auf ihn. Dies heißt Vidyā, Sehen ohne Blockierungen des Lebensflußes durch Pfeile *(Śalya)*, und die Aufgabe des Arztes (Vaidya) ist es, den Patienten zu diesem Sehen zu verhelfen.

Wichtig ist dabei zu erkennen, daß beide Ich-Anteile und alle 24 Prinzipien, die den Prakṛti-Anteil unseres »Körpers« darstellen, unbewußt sind. Mit dem Beispiel von der Milch oder den fehlenden Haaren an den Fußsohlen versucht Suśruta sein Denken auszudrücken. Bewußtsein ist für ihn der Akt der Beziehung zwischen dem Selbst und seinem Körper. Dieser kann gestört, d.h. krank sein, oder er kann gesund sein.

Gesundheit heißt demnach svāsthyā oder Selbststand im Körper. Wir werden diese Idee der Beziehung zwischen dem Selbst und seinem Körper in der Entwicklung von Experimenten zur Überprüfung der Logik dieses Systems weiterverfolgen.

Doch darf man nicht vergessen, daß in Suśrutas Denken das Selbst der Horizont des Körpers, d.h. des Konkreten und Konkret-Gewordenen, ist. Das Selbst ist demnach der Horizont für die Grenzziehung zwischen Gestaltetem *(Vyakta)* und Ungestaltetem *(Avyakta)*, d.h. für alle der 24 Prinzipien. Daher kann das Selbst auch nicht anders erfahren werden, als in und mit dem Körper. Es ist sein Herr, aber nicht im Sinne eines Herrschers, sondern im Sinne eines Horizontes.

Schmerz als konkrete Erfahrung der Grenzziehung ist demnach auch eine besondere Erfahrung des Selbst. In der Schmerzerfahrung liegt die Gefahr des Verlustes des Konkreten und damit auch seines Horizontes. Es ist das Verdienst der Sāṁkhya-Yoga-Philosophie, daß sie aus der Abstraktion vom Körper keine Metaphysik machte. Sie postulierte keine Erfahrung des Selbst jenseits von und außerhalb des Körpers. Ist mir daher an dieser Stelle ein Urteil erlaubt, so finde ich, daß Suśruta der größere Denker gewesen ist, obwohl Caraka in Indien wegen seiner Systematik heute noch sehr hoch angesehen ist.

5. *Vāyu oder Agni. Der Disput über Chaos und Ordnung im alten Indien*

Vergleicht man den Stellenwert von Vāyu oder dem Prinzip der Bewegung und der Oszillation bei Suśruta und bei Caraka, so treten auch hier Differenzen auf, die zeigen, daß Caraka bemüht ist, dem Prinzip des Feuers Agni zumindest die gleiche Stellung einzuräumen wie dem Vāyu. Man darf nicht vergessen, daß der Arzt bei Caraka Bhiṣaj *(Atharvan)* genannt wird, d. h. Magier oder Feuer-Priester, bei Suśruta heißt es Śalya-Vaidya oder Wissender über die Wirkung des Pfeiles. Suśruta scheint nichts davon zu wissen, daß die Stellung des Vāyu im Medizin-System für jemanden ein Problem sein könnte. Ich neige daher dazu, Suśrutas Darlegung als die ältere Version anzusehen, Carakas für eine Revision.

Formkritisch könnte man die Unterschiede kurz zusammenfassen:

1. Carakas Erläuterungen zum Vāyu befinden sich im Sūtra Sthānam, d. h. im Grundlagen-Teil oder allgemein-medizinischen Teil des Werkes (Śā. Sth. XII), Suśrutas Erläuterun-

gen am Anfang des *Nidāna Sthānam* – unter der Ätiologie von Krankheiten oder als Grundlage für die Diagnose (Ni. Sth. I).

2. Caraka fängt mit der Beschreibung des Vāta als biologisches Symbol körperlicher Empfindungen an: »Diese sind die sechs Eigenschaften des Vāta – er ist rauh, leicht, kalt, instabil, (auch Härte verursachend), Reibung verursachend und klar« (Śā. Sth. XII, 4). Erst später kommt er auf die Rolle von Vāyu im Kosmos und von Vāyu als Gottheit und Synonym für Viṣṇu zu sprechen (Śā. Sth. XII, 8). Suśruta dagegen fragt Dhanvantari an erster Stelle der Ätiologie nach der Ursache der Vāta-Krankheiten (Rhythmus-Störungen), und Dhanvantari fängt an, über die Rolle von Vāyu im Kosmos und seinem Abbild im menschlichen Körper zu reden (N. Sth. I, 1 und 2). Erst dann geht er auf die einzelnen Krankheiten ein.

3. Caraka erwähnt an dieser Stelle die Verbindung von Vāyu mit Rajas nicht. Suśruta dagegen hebt dies hervor (Ni. Sth. I, 3).

4. Carakas *Nidāna-Sthānam* fängt mit einer Darlegung des Fiebers, Jvara, an, d. h. mit einer Störung des inneren Feuers oder der Agni des menschlichen Körpers. Anhand dieser Krankheit erläutert er seine Vorgehensweise in der Diagnose überhaupt, wie der Verlauf dieser Krankheit, die Prodrome, Ausbruch, Symptome und Rekonvaleszenz zu beschreiben und danach zu ordnen sind (Ni. Sth. I). Imponierend ist dabei die Systematik, die suggeriert, daß der Arzt Zeit hat, um genau zu beobachten. Suśruta dagegen ist in Einklang mit dem Feld der Aktivität, das er für den Arzt ausgesucht hat. Seine Diagnostik klingt wie eine Anweisung für den akuten Fall im Vergleich zu Carakas Beobachtung mehr oder weniger chronischer Verläufe. Daher geht er unmittelbar auf die reflexartigen Äußerungen des Körpers bei einer Störung des normalen Verlaufs von Vāyu ein (Ni. Sth. I, 13 ff.).

5. Caraka läßt Marici, einen Schüler von Indra, eigens über den Stellenwert von Vāyu im Vergleich zu Agni und Soma fragen und Atreya, seinen Lehrer, mit einer wohlwollenden Geste alle drei Prinzipien als gleichwertig behandeln. Die Behandlung von Vāyu als Krankheitsprinzip klingt im Vergleich zu Suśrutas Darstellung recht überlegt, aber halbherzig. Daher meine ich, daß es falsch wäre, diese beiden Vorgehensweisen unbesehen der Unterschiede in eine vorschnellen Synthese zu bringen, vor allem deswegen, weil man sich denken kann, wofür diese Dinge wissenssoziologisch stehen.

Grob gesagt, erblickt Suśruta im Rhythmus ein Grundprinzip der Gesundheit und sieht Krankheit als die Äußerung des Leibes, daß der Rhythmus in seinem normalen Verlauf gestört ist. Suśruta bekennt damit, daß er den normalen Verlauf nicht von vorne herein weiß oder wissen kann. Wie die Selbstorganisation das Grundprinzip der Gesundheitslehre des Suśruta ausmacht, so ist die Blockierung der Selbstorganisation der eigentliche Grund für die Krankheitsentstehung. Der Arzt hat die Aufgabe, das Selbst des Patienten bei der Beseitigung der Blockierungen zu unterstützen. Er kann diesen normalen Verlauf unterstützen, indem er dem Körper hilft, die Störung selber zu beseitigen oder sie zu integrieren. Er kann dies nur tun, indem er die Zeit des Körpers respektiert, d. h. vor allem die Traumphasen.

Caraka dagegen stellt verschiedene Normen für den normalen Verlauf des Lebens auf und erklärt den krankhaften als Abweichung, als zuviel von Vāta, Pitta oder Kapha, d. h. als Störung des Gleichgewichtes der Elemente oder auch der Körpersäfte und der physiologischen Abläufe, die beseitigt werden können durch die Zuführung des Gegenpols oder das Aushungern des Zuflußes für die Vermehrung der Störung.

Man kann heute sagen, daß seit R. Virchow die naturwissenschaftliche Medizin des Abendlandes eine Herausforderung für die Schule des Caraka darstellt, über moderne hygienische Maßnahmen wie Impfen u. a. nachzudenken. Suśrutas Schule hat wahrscheinlich aus Ablehnung seitens der Obrigkeit ab dem Mittelalter in Indien bis heute keine weitere Beachtung gefunden. Doch mit dem Aufkommen der Psychoneuroimmunologie, der Schmerzforschung und der Chronobiologie in der zweiten Hälfte des 20. Jahrhunderts erregen die letzten Reste dieser medizinischen Bewegung der Spätantike das Forscher-Interesse im Abendland, weil man sich davon hier Erhellendes auf dem Gebiet der Schmerzbewältigung zu erfahren verspricht.

6. *Die fünf Prānās oder Kategorien von biologischen Rhythmen*

Athāto vāta vyādhinidānam vyākhyā syāmaḥ,
yathovāca Bhagavān Dhanvantariḥ.
Dhanvantarim dharmabhṛatām variṣṭammṛtodbhavam,
caraṇāvupasaṅgṛhya suśrutaḥ paripṛcchati.
Vāyoḥ prakṛtibhūtasya vyāpannasya ca kopanaiḥ,
sthānam karma ca rogānśca vada me vadatām vara.

(S. S. Ni. Sth. I, 1–4)

Jetzt also werden wir den Grund für die Entstehung von Vāta-Krankheiten erklären (wie Bhagavān Dhanvantari lehrte). (Vāta ist, wie wir sehen werden, das Prinzip der Bewegung und der Veränderung, insofern ist Rhythmus ein Teilprinzip davon.)

Suśruta umfaßte die Füße des Vorzüglichsten der Heiligen, der mit dem Trank der Unsterblichkeit *(Amṛta)* emporgestiegen war: »Sage mir, o bester der Redner, den Ort und das Karman des Vāyu in seiner natürlichen Gestalt und in seinen durch Hinderungen erzeugten Aufregungen (Wallungen). Erzähle mir über die Krankheiten des Vāyu.

Tasya tadvacanam śrutva prābravīd bḥiṣajām varaḥ,
svayambhūreṣa Bhagavān vāyurityabhiśabditāh.

Svātantryānnityabhāvācca sarvagatvāttathaiva ca,
sarveṣāmeva sarvātmā sarvalokanamaskṛtaḥ.
Sthityutpatti vināśeṣu bhūtanāmeṣa kāraṇam,
avyakto vyaktakarma ca rūksaḥ śītoh laghuḥ kharaḥ.
Tiryaggo dviguṇaścaiva rajobahula eva ca,
acintyavīryo doṣānām netā rogasamūharāt.
Āśukārī muhuścārī pakvadhānagudālayaḥ,
dehe vicaratastasya lakṣaṇāni nibodha me.

(S. S. Ni. Sth. I, 5–9)

Nachdem er Suśrutas Frage wahrgenommen hatte, antwortete der beste der Ärzte (Bhagavān Dhanvantari): »Durch sich selbst erzeugt wird dieser Vāyu als wesensidentisch mit dem Herrn angesehen; sich selber das Maß, ist er von seinem Wesen her ewig. Es ist, als würde er alles durchdringen. Verehrt wird er von allen Menschen als das Selbst von allen. Er ist der Ursprung des Ursprungs, des Bestandes und des Unterganges alles Gewordenen. Selber ohne Gestalt *(Avyakta)* sind seine Objekte *(Karmans)* von Gestalt *(Vyakta)*. Er ist rauh, kalt und Reibung verursachend. Quer verlaufend mit Hilfe der doppelten Eigenschaften ist er eben an Rajas vermehrt. Von undenkbarer Kraft ist er, von den Doṣas der Führer, und als solches ist er der Bringer von Krankheit. Er ist schnell und von Augenblick zu Augenblick Veränderungen schaffend. Sein Sitz ist im Colon und im After.

Höre mir zu, wo ich dabei bin zu erzählen, von den Zeichen des Vāyu, wie er im Leib kursiert.

Doṣadhātvagnisamatām samprāti viṣayeṣu ca,
Kriyaṇāmanulomyam ca karotyakupitaḥ anilaḥ.
Yathā agniḥ pañcadhā bhinno nāmasthānātmakarmabhiḥ
bhinnaḥ anilastathā hyeko nāmasthānakriyāmayaiḥ.
Prānodanau samānaśca vyánaścāpāna eva ca,
sthānastha mārutāh, pañca yāpayanti śārīrinam.

(S. S. Ni. Sth. I, 10–12)

In seiner ungestörten Form unterhält er zwischen den Doṣas, Dhātus und Agnis das Gleichgewicht, auch in den Feldern der Tat und der Wahrnehmung (Sinnesfunktionen). Er unterstützt ihre Tätigkeit, wenn sie in die richtige Richtung verläuft. Wie das Feuer *(Agni)* wird es nach fünf Unterteilungen, seinen Wirkungen an verschiedenen Orten des Körpers gemäß benannt.

So bekommt jeder Teil-Vāyu seinen Namen durch den Ort und seine Funktion im Leib: Prāna, Udāna, Samāna, Vyāna und Apāna eben. An ihren Orten tätig unterstützen diese fünf Lebensbewegungen (*Māruta* – auch Gott des Windes) den Menschen.

Vayuryo vaktra, sañcārī sa prāno nāma dehadhṛk
So annam praveśayatyantaḥ prāṇāścāpyavalambate
Prāyaśaḥ kurute duṣṭo hiccasvāsādikān gadān
Udāno nāma yasturdhvamupaiti pavanottamaḥ
Tena bhāṣita gītādi viśeṣo abhipravarttate
Urdhvajatrugatān rogān karoti ca viśeṣataḥ
Āmapakvāśayacaraḥ samāno vahnisaṅgataḥ
So annam pacati tajjanśca viśeṣānvivinakti
Gulmāgnisadatisārāprabṛatīn kurute gadān.

(S. S. Ni. Sth. I, 13–16)

Der Vāyu, der im Mund herumkreist, Prāṇa genannt, ist des Körpers Stütze. Dieser ermöglicht, daß die Nahrung in das Innere des Körpers gelangt und unterstützt die anderen Prāṇas. Gewöhnlich, wenn er erbost (blockiert oder frustriert) wird, erzeugt er Schluckauf *(Hikka),* Asthma *(Svāsa)* und andere Krankheiten.

Der als Udāna bezeichnete Vāyu kreist aufwärts und ist der wichtigste Vāyu. Durch ihn ist man, unter anderem, tätig in den Feldern der Sprache und des Gesanges. Wenn unterdrückt, verursacht er Krankheiten oberhalb der Schlüsselbeine.

Der im Magen und im Verdauungstrakt (*Pakvāśaya,* eigentlich Colon oder Dickdarm wird hier aber im Sinne des

Magens und Dünndarms verwendet) kreisende Samāna Vāyu ist das Gefährt des Verdauungsfeuers. Er verdaut die Nahrung und trennt also den brauchbaren Teil vom Unbrauchbaren. In seiner Funktion gestört, verursacht er Krankheiten, die mit Entzündungen und Schwellungen *(Gulma)*, Durchfall *(Atisāra)* unter anderem ihren Anfang nehmen.

Kṛtsnadehacaro vyāno rasasamvahanodyataḥ.
Svedāsṛksrāvaṇaścāpi pañcadhā ceṣṭayatyapi,
kruddhaśca kurute rogān prāyaśaḥ sarvadehagān.
Pakvādhānālayo apānaḥ kāle karṣati capyayam,
samīraṇaḥ śakṛnmūtraśukragarbhārttavānyadhaḥ,
kruddhaśca kurute rogān dhīrān bastigudāśrayān.
Śukradoṣapramehastu vyānāpānaprakopajāh,
yugapat kupitāścāpi dehaṃ bhindyurasamśayam.

(S. S. Ni. Sth. I, 17–20)

Vyāna *(Vāyu)*, lebensspendend als Träger der Essenz der Nahrung *(Rasa)*, kreist im ganzen Leib herum. Er ermöglicht den Gang von Schweiß und Blut. Fünferlei verschiedene Bewegungen ermöglicht er eben (gemeint sind Erweiterung und Kontraktion, Heben und Senken und seitliche Bewegungen des Leibes). Erzürnt erzeugt er meist Krankheiten, die den ganzen Leib befallen.

Der Apāna Vāyu, der im Dickdarm *(Pakvādhāna)* seinen Sitz hat; dieser zieht in der Zeit nach unten. Er bewegt den Kot, den Urin, den männlichen Samen, den Fötus und den Menustrualfluß, unter anderem. Wenn er erzürnt wird, dann verursacht er lang anhaltende Krankheiten, welche besonders die Blase und den Enddarm betreffen.

Aus der Wallung von Vyāna und Apāna zusammen entstehen Störungen des Samenflußes und Diabetes Mellitús *(Prameha)*, und wenn alle Vāyus auf einmal in Wallung geraten, dann geht der Körper ohne Zweifel zugrunde.

7. Vāyu, die lebendige Oszillation

Die Anfangsbeschreibung des ewigen Vāyu klingt so abstrakt, als wollte Dhanvantari das göttliche Prinzip der Schöpfung beschreiben. Doch plötzlich kommt er unvermittelt in Zusammenhang mit Karman mit der Behauptung, daß Vāyu an sich Avyaktam, d. h. ohne Gestalt sei; doch sei er das Prinzip, das gestaltete Objekte hervorbringt. Es folgt darauf die Beschreibung von vier Haupteigenschaften von Vāyu: Es ist rauh (trocken), kalt, leicht und Reibung verursachend.

Das Interessante an diesen Begriffen ist, daß man sie nicht denken kann, ohne gleichzeitig ihr Gegenteil mitzudenken; zu rūkṣa – rauh (trocken) denkt man snigdha – schmierig, schleimig, zu śita – kalt, uṣṇa – warm, zu laghu – leicht, guru – schwer, zu khara – Reibung verursachend, ślakṣṇa – weich (zart). Wir wissen, daß man in Ayurveda mit zehn solcher Gegensatzpaaren operiert (Tabelle S. 88).

Hier aber holt Suśruta in Zusammenhang mit Vāyu nur diese vier hervor. Sie werden gleichzeitig zusammengedacht, und dies bedeutet, zusammen empfunden. Daraus erst resultiert die klare Beschreibung von Vāyu.

Da Suśruta ständig in Kontakt mit Kranken war, deren Fähigkeit Vāyu in seiner ungestörten Wirkweise zu erleben nicht gegeben war, kann seine Beschreibung des ungestörten Vāyu nicht vom Krankenbett her stammen. Da er auch den ganzen Körper mit in die Erfahrung des Vāyu in seinen fünf Teilaspekten einbezieht, müssen wir annehmen, daß für ihn Vāyu in seiner ungestörten Form nur dann erfahrbar ist, wenn alle Vāyus (Prāna, Vyāna, Apāna, Udāna, Samāna) sich vollends in ihrem natürlichen Gang äußern, das bedeutet, eine bestimmte Art von optimaler Gesundheit erfahren, die offensichtlich auch in der Antike erfahren wurde.

Wir sind heute geneigt, dieses alles als Utopie abzutun. Doch sollte man nicht vergessen, daß diese Grundlage

Wirkungsweisen auf das menschliche Lebensfeuer

Klassifizierung von Substanzen nach ihrer Wirkung

Soma – Wirkung auf den Schlaf- und Nachtzustand		*Agni – Wirkung auf den Wach- und Tagzustand*	
1. guru	– schwer, erschwerend	1. laghu	– leicht, erleichternd
2. śīta	– kühlend, kalt	2. uṣṇa	– heiß, erhitzend, erwärmend
3. snigdha	– ölig, viskös, klebrig	3. rūkṣa	– trocken, rauh, Reibung ermöglichend
4. manda	– langsam, träge, schlapp	4. tīkṣṇa	– scharf, pickend, stechend, auch brennend, beißend, ätzend
5. sthīra	– stabil, standfest, nicht schwankend, standortgebend	5. sara	– fließend, flüssig, schwankend, den Standort ständig verändernd
6. kaṭhina	– hart	6. mṛdu	– weich, Bewegung angenehm machend (bei Körpersäften etc.)
7. pichchila	– schleimig, balsamig, auch trüb	7. viṣada	– klar
8. ślakṣṇa	– weich, Reibung angenehm machend	8. khara	– rauh, Reibung unangenehm machend, u. a. im Geschmack
9. sthūla	– grob, grobschlachtig	9. sūkṣma	– subtil, fein
10. sandra	– halbfest	10. drava	– flüssig, wässrig

Aus: R. Lobo, Ayurveda, Besser Leben im Rhythmus der Zeit, S. 33.

seiner Lehre von der Entstehung von Krankheiten und der Zusammensetzung des Körpers eine handfeste Anweisung für die Ärzte in der Therapie von Krankheiten war. Wenn sie sich über mehr als 2000 Jahre gehalten hat und heute noch großartige Heilerfolge zeitigt, ist es sicher der Mühe wert zu fragen, was wirklich dahinter steckte. Ich möchte daher anhand eines kleinen Beispiels eines Vāyus die Diskussion über die Forschungsansätze für die empirische Überprüfung der Grundlagen Suśrutas eröffnen.

8. Prāṇa und Udāna-Vāyu. Zum gestörten Akt der Nahrungsaufnahme

Aus den fünf Prāṇas möchte ich den ersten, Prāṇa Vāyu, auswählen, obwohl er von Suśruta nicht als der wichtigste erachtet wird. Ich werde die speziellen Krankheiten, die in Zusammenhang mit einer Störung dieses Prāṇa Vāyu von Suśruta erwähnt werden, besprechen, um sein Verständnis für Rhythmus und für die zentrale Stellung der Rhythmen des Herzens genauer zu erläutern.

Suśruta erwähnt die Krankheiten, deren eindeutige Ursache in der Störung des Prāṇa Vāyu liegen. Es sind der Schluckauf, das Asthma bronchiale, der Husten, die Dyspnoe und Störungen der Atembewegungen überhaupt. Man fragt sich, warum er im Text zunächst nur vom Prāṇa Vāyu in Zusammenhang mit der Regulation des Schluckaktes, der Einnahme und Beförderung von Speisen durch den Mund in den Magen und dann in den Darm hinein redet – mit anderen Worten vom Verdauungstrakt –, wenn alle Symptome der Störung von Prāṇa Vāyu sich im Atemsystem äußern.

Wir sehen uns die Krankheit Husten *(Kāsa)* genauer an, um uns über Prāṇa Vāyu als rhythmisches Prinzip eine genaue Vorstellung zu machen. Dies kann behilflich sein in der Präventiven Medizin bei der Erhellung von Atemtechniken, die aus dem Yoga stammen.

Athātaḥ Kāsapratiṣedham vyākhyāsyāmaḥ.
Yathovāca Bhagavān Dhanvantari
Uktā ya hetvā nṛṇām rogyoḥ śvāsahikkyoḥ,
kāsasyāpi ca vijñeyasta evotpattihetavaḥ.

(U. T. L II, 1–3)

Jetzt also werden wir die Behandlung von Husten *(Kāsa)* erläutern, so wie der verehrungswürdige Dhanvantari sie uns lehrte. Es wird gesagt, daß diejenigen, welche die Ursachen der beiden Krankheiten Schluckauf und Asthma sind, auch als die Ursachen von Husten zu halten sind. Diese eben sind die Ursachen für seine Entstehung.

Dhūmopaghātādrajasastathaiva vyāyāmarūkṣanniṣevaṇācca,
vimārgagatvādapi bhojanasya vegavarodhāt kṣavathosta thaiva.
Prāṇā hyudānānugathaḥ praduṣṭaḥ sambhinnakāsyasvana tulyaghāṣaḥ,
nireti vaktratsahasā sadoṣaḥ kāsaḥ sa vidvadbhirudāhṛtastu.

(U. T. L II, 4–5)

Aus der Zerschlagenheit durch Rauch wie auch durch Staub, durch körperliche Arbeit und trockene, nicht genießbare Situationen, auch durch einen abwegigen Gang der Nahrung oder die Störung des Niesreflexes wird Prāṇa und infolge davon Udāna erbost; durch plötzliches Zusammenziehen äußern sie sich zusammen mit den Doṣas dem ungleichen Geräusch einer kaputten Glocke ähnlich. Dies wird von den Weisen als Beispiel für Husten gegeben (Kāsa, Husten von Kānsa, Glockenmetall).

In seinem Hindi-Kommentar zu Suśrutas Text aus dem *Uttara Tantra* erwähnt D. Ambikadatta Sastri die Diskrepanz zwischen Caraka und Vāgbhaṭṭas Darstellung der Ätiologie von Husten und der schlichten Präsentation der Problematik durch Suśruta.[58]

Die Systematik der Tridoṣa-Lehre und des Gleichgewichtes der Elemente ist auffallend in der Darstellung von Caraka. Dieser spricht von verschiedenen Sorten von Hustenanfällen, die wiederum durch zuviel Vāta, durch zuviel Pitta oder durch zuviel Kapha erzeugt werden. Der Husten wird verdinglicht und kann unter Kontrolle gebracht werden. Diesen Eindruck macht der Text des Caraka (Ci. Sth. XVIII).

Suśruta ist dagegen unmittelbar in der Darstellung des Lebensprinzipes. Der Husten seiner Patienten – und für solche spricht er, die mit dem Staub der Straße und des Feldes zu kämpfen haben, die durch Dienste am Feuer vom Rauch geplagt werden, in unangenehmen Situationen gefesselt gehalten werden, trockenes Brot hinunter würgen und ihre natürlichen Reflexe, z. B. das Niesen, unterdrücken müssen – ist kein Hilfeschrei. Es ist die große Anklage des Zerstörer-Gottes. Śiva-Rūdra, eine Mahnung an die menschliche Gemeinschaft, deren Gebetsglocken zerschellen wie tönernes Erz vor den Umständen, die sie in ihrer Herzlosigkeit ihren Mitgliedern zumutet.

Suśruta ist ein Militär-Arzt und steht offensichtlich in der Tradition dieser Zunft. Er weiß, was es heißt, den Lebenswillen eines Gefangenen zu brechen und ihm seine Perspektive zu schmälern. Durch diese Erfahrungen am Kriegsschauplatz geschult, überträgt er seine Sicht auf die Umstände in den normalen Dörfern und Städten in friedlichen Zeiten.

In der metaphorischen Sprache Suśrutas heißt das: Prāṇa, das Leben, »brüllt hinaus« in dieser Art von Krankheit. Das klingt dem Brief R. Virchows aus dem Jahre 1848 sehr ähnlich, der an den damaligen preußischen König anläßlich der Epidemie in Pommern schrieb, daß es wichtiger ist, den Lebenswillen der betroffenen Bevölkerung zu stärken, die in ihrer Hilflosigkeit die letzten Baumwurzeln frißt und in menschenunwürdigen Behausungen lebt, bevor man Gesundheitsvorschriften erläßt.[59]

Doch ist Suśruta diesbezüglich noch ursprünglicher. Er beschwört den Gott des Krieges, der Zerstörung und des Zornes als Zeuge des Unheils herbei und erklärt sich selber als Arzt zu dessen Boten. Suśrutas Verlagerung der Ursachen aller Krankheiten in die Störung des Lebenswillens ist gespeist von der revolutionären Idee, die geboren wurde aus der Betrachtung der Vielfalt genau dieses Lebens, und sich nicht durch menschliche Machenschaften in die Schranken weisen läßt.

Caraka bleibt dagegen dem Opfer-Gedanken treu und glaubt dabei, immer alles in den Griff zu bekommen. Er ist sogar ganz explizit bezüglich der Rolle der Nahrung als Opfermahl. Die Nahrung ist ein Yajña (C. S. Sū. Sth. XXVIII, 347-352). Schon daraus kann man Vermutungen anstellen, wer die Patienten des Herrn Caraka waren.

Mit anderen Worten: Während Suśruta »Hilfe zur Selbsthilfe« anbietet, indem er die Äußerungen des Lebensprinzips durch den Körper des Patienten unmittelbar zu verstehen sucht, schafft Caraka dagegen ein Kategorien-System, um diese Äußerungen zu deuten, noch bevor er sie wahrnimmt.

Die Arzt-Patient-Beziehung des Caraka spiegelt eine Distanzierung vom Leiden wider. Dieses gehört nicht zum Leben. Das Leben versucht daher es zu beseitigen.

Es dürfte nicht schwierig sein festzustellen, daß sich Caraka in seiner Distanziertheit dem Leiden gegenüber in Widersprüche bezüglich des Stellenwertes von Krankheit und Tod verfangen mußte. Suśruta dagegen sieht Krankheit und Tod als einen Teil der Ordnung der Welt. Seine Frage ist lediglich, wie sie in dieser Ordnung, d. h. wie sie im Raum und in der Zeit erscheint, nicht, ob sie zur rechten oder unrechten Zeit erscheinen darf.

Der Zerstörer Gott Śiva-Rūdra, dem er sich verpflichtet fühlt, erscheint, wann er will. Krankheit und Tod lassen ihn als Horizont dieser Entwicklung, als Horizont unseres Endes aufleuchten.

In diesem Zusammenhang soll diese Darstellung des Suśruta anhand der genaueren Betrachtung seiner »Lehre vom Pfeil« und vom Dravyam (Medikament) beleuchtet werden.

9. *Das Medikament, das Herz und das Blut. Dravyam, Vāyu und Rajas*

C. Dvárkánáth hat schon 1967[60] darauf aufmerksam gemacht, daß Caraka eine andere Auffassung von Dravyam hat als Suśruta. Für Caraka ist Dravyam die Substanz des Medikamentes, und diese ist unveränderbar, der Geschmack dagegen ist ein akzidenteller Zusatz, der sich verändern kann. Für Suśruta zeigt sich das Dravyam mit der Veränderung des Geschmackes, die es bewirkt. Mit anderen Worten bedeutet Dravyam bei Suśruta das, was im Körper die Säfte zum Fließen bringt. In dieser Auffassung ist die Beziehung zwischen dem Menschen und der Welt der organischen oder anorganischen Dinge wichtiger als die Dinge an sich. Diese Beziehung ändert sich daher ständig in der Zeit.

Das Prinzip der Beziehung ist für Suśruta Vāyu , und Vāyu steht in enger Beziehung zu Rajas, der Leidenschaft des Blutes, jenem Prinzip der Oszillation des Bewußtseins zwischen dem Wach- und dem Schlafzustand. Dieses Prinzip Vāyu wird unterteilt in fünf Prāṇas, die demgemäß auch eine starke Beziehung zum Rajas, zur Leidenschaft, haben müßten, und damit zum Manas und zum Herzen. Ich habe hier Passagen aus dem Nidāna Sthānam wiedergegeben (S. 83), die diese Auffassung bestätigen.

Ist damit gesagt, daß sich Prāṇa, Apána, Vyāna, Udāna und Samāna im Herzen äußern, so ist zu fragen, ob wir unsere heutige Auffassung von der Herztätigkeit in Einklang mit dieser Vorstellung bringen können. Laut dem Text der *Suśruta-Samhitā* steht Prāṇa mit dem Einhauch in Verbindung, Apāna mit dem Aushauch, Vyāna mit dem

Zwischenhauch, Samāna mit dem Allhauch und Udāna mit dem Aufhauch.[61]

Wir wissen aus der modernen Physiologie, daß die Herzfrequenz im Rhythmus mit den Phasen der Atmung schwankt: Während des Einatmens *(Prāṇa)* ist die Herzfrequenz im Normalfall schneller, während des Ausatmens *(Apāna)* langsamer.

Tafil-Klawe, F. Raschke, G. Hildebrandt u. a. konnten nachweisen, daß Druck auf die Barorezeptoren in der linken Halsschlagader ein Schneller-Werden der Herzfequenz verursacht, während Druck auf die rechte Halsschlagader eine Verlangsamung zeitigt.[62] Links und rechts spielen, wie wir sehen werden, in Zusammenhang mit den Jahreszeiten eine besondere Rolle bei Suśruta, wenn es um die Bestimmung des Samāna Vāyu oder des Allhauchs im Ayurveda geht. Die Verschnellerung der Herzfrequenz bei der körperlichen Arbeit oder bei Aufregung und ihre Verlangsamung in einem Ruhe-Zustand ist bekannt. Das Wachen und das Schlafen im Kopf sind Tätigkeiten, die laut Suśruta unter die Regie des Udāna Vāyu fielen, so auch das Arbeiten und das sich Ausruhen. Zwischen diesen vier Bewegungen die Oszillation herauszuarbeiten hieße dem nachgehen, was als Vyāna Vāyu bezeichnet wird. Die Gesundheit oder Krankheit des Herzens hängt im Wesentlichen vom geordneten Funktionieren dieses Prinzipes ab.

Vyāna Vāyu überwacht das Pulsieren schlechthin im ganzen Leib.

Die Lösung der Internisten-Schule (Caraka) war im Krankheitsfall einfach diese:

– Beseitige die Noxe, wenn eine vorhanden ist,
oder besser noch,

– stelle das Gleichgewicht zwischen Sattva, Rajas und Tamas und auch zwischen den fünf Elementen (Erde, Wasser, Feuer, Luft, Raum) wieder her. Dann wird der Patient gesund.

Wo zuviel des einen Elementes ist, baut man es ab. Dafür muß man nur die Eigenschaften der Substanzen kennen, ihre Gemeinsamkeiten *(Sāmānya)* und ihre Besonderheiten *(Viśeṣa)* mit den Elementen.

Suśrutas Theorie nimmt dagegen den Zeitpunkt des Kontaktes sowohl der Noxe als auch des Medikamentes mit dem menschlichen Körper in Betracht. Die Relevanz dieser doppelten Betrachtungsweise des Zeitpunktes für die Bewältigung der Krankheit liegt, wie wir sahen, darin, daß der Körper, je nachdem, in welcher Phase er sich befindet, jeweils anders reagiert. Suśruta aber sagt z. B. nicht einfach: Der Morgen ist die Kapha-Zeit. Vielmehr sagt er, was mit der Zeit des Körpers, d. h. mit dem Bewußtsein passieren wird, wenn bestimmte Körperstellen (Marmas) angesprochen werden. Dadurch wird die Reaktionszeit des Körpers so stark beeinflußt, daß dementsprechend ein anderes Bewußtsein entsteht.

Die Reaktionszeit ist laut A. Winfree die Latenzperiode oder die Summe der Resultanten zwischen den Vektoren der Noxe und den Rhythmen des betroffenen Organs. Ein Marma ist in der Lage, diese Latenzperioden insgesamt so zu verändern, daß das Organ sich in ein »schwarzes Loch der Zeit« begibt.

Der Körper verliert damit seine Fähigkeit, Karman, d. h. den Fremdkörper, zu überwinden und begibt sich in zunehmendem Maße in den Griff des Todes.

Damit ist gesagt, daß ein Patient die Wirkweise der gesundheitsfördernden Handlungen des Arztes daran beurteilen kann, wie er selber schläft und träumt. Darin zeigt sich nämlich die Fähigkeit des Patienten, mit der Noxe oder dem Fremdkörper *(Karman)* fertig zu werden.

Wer gefangen gehalten wird, ist erbost. Offensichtlich kommt die Beschreibung Suśrutas vom »erbosten Vāyu« von der Beobachtung Gefangener. Krankheit ist der Ausdruck eines Lebenskampfes. Hier wird das Leben (*Vāyu* oder *Prāṇa*) gefangen gehalten.

Obwohl die Schule des Caraka in der Praxis selbstverständlich den Schlaf, die Tages- und Jahreszeiten und auch die Träume berücksichtigt, besteht der entscheidende Unterschied darin, daß sie glaubt, allein durch das Koppeln von exogenen oder Umwelt-Rhythmen mit endogenen (innerkörperlichen) Rhythmen heilen zu können, während die Schule des Suśruta den Akzent auf die Selbststeuerung legt. Besonders kraß kommt dieser Unterschied in der Betrachtung sozialer Abläufe zum Vorschein.

Ich werde versuchen, diesen Unterschied zunächst durch ganz einfache Verfahren im Umgang mit Mittelwerten zu verdeutlichen:

10. Der Durchschnitt und die individuelle Note im Hinblick auf das Experiment

Nehmen wir an, daß eine Gruppe von Menschen eine bestimmte Situation erlebt. Wenn es für die Mehrzahl von ihnen als Streß erzeugend empfunden wird, so steigt die durchschnittliche Herzfrequenz der Gruppe, wenn es dagegen von der Mehrzahl als beruhigend empfunden wird,so fällt die Herzfrequenz.

Dieses Steigen und Fallen der Herzfrequenz bedeutet im rhythmischen Pendeln um den eigenen persönlichen Mittelwert, daß der eigene Körper Kräfte mobilisiert, um ein Gleichgewicht der »Schwingung der Herzfrequenz« wieder herzustellen, sobald die Situation vorbei ist. Man kann diese Kräfte vektoriell als Gegenspieler zum aktuellen Ausschlag der individuellen Herzfrequenz innerhalb der Gruppensituation zeichnen. Suśruta behauptet, daß diese die Kräfte sind, die sich im Schlaf und im Traum zeigen. Das ist gemeint mit den durch Karman gezeitigten Konnotationen der Handlungen des Wachzustandes.

Für Caraka zeigt der Traum eher, was es zu tun gilt. Karman ist für ihn die Triebkraft für neue Handlungen. Für Suśruta ist Karman das, was einem getan worden ist. Dies zeigt sich ihm im Traum. Demnach spiegelt der Traum die Vektoren, welche auf das Herz im Alltag wirken. Wie sehen sie aus?

Betrachten wir nun folgende Bilder (Abb. 3–7):

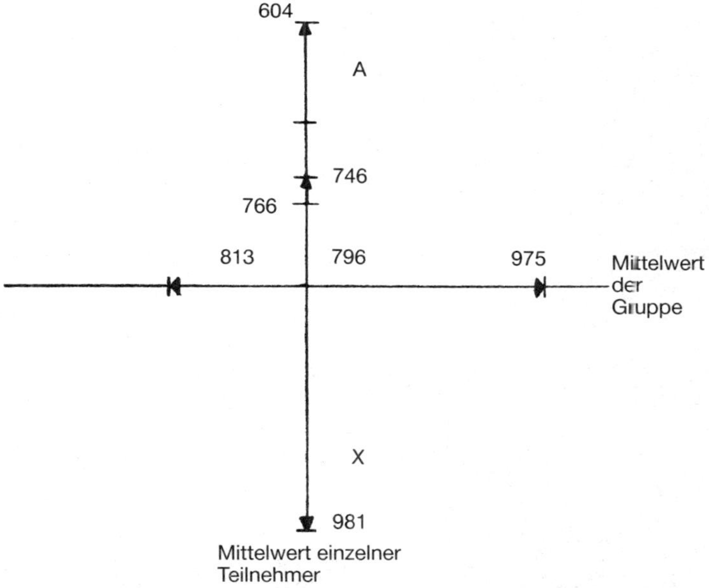

Abb. 3: Schematische Darstellung der Veränderung der Länge des Pulsschlags (msec) einer Gruppe von 20 Personen in 15 Situationen über einen Zeitraum von einer Stunde.
Die Richtungen der Bewegung des Mittelwerts der Gruppe nach rechts (schneller) oder links (langsamer) sind nicht immer identisch mit den Bewegungen von jedem der Teilnehmer nach oben (schneller) oder nach unten (langsamer) in jeder Situation. Es ergaben sich 16 verschiedene Kombinationsmöglichkeiten.

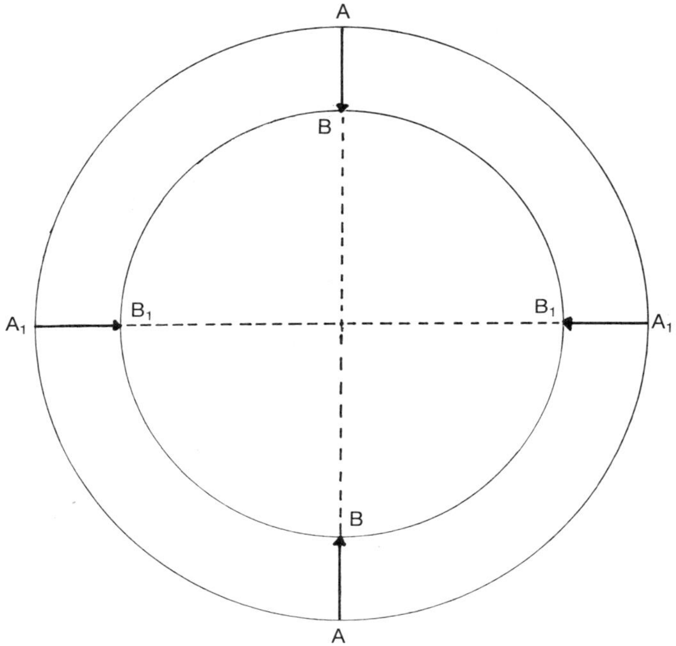

Abb. 4: Konvergenz

A = Position der Herzfrequenz des Individuums in Situation 1;
B = Position desselben Individuums in Situation 2;
A_1 = Position der Herzfrequenz der Gruppe in Situation 1;
B_1 = Position der Herzfrequenz derselben Gruppe in Situation 2.

1. $A > B \cap A_1, < B_1$

2. $A > B \cap A_1 > B_1$

3. $A < B \cap A_1 < B_1$

4. $A < B \cap A_1 > B_1$

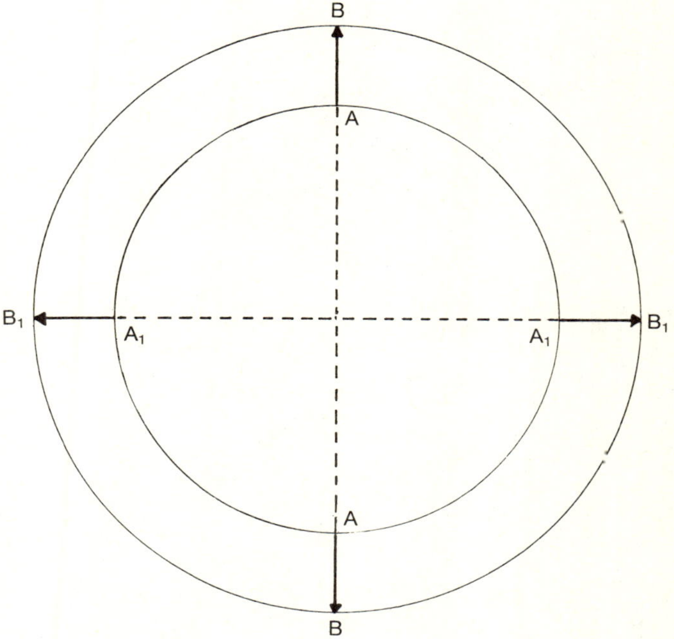

Abb. 5: Divergenz

A = *Position der Herzfrequenz des Individuums in Situation 1;*
B = *Position desselben Individuums in Situation 2;*
A_1 = *Position der Herzfrequenz der Gruppe in Situation 1;*
B_1 = *Position der Herzfrequenz derselben Gruppe in Situation 2.*

1. $A < B \cap A_1, > B_1$

2. $A < B \cap A_1 < B_1$

3. $A > B \cap A_1 > B_1$

4. $A > B \cap A_1 < B_1$

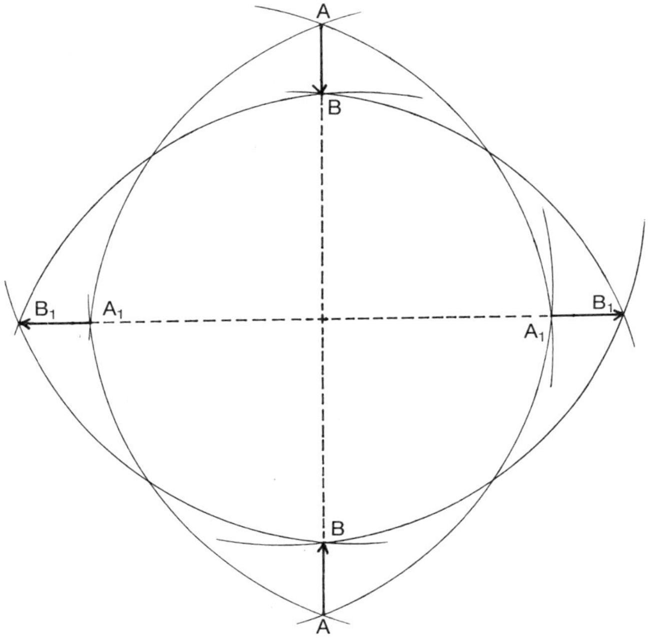

Abb. 6: Konflikt

A = Position der Herzfrequenz des Individuums in Situation 1;
B = Position desselben Individuums in Situation 2;
A_1 = Position der Herzfrequenz der Gruppe in Situation 1;
B_1 = Position der Herzfrequenz derselben Gruppe in Situation 2.

1. $A < B \cap A_1, > B_1$(A und A_1 befinden sich in der unteren Hälfte der Verteilungsskala)

2. $A < B \cap A_1 < B_1$ (A befindet sich in der unteren, A_1 in der oberen Hälfte der Verteilungsskala)

3. $A > B \cap A_1 > B_1$ (spiegelbildlich zu 2.)

4. $A > B \cap A_1 < B_1$ (spiegelbildlich zu 1.)

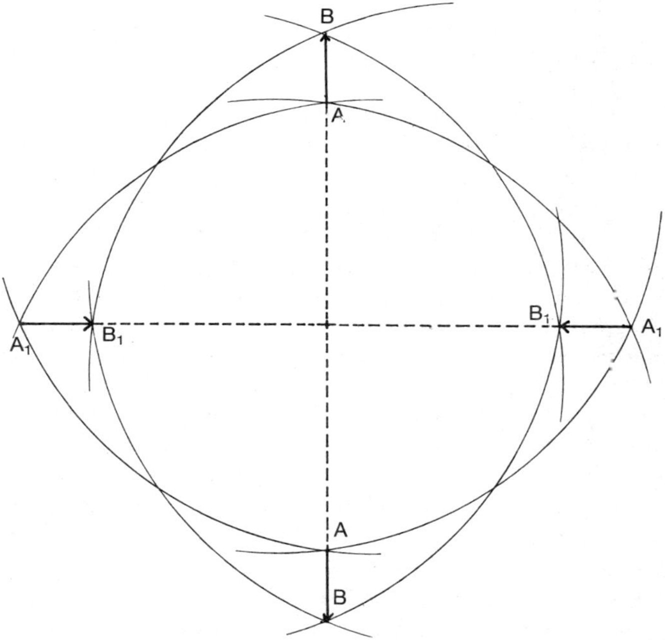

Abb. 7: Schutz im sozialen Raum

A = *Position der Herzfrequenz des Individuums in Situation 1;*
B = *Position desselben Individuums in Situation 2;*
A_1 = *Position der Herzfrequenz der Gruppe in Situation 1;*
B_1 = *Position der Herzfrequenz derselben Gruppe in Situation 2.*

1. $A < B \cap A_1, < B_1$

2. $A < B \cap A_1 > B_1$

3. $A > B \cap A_1 < B_1$

4. $A > B \cap A_1 > B_1$

Die horizontale Achse, auch Abszisse genannt, gibt die Fluktuationen des Gruppen-Mittelwertes, die Ordinate oder vertikale Achse die Fluktuationen des jeweiligen individuellen Mittelwertes in Relation dazu, an. Angenommen, wir haben es mit einer Reihe von Situationen zu tun, die ein über eine Stunde dauerndes Experiment benötigen. Die Gruppenmittelwerte in jeder Situation bewegen sich nach links oder nach rechts vom Gesamtmittelwert aller Situationen, je nachdem, ob die einzelnen Situationen entspannend oder anregend empfunden werden. Jedes Individuum in der Gruppe muß nicht das gleiche empfinden wie die Mehrzahl der anderen. Dadurch ergeben sich Diskrepanzen in der Bewegungsrichtung des individuellen Vektors zum Mittelwert hin oder vom Mittelwert weg. In den einzelnen Quadranten jedes Bildes ist angegeben, wie sich der Gruppenmittelwert dabei zum vorausgegangenen Gruppenmittelwert und der individuelle Mittelwert zum vorausgegangenen individuellen Mittelwert verhält. Das Parallelogramm dieser Kräfte und die Resultante zeigt dabei die jeweilige Wirkung von Konvergenz, Divergenz, Konfliktsituationen oder auch Schutzsituationen auf den Körper im sozialen Raum des Individuums. Da der soziale Körper ein oszillierendes System ist, kann man erwarten, daß es »zurückschlägt«, sobald die Kopplung an den Außen-Zeitgeber (hier die Menschengruppe als agierendes Ganzes) aufgehoben ist. Suśruta zufolge ist der beste Ort, um dies zu beobachten, der Schlaf und der Traum.

Da für Suśruta der Schlaf der Ort ist, in welchem man die Konnotationen oder die Bedeutung des Karman oder dessen, was einem im Alltag widerfährt, erlebt, können wir legitimerweise die subjektiven Erlebnisse im Traum betrachten, ob sie Auskunft über das Verhältnis vom Individuum zum Sozialen geben oder nicht. Wir haben versucht, die Traumsymbole mit den realen Vektoren, die wir in der oben beschriebenen Form ermittelten, zu korrelieren, und haben eine erstaunliche Signifikanz feststellen können.

Bevor wir jedoch zu den Ergebnissen unserer Untersuchungen kommen, sollten wir hier noch ein paar Gedanken bei der Problematik Sāmānya und Viśeṣa verwenden. Wenn wir unsere Erkenntnisfähigkeit betrachten, so stellen wir fest, daß wir beim Abstrahieren einen Begriff von Gemeinsamkeiten mehrerer Objekte bilden. Wir machen uns z. B. ein Bild von einem Stuhl oder einem Tisch und wissen, was gemeint ist, wenn von Tisch oder Stuhl die Rede ist. Das, worin wir mit anderen einer Meinung sind, drückt sich in solchen Begriffen aus. Dies ist die Grundlage der gemeinsamen Sprache. Eine Bezeichnung eines Individuums ist demnach wahr oder falsch, wenn sie die empirische Wirklichkeit des Dinges trifft. Dies kann man sogar anderen Menschen zeigen, und sie akzeptieren diese Wirklichkeit. Das ist auch die Grundlage, auf welcher die Naturwissenschaft beruht.

In Zusammenhang mit der Beschreibung der Bedeutung einer Situation für mich als Subjekt spielen jedoch weniger die Kategorien der Wahrnehmung der Situation an sich und auch nicht die Meinung der Mehrzahl der Menschen, die diese Situation erleben, eine Rolle, als vielmehr die Reaktion meines Kreislaufes und meines Herzens in dieser Situation. Diese Reaktionen können 16 verschiedene Resultanten annehmen, je nachdem, in welchem der 16 verschiedenen Quadranten sich mein momentaner Pulsschlag im Vergleich zum Pulsschlag meiner Gruppe befindet. Über die Wahrheit oder Unrichtigkeit dieser subjektiven Deutung der Situation entscheidet demnach nicht die Situation an sich, sondern die Reaktion meines Herzens in und mit der Gruppe. Dies scheint Suśruta wichtiger zu sein als die bloße Einnahme eines Medikaments. Ich behaupte hier, daß es möglich ist, diese Wahrheit anhand der Korrelation der Bewegungen der Vektoren der Herzfrequenz, wie wir sie beschrieben haben, mit den Äußerungen des Traumes zu überprüfen. Dies ist, so werde ich zeigen, im Sinne Suśrutas.

11. Das Herz und die Marmas im Brustbereich

Im Zusammenhang mit den Störungen von Prāṇa sind acht besonders wichtige Marmas (über den ganzen menschlichen Körper verteilte vitale Punkte), vier links und vier rechts, in Betracht zu ziehen (Abb. 8). Diese Marmas sind von der Kālantara-Sorte, d. h., daß sie sowohl Agneya als auch Saumya-Eigenschaften haben. Das bedeutet, daß sie sowohl den Aktivitätspegel als auch den Entspannungspegel im Körper sehr stark beeinflussen.

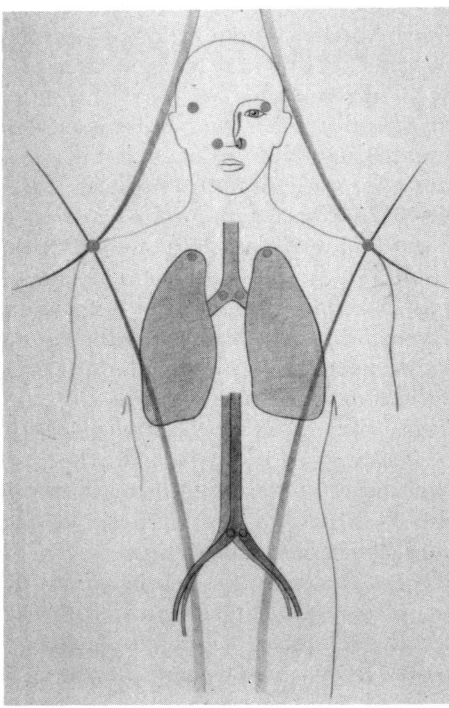

Abb. 8: Die Marmas im Kopfbereich. (Aus: Lobo, Ayurveda, S. 107)

Wichtig ist zu berücksichtigen:

– Prāṇa ist das Prinzip der Einverleibung der Nahrung durch den Mund. Es sorgt für die geordnete Durchführung des Schluckaktes.

– Wenn Prāṇa gestört ist, verbindet es sich mit Udāna Vāyu und stört damit die Empfindungen oberhalb des Schulterbereiches, d. h. im Kopf und im Hals. Es ist daher an den Wach-, Schlaf- und Traumzustand zu denken.

– Das Ergebnis einer solchen Störung ist ähnlich dem Ergebnis der Verletzung eines der acht Hauptmarmas des Brustkorbes, der Lungenspitzen *(Apalāpa)*, der Bronchial-Äste *(Apastambha)*, der Wurzeln der Brust *(Stanamūla)* und der Röte der Brust *(Stanarohita)*.

– Asthma, Schluckauf und Husten sind demnach laut Suśruta das Ergebnis der Störung des Schluckaktes durch Pfeile, deren Wirkung sich im Kopf als Störung der Oszillation zwischen dem Schlaf- und dem Wachzustand zeigt.

– Kann man, mit anderen Worten, diese Oszillation leicht beobachten, so ist sie nicht gestört, dann sitzt auch kein Pfeil als Störfaktor im Leib.

– Als Präventiv-Maßnahme ist daher die Beobachtung dieser Oszillation das Wesentliche – und dies geschieht im Prāṇāyāma.

Suśruta empfiehlt eindeutig Prānāyāma (Atemkontrolle) in der Behandlung von Schluckauf *(Uttara-Tantra 50, 12)*. Für Asthma und Husten dürfte es schwieriger sein, während der Anfälle Prāṇāyāma durchzuführen. Daher erwähnt er Prāṇāyama nicht als Behandlungsmethode. Doch muß Prāṇāyāma auch und hauptsächlich als Präventivmaßnahme verstanden werden, vor allem heute inmitten der Pollution der Luft in fast allen Bereichen des öffentlichen Lebens. Mit den Worten Suśrutas müßte man sagen: Prāṇāyāma ist der Test der Belastbarkeit des oberen Teiles unseres Verdauungstraktes. Wie lange wird man gezwungen, Ungenießbares, Rauch und Staub hinunterzuschlucken, bis das Leben anfängt, in Husten, Asthma und Schluckauf aufzubrüllen, um seine Unlust kundzutun?

In Prāṇyāma testet man die Fähigkeit der Selbstregulation der Atmung, indem man versucht, sie zu verlangsamen. Dadurch verändern sich die Druckverhältnisse im Zwischenpleuralraum und fast identisch damit auch in der Speiseröhre. Mit diesen Veränderungen geht unter normalen Umständen die Veränderung der Geschwindigkeit für die Öffnung und Schließung der Bronchialäste und der Lungenalveoli einher. Dies ist der Zusammenhang, der von Suśruta bei der Beschreibung der vier Marmas in Betracht gezogen worden ist.

Was das Herz anlangt, ist zu vermerken, daß dieses Organ jede Veränderung der Druckverhältnisse im Brustraum mitvollzieht. Beim Einatmen wird die Herzfrequenz im Normalfall daher schneller, beim Ausatmen langsamer.[63] Störungen des Wohlbefindens in der Speiseröhre machen sich als Beeinträchtigungen der Druckveränderungen des Brustkorbes bemerkbar und sind auch in den Veränderungen der Rhythmen des Herzens zu beobachten. Ich habe diesem letzten Phänomen besondere Beachtung geschenkt und bin zu erstaunlichen Ergebnissen gekommen. Bevor ich sie in den nächsten Kapiteln beschreibe, will ich hier jedoch noch einmal den roten Faden dieses Buches aufgreifen:

12. Zusammenfassung

Der Traum ist der Ausdruck der Lebendigkeit der Oszillation des Herzens zwischen dem Wach- und dem Schlafzustand. Dort, wo der Traum gestört wird, dort, wo er zum Alptraum wird und man unter Druck, Schweiß gebadet oder mit einem brennenden Gefühl im Magen, mit dem Gefühl erwürgt zu werden oder von einer Höhe geschleudert zu werden aufwacht, deutet der Traum auf Störungen der Druckverhältnisse des Brustkorbes hin, die durch Pfeile im Wege des Prāṇā (d. h. des Schluckaktes) verursacht werden. Die Korrelationen der Oszillation des Herzens unter jeweils veränderten Druckverhältnissen im Brustkorb könnten damit ein Hinweis auf die Richtigkeit der Beobachtungen Suśrutas sein. Daher formuliere ich eine weitere Hypothese.

Hypothese 5: Unter normalen Umständen nehmen die Veränderungen der Periodenlängen des Pulsschlages des Herzens einen charakteristischen Verlauf bei Veränderung der Druckverhältnisse im Brustkrob durch Atemverhaltungen. Wo Abweichungen von diesem charakteristischen Verlauf auftauchen, häufen sich die Rhythmusunregelmäßigkeiten in der Beobachtung der EKG-Wellen. Diese Abweichungen korrelieren mit bestimmten Mustern von Traumhandlungen, die sie wiederzuspiegeln scheinen.

Kapitel III

Die Marma-Theorie des Suśruta, das Herzstück seiner »Lehre vom Pfeil«

1. Vāyu, der »Gefangene auf dem Feld«

Der Pfeil *(Śalya, Viśikha)* ist für Suśruta mehr als eine Analogie. Im Falle von Husten, Schluckauf oder Asthma erscheint es dem Leib des Patienten, als bedrohte ein Fremdkörper sein Leben. Er möchte diesen Fremdkörper beseitigen.

Doch ähnlich, wie sich ein Gefangener nicht ohne Gefahr für sein eigenes Leben, von seinen Fesseln befreien und fliehen kann, will Suśruta seinen Patienten und den angehenden Ärzten klar machen, daß es primär zunächst darum geht, sich mit dem Feind zu arrangieren, zu einer Art friedlicher Koexistenz mit ihm zu gelangen, damit er nicht erst recht im Augenblick, in dem man sich der Fesseln entledigt, seinen tödlichen Pfeil abschießt. Dies ist die Grundlage für seine Marma-Lehre. Sie liest sich wie eine Anweisung über die Wach- und Warnposten, die vor und in einem Gefangenenlager aufgestellt sind. Der Leib ist das Schlachtfeld, und es gilt, das in Gefangenschaft genommene Leben in diesem Krieg der Krankheit zu befreien, ohne die Wach- und Warnposten aufzurütteln.

Suśruta beschreibt genau, wo diese Wach- und Warnposten sind, ob sie durch Unvorsichtigkeit sofort schießen und töten können *(Sadyaḥprāṇahara)*, einem nachstellen *(Kālāntaraprāṇahara)*, oder sogar Fallen stellen *(Vaikalyakara)* und Alarmrufen *(Rūjākara)* würden. Suśruta ist besonders vorsichtig mit solchen Wach- und Warnposten, mit denen man fest verkettet ist *(Viśalyagña)*. Ist man unvorsichtig genug, seine eigenen Fesseln so zu lösen, daß diese Wachposten wachgerufen werden, so ist der Tod unvermeidlich. Ich werde den Text wiedergeben und ihn für sich zunächst selbst sprechen lassen.

2. *Die Marmas des Kreislaufs und die »Lehre der fünf Elemente«*

Athātaḥ pratyekamarmanirdeśam śārīram vyākhyāsyāmaḥ. Yathovāca Bhagavān Dhanvantariḥ. (Śā. Sth. VI, 1–2)

Jetzt also werden wir den Körper nach seiner Bezeichnung durch jedes Marman erklären wie Bhagavan Dhanvantari sie besprochen hat.

Saptottaram marmaśatam, tāni marmāṇi pañcātmakāni bhavanti, tadyathā māmsa marmāṇi, sirāmarmāṇi snāyu marmāṇi, asthimarmāṇi, sandhi marmāṇi ceti. Na khalu māmsa sirǎ snāyvasthisandhivyatirekeṇānyāni marmāṇi bhavanti yasmānnōpalabhyante. (Sa. Sth. VI, 3)

Einhundert und sieben Marmas gibt es. Diese Marmas sind von fünferlei Art, wie Muskel-Marmas, Blutgefäß-Marmas, Sehnen-Marmas, Knochen-Marmas und Gelenk-Marmas. Es werden keine weiteren Marmas zu finden sein als diese Sorten von Marmas: Muskel, Blutgefäße, Sehnen, Knochen, Gelenke.

Tatraikādaśa māṁsamarmāṇi, ekacatvārinśat sirāmarmāṇi, saptvinśatiḥ, snāyumarmāṇi, aṣṭāv asthimarmāṇi, vinśatiḥ Sandhimarmāṇi ceti, tadetat saptottaram marmaśatam. (Sa. Sth. VI, 4)

Davon sind elf Muskel-Marmas, einundvierzig Blutgefäß-Marmas, siebenundzwanzig Sehnen-Marmas, acht Knochen-Marmas und zwanzig Gelenk-Marmas. So sind auf diese Weise einhundertundsieben.

Teṣāmekādaśaikasmin sakthin bhavanti, eteneta rasakthi bāhūca vyākhyātau Udarorasordvādaśa, caturdaśa pṛaṣṭe, grīvām pratyūrdhvam saptatrinśat. (Śa. Sth. VI, 5)

Von diesen sind elf in einem Bein, dieselbe Zahl im anderen Bein. In den beiden Armen erklärt man ihr Vorhandensein auf ähnliche Weise. Im Bauch und im Brustbereich sind zwölf, auf dem Rücken vierzehn, im Nacken aufwärts siebenunddreißig.

Tatra sakthi marmāṇi Kṣipra talahṛdaya kūrca kūrcaśiro gulpha indrabasti jānvāṇyurvī lohitākṣāṇi viṭapaṁ ceti, etenetara sakthi vyākhyātam.

Udarorasostu guda basti nābhi hṛdaya stanamūla stanarohitā palāpānya pastambhau ceti.

Pṛaṣṭamarmāṇi tu kaṭikataruṇa kukundara nitamba pārśvasandhi bṛhatyamsaphalakānyamsau ceti.

Bāhumarmāṇi tu kṣipra talahṛdaya kūrca kūrcaśiro maṇibandha indravasti kūrpara ānyūrvi lohitākṣāṇi-kakṣadharam ceti, etenetaro bāhurvyārkhyātaḥ.

Jatruna urdhvamarmāṇi tu catasro dhamanyo aṣṭau mātṛkāḥ, dve kṛkāṭike, dve vidhure dve phaṇe, dvāvapāṅgau, dvāvāgharttau, dvāvutkṣepau, dvau śaṅkhavekā sthapanī; pañca sīmantāścatvāri sṛṅgāṭakānyekaḥ adhipatiriti. (Sa. Sth. VI, 6)

Davon sind die Marmas des (einen) Beines: Kṣipram (die Schnelle), Talahṛdayam (das Herz der Fußsohle), Kūrca (der Büschel), Kūrca śirah (der Kopf des Büschels), Gulpha (der Knöchel), Indravasti (die Wade), Jānu (das Knie), Āṇi (der Zapfen der Wagenachse, hier die Patella oder Kniescheibe), Urvi (die Weite), Lohitākṣa (das Rotäugige), Viṭapa (die Ranke) und ebenfalls werden die des anderen Beines erläutert.

Die im Bereich des Bauches und Brustkorbs sind Guda (der After), Basti (die Blase), Hṛdaya (das Herz), Stanamūla (die Wurzel der Brust), Stanarohitā (die Röte der Brust), Apalāpa (der Sprachlose), Apastambha (der Hemmungslose).

Die Marmas des Rückens sind die beiden Kaṭikataruṇas (das Empfindsame der Hüfte), die beiden Kukundaras (das

Loch), die beiden Nitambas (die Hinterbacken), die beiden Bṛhatis (die Größen), die beiden Amsaphalakas (Schulterblätter) und die Amsas (Schultern).

Die Marmas des Armes sind das Kṣipram (die Schnelle), das Talahṛdayam (das Herz des Handtellers), das Kūrcam (das Sehnenbüschel), der Kūrcaśirah (der Kopf des Büschels), der Maṇibandha (das Perlenband), Indravasti (der Sitz Indras, des Starkarmigen), Kūrpara (das Ellbogengelenk), Āṇi (der Zapfen der Wagenachse – hier der Knochenteil der Elle, die eine ähnliche Funktion wie die Kniescheibe ausübt), Lohitākṣa (das Rotäugige), Kakṣadhara (die Stütze der Achsel). Dem ähnlich werden die Marmas im anderen Arm erläutert.

Vom Schlüsselbein aufwärts sind die Marmas die vier Dhamanis (Röhren, hier Arterien), die acht Mātṛkās (die Mütter), zwei Kṛkāṭikas (Halsgelenke), zwei Vidhuras (die Widerwärtigkeit, Gefahr), zwei Phaṇas (der Rahm, Schaum, die Schlangenhaube, hier Nasenflügel), zwei Apāṅgas (der äußere Augenwinkel), zwei Avartas (die Drehung, hier Haarwirbel), zwei Utkṣepas (das Aufwerfen, hier das Hochziehen der Augenbrauen), zwei Śankhas (Muscheln, hier Schläfenbeine), eine Sthapani (die Stabilisierung); fünf Sīmantas (die Nähte), vier Śṛṅgāṭakas (das Dreieck), eine Adhipati (der Herrscher).

(In Zusammenhang mit Adhipati kann man Sthapani daher auch als Statthalter bezeichnen, obwohl das Wort nicht Sthapati heißt.)

Tatra talahṛdaya indravasti guda stanarohitāni māṁsa marmāṇi.

Nīlādhamani mātṛkā sṛṅgātaka apāṅga sthapani phana stanamūla apalāpa, apastambha hṛdaya nābhi pārśvasandhi bṛhati lohitākṣa urvyaḥ śirāmarmāṇi.

Āṇi viṭaapa kakṣadhara, kūrcaśiro, basti, kṣipra, amsa, vidhura, utkṣepāḥ snāyu marmani. Kaṭikataruṇa, nitamba, amsaphalaka śamkhāstvasthi marmāṇi. Jānu, kūrpara, sīmanta, adhipati, gulpha, maṇibandha, kukundra, avarta, kṛakāṭikāsceti sandhimarmāṇi. (VI, 7)

Von den beschriebenen Marmas sind die Talahṛdayas, Indravastis, Guda und Stanarohitas, Māṃsa-Marmas, die Nílas und Dhamanis, die Mātṛkās, die Sṛṇgāṭakas, die Apāñgas, die Sthapani, die Phaṇas, die Stanamūlas, die Apalāpas, die Apastambhas, das Hṛdayam, die Nābhi- die Pārśvasandhis, die Bṛhatis, die Lohitākṣas und die Urvis Sirāmarmas.

Die Aṇis, Viṭapas, Kakṣadhara, Kūrcaśiras, die Basti, die Kṣipras, die Amsas, die Vidhuras, die Utkṣepās sind die Sehnen-Marmas.

Die Kaṭikataruṇas, die Nitambas, die Amsaphalakas und die Śankhas sind Knochen-Marmas.

Die Jānus, die Kūrparas, die Sīmantas, die Adhipati, die Gulphas, die Maṇibandhas, die Kukundaras, die Avartas und die Kṛkāṭikās sind Sandhi-Marmas.

Tānyetāni pañca vikalpāni marmāṇi bhavanti.
Tadyathā-sadyaḥprāṇaharāṇi, kālāntaraprāṇa harāṇi, viśalyaghnāni, vaikalyakarāṇi, rūjākaraṇi ceti.
Tatra sadyaḥprāṇaharānyekonvinśatih, kālāntaraprāṇa harāṇi trayastrinśat, trīṇi viśalyagnāni, catuścatvarinśad vaikalyakarāṇi, aṣṭau rujakarānīti. (VI, 8)

Diese Marmas werden wiederum nach fünferlei Art unterschieden, in Sadyaḥprāṇahara-, Kālāntaraprāṇahara-, Viśalyagña-, Vaikalyakara-, Rūjākara-Marmas. Davon sind 19 Sadyaḥprāṇahara, 33 Kālāntara-Prāṇahara-, drei Viśalyagña-, 44 Vaikalyakara- und acht Rujākara-Marmas.

Sṛṇgāṭakāni adhipatiḥ, śankhau, kaṇṭasirā, Gudam.
Hṛdayam-Vastinābhi ca gnanti sadyohatāni tu. (VI, 9)

Die Sṛṇgāṭakas, die Adhipati, die Śankhas, die Blutgefäße des Halses, der After, das Herz, die Blase und die Nabelgegend töten wohl, wenn sie plötzlich getroffen (geschlagen oder verletzt) werden.

Vakṣomarmāṇi-sīmanta tala-kṣipra-indravastayaḥ-kaṭikatarune sandhi pārśvajau bṛhati ca yā, nitambāviti caitāni kālāntara-haraṇi tu. (VI, 10)

Die Marmas der Brust, die Sīmantas, die Hand- und Fußflächen, die Kṣipras, die Indravastis, die Kaṭikataruṇas, die Pārśvasandhis (Seitengelenke des Rumpfes), die Bṛhatis und die Nitambas sind solche, die in der Zeit töten.

Utkṣepau sthapani caiva viśalyagnāni nirdiśet. (VI, 11)

Die beiden utkṣepas und eben die sthapani werden als Viśalyagña-Marmas angesehen.

Lohitākṣāni jānu urvi kūrca viṭapa kūrparāḥ kukundare kakṣadhare vidhure sakṛkāṭike. (VI, 12)
Amsa amsaphalaka apāṇga nīle manye phanau tatha.
Vaikalyakaraṇānyāhuravartau dvau tathaiva ca. (VI, 13)

Die Lohitākṣas, die Jānus, die Urvis, die Kūrcas, die Viṭapas, die Kūrparas, die Kukundaras, die Kakṣadharas, die Vidhuras mit den Kṛkaṭikas, die Amsas, die Amsaphalakas, die Apāṅgas, die Nīlās und Manyās sowie die Phaṇas die beiden Avartas sind ebenfalls unter den Vaikalyakara-Marmas.

Gulphau dvau maṇibandhau dvau dve dve Kūrcaśiraṁsi ca.
Rujākarāṇi jānīyadaṣṭav etāni buddhimān. (VI, 14)

Die beiden Gulphas (Knöchel), die beiden Maṇibandhas (»Perlenketten«, Handgelenke) und die beiden Kūrcaśiras sind jene acht, welche von verständigen Vaidyas als Rūjākara-Marmas angesehen werden.

Kṣiprāṇi viddha mātrāṇi gnanti kālāntareṇa ca. (VI, 15)

Die Kṣipra-Marmas töten im Laufe der Zeit, wenn sie verwundet sind.

Kommentar:

Sirā-Marma: Das Wort Marma kommt von der Wurzel Mṛ, Sterben, und bedeutet soviel wie eine Stelle unseres lebendigen Körpers, in welchem der Horizont des Tötens im Augenblick der Gefahr aufleuchtet. Es sind daher die Wach- und Warnposten in unserem Körper, die uns eine Vorahnung unseres eigenen Sterbens in solchen Situationen vermitteln.

Das Wort Sirā bedeutet Blutgefäß.

In bezug zum Horizont des Tötens könnte man sich bildlich vorstellen, daß der in einem solchen Marma von einem spitzen Gegenstand oder Pfeil Getroffene sein begrenztes Dasein in der Zeit ahnt. Für ihn bekommt erst dadurch die Zeit ein konkretes Ende und damit sein Leben eine konkrete Kontur. Diese plötzliche Verschiebung der Lebensperspektive will Suśruta mit fünf Begriffen beschreiben:

Sadyaḥprāṇahara: Das Auslöschen des Horizontes des Wachbewußtseins. Es ist wichtig zu wissen, daß diese Marmas als Agneya-Marmas bezeichnet werden, d. h. als solche, die jene Agni- oder Feuer-Eigenschaften besitzen, welche das Wachbewußtsein hervorrufen. Das Herz ist eigenartigerweise ein solches Marma, obwohl es der Sitz des Traumes ist, wie wir gesehen haben. Dies kann nur bedeuten, daß die Kehrseite des Traumes der Horizont des Todes ist. Verfolgen wir diese Idee Suśrutas weiter, so werden wir erkennen, daß der Traum für Suśruta der Bewußtseinszustand ist, in welchem ein gesundes oder krankes Herz in einem gesunden oder auch einem bedrohlichen Horizont sich selber erfährt.

Kālāntaraprāṇahara: Solche Marmas lassen den Horizont des begrenzten Daseins erscheinen. Für den Getroffenen verläuft die innerpsychische und innerkörperliche Spannung subjektiv auf eine Spitze zu, bei deren Erreichen er dann stirbt. Objektiv gesehen dauert dies etwa 14 Tage.

Viśalyagña: Solche Marmas zeigen an, daß man den auf sie zugeflogenen Pfeil nicht entfernen darf, ohne den Tod herbeizuführen. Das Bewußtsein des eigenen Selbst ist durch die Symbiose mit dem fremden Gegenstand in einem Horizont eingebettet, in welchem man nicht mehr zwischen der eigenen Empfindung und der durch den Gegenstand erzeugten fremden Empfindung unterscheiden kann. Erst in der Trennung dieser beiden Erfahrungen ist Gesundung möglich, d. h. wenn der Körper von sich aus den Gegenstand entfernt und nicht indem die Trennung vom Gegenstand gewaltsam herbeigeführt wird. Im Falle auch der heutigen Chirurgie wird dieser Vorgang der Entfernung z. B. von fremden Gegenständen aus der Lunge sehr sorgfältig vorbereitet.

Vaikalyakara-Marmas sind solche, die die Traum- und anderen Schlafphasen aus dem Gleichgewicht bringen, indem sie Veränderungen in ihren Sollwerten vornehmen. Sie verstellen damit die Grenzerfahrung des Leibes. Man weiß nicht mehr genau, wann man bei anstrengenden Tätigkeiten aufhören oder weitermachen soll.

Rūjākara-Marmas sind solche Marmas, die intermittierende Schmerzen hervorrufen. Diese wandern im Leib und sind nicht auf einen Punkt fixierbar. Wahrscheinlich sind hier hauptsächlich die Nerven im Spiel.

3. Zeit und Schmerz

Im Kapitel VI des Sūtra Sthānam seiner Samhitā benennt Suśruta die Maßeinheiten, in welchen er die Zeit *(Kāla)* bemißt. Die kleinste Einheit ist der Lidschlag des Auges *(Akṣi nimeśa)*. Fünfzehn Lidschläge sind ein Kāṣṭhā, 30 Kāṣṭhās ein Kalā, 20 1/10 Kalās ein Muhurta, 30 Muhurtas ein Tag (Sū. Sth. VI, 1–5). Demnach hat ein Lidschlag die Länge von 3,14 Sekunden. Die Genauigkeit dieser Beobachtung wird durch die Untersuchungen moderner Medizinpsychologen bestätigt. Ihnen zufolge hat die Zeit, die man benötigt, um eine Situation am genauesten zu erfassen, durchschnittlich die Länge von zwei bis drei Sekunden, wobei sie näher an drei Sekunden liegt.[64]

Die Beschreibung der Zeit hat demnach etwas mit dem realen Bewußtsein von Situationen zu tun. Suśruta will sagen, daß es die Genauigkeit ist, mit welcher der Takt von 3,14 Sekunden im Gehirn eingestellt wird, worauf es in der Betrachtung von Gesundheit ankommt. Die Pfeile im Leib verstellen diesen Takt und damit unsere Realitätserfahrung. Dann ist Sadyaḥ oder das »Plötzliche« des Jetzt, der »Augenblick« oder die Zeit zwischen zwei Lidschlägen, in welcher ich eine Situation am genauesten einschätze. Dieses Einschätzvermögen für Situationen wird durch die Verletzung der Marmas demnach zerstört bzw. gestört oder verändert. Die Fähigkeit, Situationen genau einzuschätzen und damit auch real zu handeln, geht verloren.

4. Die fünf wichtigen Marma-Gruppen des Brustkorbes

Das Herz ist das Hauptmarma und gehört zur Sadyaḥprāṇahara-Sorte. Ich will daher untersuchen, wie sich die subjektive Erfahrung der Entstehung des Todes-Horizontes im Vergleich der EKG-Vektoren in bedrohlichen Situationen mit den Träumen der Probanden beschreiben läßt.

Zuvor will ich die kurze Beschreibung von vier Marma-Paaren im einzelnen betrachten. Es sind diese die Apalāpas (die »Sprachlosen«), die Apastambhas (die »Hemmungslosen«), die Stanamūlas (die Wurzeln der Brust), die Stanarohitās (die Röte der Brust). Alle diese Marmas befinden sich im Brustkorb und sind Kālāntara-Marmas oder Marmas, welche die Oszillation zwischen dem Wachbewußtsein und dem Schlafbewußtsein überwachen. Die körperlich-anatomischen Entsprechungen sind: für die Apastambhas die Bronchialäste, für die Stanamūlas der Innenraum beidseits der Mittellinie des Körpers, der von den falschen Rippen umschlossen wird. Für die Stanarohitās ist die funktionelle Entsprechung im Schnittpunkt der kleinen und der großen Brustmuskeln zu suchen.[65]

Die Störung des Prāṇa Vāyu, welche Suśruta schildert (siehe S. 89) deutet auf die Unfähigkeit zu schlucken bzw. etwas mit Lust zu sich zu nehmen. Dies bedeutet, daß die Peristaltik der Speiseröhre und des Magens gestört ist. Bekannt ist, daß der Druck oder der Unterdruck in der Speiseröhre fast identisch ist mit dem Druck oder Unterdruck zwischen den Pleura, welche die Lunge umgeben. Eine Störung dieser Druckverhältnisse macht sich demnach nicht nur in der Speiseröhre bemerkbar, sondern auch in der Lunge und im Brustkorb. Während jedoch ein unappetitlicher Fremdkörper in der Speiseröhre womöglich mit Leichtigkeit durch den Mund erbrochen werden kann, zeitigt ein Fremdkörper in den Marmas ähnliche Gefühle und Symptome, als wäre dem Körper nach Erbrechen zumute; doch bringt dies keine Linderung, weil der »Pfeil« nicht wie ein normaler Fremdkörper auszuwerfen ist.

Ich werde die Lokalisation der vier Marma-Paare im Brustkorb, wie Suśruta sie angibt, wiedergeben, und die Beschreibung der Phaṇas (Nasenflügel) und des Herzens und der Bṛhatis (Größe) hinzunehmen, um ihre Wirkweise in einem Gesamtzusammenhang zu erläutern.

Stanayormadhyamadhiṣṭāyorasyāmāśayadvāramsattva,
rajastamasāmadhiṣṭānaṁ hṛdayam,
tatrāpi sadya eva maraṇam. (i)*
Stanayoradhastād dvadhyaṅgulamubhayataḥ stana
mūle; tatra kaphapūrṇakoṣṭatayā (kāsaśvāsābhyām) mriyate. (u)

---

* In dem von mir verwendeten Originaltext der Chowkhambha-Serie ist der Vers nach den Vokalen des Sanskrit-Alphabets unterteilt (a, ā usw).

Stanacūcukayorūrdhvam dvadhyalaṅgumubhayataḥ stana-
rohitau,
tatra lohitapūrnakoṣṭatayā ca mriyate. (ū)
Amsakūṭayosdhasyāt pārśvoparibhāgayorapalāpau nāma,
tatra
raktena pūyabhāvam gatena maraṇam.
Ubhayatroraso nāḍyau vātavahe apastambhau nāma,
tatravātapūrṇakoṣṭatayākāsaśvāsabhyām ca maraṇam (Śa.
Sth. VI, 26)
Stanamūladṛjūbhyataḥ pṛṣṭavaṁśasya bṛhatyau nāma, tatra
śoṇitātipravṛttinimittirupadravaimriyate. (u) (Sā. Sth. VI, 27)

Im Brustkorb, mitten zwischen den beiden Brüsten, befindet sich am Eingang zum Magen das Herz, die Residenz von Sattva, Rajas und Tamas. Dort auch ist das plötzliche Sterben (oder auch: innerhalb eines Tages). (i)

Zwei Finger breit unterhalb der beiden Brüste auf beiden Seiten befinden sich die beiden Stanamūlas, wenn sich dort Kapha (Schleim) im Brustkorb (in Krankheiten wie Husten und Asthma) stark ansammelt, dann stirbt der Mensch. (u) Oberhalb der Brustwarzen, zwei Finger breit auf beiden Seiten, befinden sich die beiden Stanarohitās. Wenn sich dort Blut stark ansammelt, dann stirbt man. (ū)

In der Gegend unterhalb der Kugel der Schultern auf beiden Seiten (gemeint ist das Brustbein-Schlüsselbein-Gelenk) befinden sich die beiden als Apalāpas (Sprachlosen) bezeichneten Marmas. Dort entsteht das Sterben durch Blut, das in seinem Gang durch Eiterung behindert ist.

In beiden Teilen des Brustkorbes sind die beiden Vāta tragenden Röhren, welche als Apastambhas (die Hemmungslosen) bezeichnet werden. Wenn sich dort der Brustkorb mit Vāta füllt, wie im Husten oder Asthma, naht der Tod. Direkt hinter den Stanamūlas auf beiden Seiten der Wirbelsäule befinden sich die als Bṛhatis (die Größe) bezeichneten Marmas. Durch Unfälle, bei welchen zuviel Blut dort ausfließt, stirbt man.

Ghrāṇamārgamubhayataḥ srotomargapratibaddhe abhyantarataḥ phaṇe tatra gandhajñānam, (u) (Śā. Sth. VI, 28)

Auf beiden Seiten der Nase (wörtlich: des Weges des Geruch-Feldes), verbunden mit den inneren Kanälen der Empfindung, sind die beiden Phaṇas. Dort ist die Wahrnehmung des Geruches.

Die Stanamūlas sind Blutgefäß-Marmas, die Stanarohitās sind Muskel-Marmas. Doch findet die Bedrohung in den Stanamūlas durch eine Ansammlung von Schleim statt, in den Stanarohitas durch eine Ansammlung von Blut, in den Apastambhas dagegen durch Váta, was auf übertriebene (hemmungslose) Bewegung und nervliche Aktivität hindeutet. In den Bṛhatis ist wiederum die Bedrohung durch das Blut.

(Da Suśruta im Falle von Schluckauf [Hikka] Prāṇāyāma oder Atemverhaltungen empfiehlt, habe ich die Phaṇas [das Innere der Nasenflügel] mit in Betracht gezogen.)

5. Die physiologische Bedeutung der Prāṇāyāma-Übung Naḍiśodhana

Hier ist zu beobachten, daß die Übung des Prāṇāyāma, welche Nāḍiśodhana genannt wird, eine Übung in der Wechselatmung darstellt. Man atmet links ein und recht aus, dann rechts ein und links aus. Tafil-Klawe und G. Hildebrandt konnten feststellen, daß Druck auf die linke Halsschlagader die Herzfrequenz beschleunigt, Druck auf die rechte dagegen sie verlangsamt.[66] D. Shannahoff-Khalsa u. a. konnten nachweisen, daß die bewußte Atmung durch das linke Nasenloch mit einer erhöhten Aktivität in der rechten Hirnhemisphäre einhergeht, durch das rechte Nasenloch dagegen mit einer erhöhten Aktivität in der linken Hirnhemisphäre. D. A. Werntz u. a. konnten dazu nachweisen, daß im Schlaf eine erhöhte Aktivität in der rechten Hirnhemisphäre mit der Tiefschlaf- und NREM-Phase korreliert und eine erhöhte Aktivität in der linken Hirnhemisphäre mit der REM-Schlaf oder Traum-Phase einhergeht.[67] Meine eigenen Beobachtungen an mehr als 100 Probanden konnten eine signifikante Senkung der Herzfrequenz (RR-Strecke) und auch der Herzmuskel-Aktivität (QT-Strecke) beim Rechts-Einatmen und durch beide Nasenlöcher ausatmen und eine entsprechende Erhöhung der beiden Parameter bei derselben Tätigkeit links feststellen.

Die Probanden waren beiderlei Geschlechts (34 Männer, 74 Frauen) im Alter von 20 bis 60 Jahren.

Alle diese Untersuchungen wurden nicht zuletzt unternommen, um die Frage zu klären, warum einerseits in den Yoga-Techniken (siehe Vasistha Samhita II, 25–29) das linke Nasenloch als Träger des Mondes *(Īḍā)* bezeichnet wird, das rechte Nasenloch dagegen als der der Sonne *(Piṅgalā)*. Vom heutigen Standpunkt aus oszilliert die Aktivität des Körpers mit dem Tiefschlaf, d. h. je aktiver ein Mensch am Tag ist, desto größer ist sein Bedarf an Tiefschlaf-Phasen in der Nacht. Diese Aktivität korreliert mit der Tätigkeit des linken Nasenlochs. Der REM-Schlaf (Traum) korreliert mit der Tätigkeit des rechten Nasenlochs, läuft aber nach einer autonomen, älteren Sequenz oder circadianen Uhr.[68]

Die Herzfrequenz steigt bekanntlich während der Einatemphase und fällt während der Ausatemphase. Durch Nāḍiśoddhana Prāṇāyāma lassen sich daher Unregelmäßigkeiten zwischen Links- und Rechtsempfindungen im Atemtrakt feststellen und womöglich korrigieren. Dies wirkt sich wohltuend auf das Prinzip der Oszillation des Rajas aus und damit auf das Blut und das Herz.

Wenn wir die vier Marma-Paare des Brustkorbes betrachten, stellen wir fest, daß sie sowohl durch zuviel Aktivität im Wachbewußtsein (Agneya), als auch durch ein Versinken in den Schlafzustand (Saumya) Störungen verursachen, da sie von der Kālāntara-Sorte sind. Doch in den Stanamūlas ist die Gefahr eher durch den Schlaf-Zustand, d. h. die Saumya-Seite (Kapha), in den Stanarohitās dagegen durch den Wach-Zustand, d. h. die Agneya-Seite (Blut) gegeben.

Betrachten wir dagegen die Apastambhas (die Hemmungslosen) im Kontrast zu den Apalāpas (die Sprachlosen), so verstehen wir einen weiteren Zusammenhang.

Wenn Prāṇa Vāyu gestört wird, steigt er mit Udāna Vāyu nach oben und bedrängt den Kopf. Hiervon geben die Phaṇas (Nasenflügel) Auskunft. Es ist dann nicht möglich Nāḍiśoddhana Prāṇāyāma durchzuführen, die Atemtechnik, in welcher getestet wird, ob eine Störung des Vāta in den Bronchialästen (Nāḍis) liegt. Entweder wird der Kopf noch unruhiger und die Herzfrequenz schneller oder der Kopf, die Lunge und das Herz verfallen in eine Art innerer Leere, die sich in spezifischen Mustern des EKG zeigt, wie wir sie kennenlernen werden. Der Rücken und damit die Bṛhatis (die Größen) sind entweder überernährt (eine Art Muskelpanzerung im Latissimus dorsi) oder unterernährt und schlapp, so daß der Rücken schnell ermüdet. Alle diese mehr oder weniger äußeren Erscheinungen des Körpers machen sich im Innersten, d. h. im Herzen in den zeitlichen Abläufen im EKG bemerkbar.

Gefühle der Unlust in der Speiseröhre sind meist gekoppelt mit viel Schleim im Mund, und diese haben ihre Entsprechung im schwachen Rücken und in unruhigen Bronchien. Hinzu kommen oft leicht geschwollene Nasenflügel und sogar leichte Verwachsungen in der Nasenschleimhaut, auch wenn sie noch nicht den Grad von Polypen erreicht haben.

Dagegen kann extreme Trockenheit im Mund und in der Speiseröhre durch Überforderungen an den Stanarohitās und Bṛhatis hervorgerufen werden. Zu starke Muskeltätigkeit führt zu solchen Erscheinungsformen.

Prāṇāyāma versucht einen Mittelweg zwischen diesen beiden Extremen zu erreichen, d. h. das Gleichgewicht von Rajas als Prinzip der biologischen Oszillation und der Röte des Blutes wieder herzustellen. Da Rajas und Vāyu sehr eng miteinander verknüpft sind, kann man sich jetzt vorstellen, was es bedeutet:

Der Vāyu im Leib ist rauh, kalt, leicht und Reibung verursachend. Die Gleichzeitigkeit der Erfahrung dieser Eigenschaften in allen der genannten Marmas des Brustkorbes und der Nase bedeutet zu erfahren, daß Prāṇa Vāyu und Udāna Vāyu sich ungestört im Körper ausdrücken. Dies zeitigt folgendes Erscheinungsbild:

- Der Kopf ist ruhig und kühl;
- die Nasenflügel sind weich und entspannt. Man kann feine Gerüche wahrnehmen;
- die Arme fühlen sich belastbar und kräftig an;
- die Atmung fließt locker und belebend im Brustkorb. Es ist ein Gefühl der Aufnahmebereitschaft in der Speiseröhre, aber kein Hungergefühl.

Wo dieses Gefühl durch zuviel Schleim (siehe die Störung in den Stanamūlas) oder durch zuviel Wärme (siehe Störung des Blutes und der Durchblutung in den Bṛhatis und in der Stanarohitās) vorhanden ist, kann man nicht von einem ruhigen Fluß von Vāyu sprechen.

Wenn die Äußerungen der Atembewegungen und damit der Herzbewegungen tatsächlich etwas mit dem Takt im Gehirn zu tun haben, der die Genauigkeit unserer inneren Abstimmung mit der empirischen Realität draußen bestimmt, so macht sich die Verstellung dieses Takts (d. h. die Uhr des Gehirns) in der Atmung und im Kreislauf bemerkbar. A. Hobson u. a. zeigen, daß Verlust an den Traumphasen des Schlafes schwere Störungen hervorrufen können.[69] Suśruta zufolge – und dies ist wichtig für die Präventivmedizin – kann man diese Störungen schon sehr früh an den Bewegungen der eigenen Atmung beobachten. Es sind die Warnsignale der Marmas.

6. *Die fünf Elemente in der Symbolik des Schmerzerlebens im Traum*

Da Suśruta Arzt war, ist anzunehmen, daß er die Eigenschaften der Elemente, wie er sie beschreibt, nicht an sich und ohne Bezug zum menschlichen Leiden betrachtete. Er hätte sicherlich nicht, wie wir es heute tun würden, das Gewicht mehrerer Substanzen miteinander verglichen, um festzustellen, in welcher Substanz mehr Erde (im Sinne von guru, schwer) ist, oder die Fließgeschwindigkeiten berechnet, um zu sehen, in welcher mehr Wasser (im Sinne von flüssig) ist.

Für ihn vermittelten vielmehr das Element Erde im Körper des Leidenden ein Gefühl von Beschwert-sein, als ob man unter einer schweren Masse begraben würde, das Wasser ein Gefühl der Erstickung und des Schnappens nach Luft, das Feuer ein Gefühl der drohenden Gefahr durch übermäßige Hitze, die Luft ein Gefühl des Erfrierens und Schauderns in der Außenhaut und in den inneren Schleimhäuten, als ob man durch die Luft geschleudert würde oder durch die Luft fällt. Der Raum dagegen vermittelt ein Gefühl der Leere, des Verlustes an Halt ohne zu wissen, woher dies kommt.

Das Kernstück von Ayurveda ist für Suśruta die Lehre von Śalya mit der Marma-Lehre als wichtiger Teil. In der Interpretation dieser Lehre für heutige Verhältnisse dürfen wir daher nicht von der Absicht Suśrutas abweichen und falsche Objektivierungen vornehmen, wie manche modernen Chirurgen in Indien dies tun. Einer von ihnen, der sich als westlich ausgebildeter Opthamologe und Augen-Chirurg ausgab, prahlte als Chefchirurg in einem ayurvedischen Krankenhaus mir und Kollegen aus Deutschland gegenüber, er habe mindestens 100 sehr delikate Operationen im Kopfbereich durchgeführt und sicher alle erdenklichen Marmas durchschnitten. Doch alle seine Patienten hätten die Operationen überlebt und das sogar sehr gut.

Wer die Marmas nicht funktional, sondern »rein anatomisch« sieht, der übersieht das, wovon Suśruta spricht. Ein Beispiel aus der heutigen Zeit soll dies illustrieren. S. Villa Blanca hat 1969 an einer Stelle ein wenig oberhalb der Vierhügelplatte im Gehirn einer Katze die nervlichen Verbindungen von der Großhirnrinde und dem Limbischen Cortex zum Mittel-, Rautenhirn und Rückenmark getrennt. Die Katze erholte sich und lebte, aber zwölf Tage nach der Operation entwickelte sich im Kopfbereich, d. h. im Limbischen System und in allen höheren Funktionen (Sehen, Hören, motorische Aktivität der Gesichtsmuskeln u. a.) ein Tag/Nacht-Rhythmus, der um 180 Grad zu den Rhythmen des Körpers verschoben war, die von Zentren unterhalb der Höhe der Vierhügelplatte reguliert werden.[70] Ein solcher Zustand innerer Desynchronisierung kann für den Körper der leidenden Katze sehr strapaziös sein. Das »Ich der Katze« ist in zwei Bereichen auseinandergebrochen. In den seit R. W. Sperry besonders bekannt gewordenen Split-Brain-Operationen erlebt der Patient sich oft auch in zwei geteilt. Die rechte Hand weiß oft nicht, was die linke tut, und vor allem nicht warum.[71]

Solchen Vorkommnissen im Verhalten seiner Patienten nach der Heilung trägt Suśruta in seiner Marma-Lehre Rechnung.

Meine Hypothese dazu ist:

Hypothese 5: Suśrutas Lehre von den Marmas kann man nur verstehen, wenn man die Träume von Patienten, die operiert worden sind, betrachtet. Darin drückt sich das von den Elementen geprägte Ich der Leidenden aus.

Als Begründung für die Aufstellung dieser Hypothese sei darauf hingewiesen, daß Suśrutas Marma-Lehre Auskunft über drei Eigenschaften der Marmas liefert:

– Ihre Zugehörigkeit zu Situationskreisen des Wach- oder des Schlafzustandes;
– ihre Morphologie als besondere Gewebe-Arten;

– die Zuordnung dieser Morphologie zur entwicklungsgeschichtlichen Auseinandersetzung mit der Umwelt, d. h. mit Erde, Wasser, Feuer, Luft und Raum.

Bestimmte Organe, z. B. Kiemen und Flossen, bilden sich in einem Wassermilieu aus, die Lunge in der Luft. Demnach hat auch Blut andere Zusammensetzungen der Proteinkomplexe im Leib des Foetus im Fruchtwasser als das Blut eines Kleinkindes, einer Frau oder eines Mannes.

Trägt Suśruta allen diesen Faktoren bei einer Operation Rechnung, so sind seine Warnungen berechtigt.

Er will davor bewahren, daß durch die Operation der Leib des Operierten nicht mehr dieselbe »Ich-Zusammensetzung« wie vorher erfährt. Man kann sich vorstellen warum, wenn man die gesellschaftlichen Tabus gegen die Operationspraxis und vor allem gegen das Sezieren von Leichen im Abendland und in Indien zu Suśrutas Zeiten betrachtet. Es galt nicht nur als Schändung der Leiche, wenn sie seziert wurde. Man wurde als unrein betrachtet, wenn man mit einer Leiche in Kontakt kam.[72] Da Aśoka Piyardarshi im zweiten vorchristlichen Jahrhundert das Studium der Anatomie verbot[73], ist es verständlich, daß die *Suśruta Samhitā* von späteren Kommentatoren überarbeitet wurde, ohne daß diese die Kenntnisse besaßen, die Suśruta durch das Sezieren von Leichen aus der Autopsie hatte. Gegen Bhishagratnas Vermutung jedoch, daß Suśruta selber nur Kinder unter zwei Jahren[74] sezierte, spricht die innere Evidenz des Textes (Śā. Sth. X, 50–57). Suśruta sagt nur, daß die Leiche von jemandem sein soll, der nicht schwer krank war oder vergiftet wurde. Weiterhin sollte sie nicht von einem sehr alten Menschen sein (100 Jahre) oder von einem Krüppel.

Interessant ist hier wiederum der Hinweis auf das Selbst des Leibes. Suśruta sagt, daß nur derjenige als Chirurg arbeiten darf, der Einblick in die Wirkweise dieses Selbst im Leib des Patienten hat. Nur ein solcher darf auch Anatom sein. Der Grund für diese Empfehlungen der *Suśruta-Saṃhitā* ist sicher in der Gesetzgebung im Zusammenhang mit Verletzungen anderer Menschen zu suchen, deren Niederschlag wir im *Kauṭilyas-Arthaśastra* aus dem vierten vorchristlichen Jahrhundert finden.[75]

Zu Suśrutas Zeiten scheint die Chirurgie auch von Ängsten seitens der Bevölkerung bedroht gewesen zu sein. Sie sollte sich daher zumindest vor dem Vorwurf schützen, sie sei ein Eingriff in die Erfahrung des Selbst *(Ātman)*, die jedem Menschen zugestanden werden muß. Sie konnte dies nur durch gelungene Operationen beweisen, in welchen Patienten als geheilt mit keinerlei Auffälligkeiten für ihre nächste Umgebung hervorgingen. In diese Problematik hinein gehört die Marma-Lehre, und es ist verständlich, daß sie für uns, die wir gewohnt sind, lediglich an die Erhaltung des Lebens gleich in welcher Form, zu denken, ein viel zu hohes Ideal im Umgang mit dem Leib-Seele-Problem an den Anfang stellt, bevor ein Chirurg überhaupt zum Messer greifen darf.

Abgesehen davon, daß die Diskussion über dieses Leib-Seele-Problem mittlerweile aus den Gefilden der Chirurgie in die Belange der Randgebiete der Medizin wie die Psychosomatik und die medizinische Ethik verbannt wird, besteht gesamtgesellschaftlich gesehen keine einhellige Meinung darüber, was als Seele überhaupt gilt.

Seriöse Naturwissenschaft kann demnach die Schrift Suśrutas nur durch die Langzeit-Untersuchung von subjektiven Bewußtseinsveränderungen angehen, die sich dokumentieren in Traumerlebnissen, die sich mit Verhaltensänderungen korrelieren lassen.

Auf jeden Fall jedoch scheint das Anliegen der Marma-Lehre des Suśruta die Vermeidung der Störung des Ich-Bewußtseins der Patienten und damit ihres Selbstverständnisses und ihres Selbstwertgefühls zu sein. Als Beispiel für die Nachhaltigkeit erlebter Operationen in jenem Anteil unserer Ich-Erfahrung, der als Anteil des Leibes für Suśruta gilt, möchte ich den Traum einer Frau erzählen, die sich vor mehr als zwanzig Jahren hat operieren lassen müssen. Dieses Beispiel soll genügen, um die wichtige Pointe der Marma-Lehre in Zusammenhang mit der »Lehre vom Pfeil« zu illustrieren. Mein Anliegen ist es, in diesem Buch den Zusammenhang zwischen der Zeitstruktur der Marmas, dem Traumerleben und dem Herzen darzustellen. Alle Beispiele sind aus diesem Blickwinkel gewählt worden.

Der Traum einer Frau, die wegen einer Bauchhöhlen-Schwangerschaft operiert werden mußte.

Ich befinde mich in einer fremden Wohnung. Blumen stehen auf dem Regal mitten im Raum. Ich hole die Blumentöpfe herunter und ziehe die Pflanzen mit den Wurzeln aus dem Topf heraus. Die Wurzeln sind voll von Kakerlaken. Sie haben Eier in die Wurzeln gelegt. Ich putze die Wurzeln aus. Die Tiere werden größer, und eins von ihnen sieht so groß aus wie eine Fledermaus von Tellergröße. Es fliegt zum gekippten Fenster, das rechts von mir liegt, hinaus. Ich mache das Fenster schnell zu. Das Tier ist nicht weg, nicht eingeklemmt, sondern zwischen dem Fenster und den Rollläden oder etwas anderem. Ich habe Angst, es könnte zurückkehren und schaue, ob wirklich alle Eier von den Wurzeln entfernt sind. Ich schaue wie durch ein Mikroskop oder auch Kaleidoskop und sehe einen blitzblanken Tunnel mit sehr schönen Mustern.

Zur Vorgeschichte des Traumes
Laut dem Bericht von Frau X: Frau X (54 J.) die diesen Traum erzählt, hatte vor 28 Jahren eine Bauchhöhlen-Schwangerschaft gehabt. Sie mußte operiert werden. Während der Operation entdeckte die Chirurgin ein zweites in der Gebärmutter eingenistetes Ei, das sie dann gerettet hat. Dieses Ei wuchs heran, die Geburt war, wenn auch sehr kompliziert, erfolgreich. Die Tochter, die daraus hervorging, war nun 27 Jahre alt, und ihre Mutter hat Angst um sie,

vor allem deswegen, weil sie von ihrer eigenen Mutter gehört hatte, daß es solche Komplikationen bei deren Schwangerschaften auch gegeben hatte. Frau X war noch zweimal schwanger. Eine Schwangerschaft endete in einer Fehlgeburt, aus der anderen ging ihre zweite Tochter hervor. Mit Schwangerschaft und Geburt verbindet Frau X nur Kompliziertes und Schmerzhaft-Bedrohliches. Sie liebt ihre Kinder und versucht sie, davor zu schützen.

Bei der Besprechung dieses Traumes ist es wichtig, wie bei jedem Traum den Standort (avasthānam) der Träumerin im Traum zu betrachten und ihre Bewegungen an diesem Platz. Frau X befindet sich in einer fremden Wohnung. Dort putzt sie die Wurzeln von Pflanzen, die auf Regalen stehen, aus. Im normalen Alltag würde sie sich aufregen, wenn jemand eine ähnliche Handlung an ihren Pflanzen vollziehen würde. Aus der Sicht des Karman aber geschieht dies mit ihr. Sie wird dazu gebracht, etwas zu tun, was sie nicht tun will. Sie hat sich seinerzeit operieren lassen, und das Karman heißt jetzt: »Die Operation an dir selbst geschah durch eine Ärztin, die du zulassen hast müssen.« Die Wohnung, in welcher Frau X. diese Pflanzen findet, assoziiert sie mit der Wohnung ihrer Tochter. Also gehören die Pflanzen auch ihrer Tochter.

Schauen wir die Satzkonstruktion, die zu diesem Karman führt, an:

- Gegenwart: Ich muß mich operieren lassen. Ich lasse mich (unfreiwillig) operieren.
- Vergangenheit: Ich bin operiert worden, weil ich eine Ärztin mich mit dem Messer habe schneiden und »ausputzen« lassen.

Der Traum gibt sich im Bewußtsein immer dadurch zu erkennen, daß er Dinge geschehen läßt, die im Alltag nicht geschehen. Präzis diese Syntax des Traumes ist es, die uns helfen könnte bei seiner Deutung: Das, was mir so schmerzhaft ist, daß ich wünschte, es müßte nicht mit mir geschehen, das wendet der Traum von mir ab, indem er mich genau das überwinden läßt, was mich bedrängt und bedroht. Alpträume sind deshalb solche, in welchen der Traumvorgang mitten in der Konfrontation mit dem bedrohlichen Anteil abgebrochen wird.

Beim Traum von Frau X handelt es sich nicht um einen Alptraum. Frau X behauptet sich. Sie ist während der Operation nicht ohnmächtig, wie im Alltag. Hier schaut sie wie durch einen wunderschönen Tunnel und vergewissert sich, daß alles rein und frei ist. Jemand hat sie in ihre Wohnung eingelassen, um die Wurzeln seiner Pflanzen anzuschauen. Dieser Jemand ist ihre Tochter. Frau X will sich Gewißheit verschaffen, ob die Eierstöcke und die Gebärmutter ihrer Tochter in Ordnung sind.

Das Karman, das vom Traum überwunden wird, ist die Angst: »Ich weiß nicht, wie es mit meiner Tochter steht.« Der Traum sagt: »Ich weiß es, weil ich hinein geschaut habe. Es ist alles sauber. Es ist lediglich die Angst vor dem Tier, das nicht ganz draußen und nicht ganz drinnen ist, und mit dieser Angst geht Hand in Hand die Ungewißheit, daß ich etwas übersehen habe.«

Die Darstellung des Tieres als Kakerlake, die sich zur Fledermaus entwickelt, deutet die derzeitige Beziehung von Frau X zu den Elementen Wasser, Erde und Luft an. Die Wurzeln sind Gebilde, die in Wasser und Erde beheimatet sind, die Insekten und die Fledermaus dagegen fliegen hinaus in die Luft. Aus Angst vor ihnen schließt sie das Fenster, daß die Luftzufuhr zur Wohnung ermöglicht wird.

Im normalen Alltag hat Frau X den Eindruck, daß sie ihre Tochter zu großer Selbständigkeit erzogen hat. Die Tochter wohnt nicht mehr bei ihr. Der Traum aber sagt, daß Frau X aus Angst vor der Fledermaus das Fenster zur Wohnung ihrer Tochter verschlossen hat. Es ist ein ungewisser Zustand. Wie lange kann ein Mensch in »schlechter Luft« leben? Was wird aus der Fledermaus – der großen Kakerlake? Soll ihre Tochter dabei aus Angst ersticken?

Wichtig ist hier, den Vergleich mit dem Alltag auf die Spitze zu treiben. Die Operation geschah nicht, um Fremdkörper oder Eier fremder Tiere aus dem Leib von Frau X zu entfernen. Man bezeichnet im Alltag Kinder despektierlich als »Pflanzen«, neutral als »Sprößlinge« usw. Im Traum ist diese Metapher so ausgedehnt, daß diese Pflanzen als Schau-Objekte auf einem Regal stehen, ihre Wurzeln werden »sterilisiert«, damit sie besser wachsen und nicht von Tieren aufgefressen werden. Bei Pflanzen im wörtlichen Sinn kann dies gut gehen, bei Kindern aber ist dies nicht der Erziehungsstil, den Frau X mit ihrer Tochter im Alltag pflegt. Dabei sind es die Kinder der Tochter, da es die Wohnung der Tochter ist.

Wenn der Traum die Umkehrung der Alltagssprache und ihre Überwindung ist, dann ist sie eine Mahnung an Frau X. Die Pflanze im Traum ist keine Metapher weil es heißt: »Pflanzen kannst du von Tieren befreien und in geschlossenen Wohnungen auf Regale stellen, Kinder aber nicht. Gerade das, was du meinst als Fremdkörper zu beseitigen, kann sich zwischen Innen und Außen einnisten und aus dem Nichts fremde Eier in die Wurzeln legen.«

Vom Körper her warnt dieser Traum vor Krebs, vor welchem die Tochter begründete Angst haben müßte, wenn ihre Mutter das, was der Traum ihr ermöglicht, nicht versteht: Sie kann die Fenster ihrer Tochter aufreißen und die »Hirngespinste von Fledermäusen« fliegen lassen, und ihre »Pflanzen« würden auch ohne ihre übertriebene Pflege gedeihen. Der Traum bietet ihr die Chance zur Überwindung der Stockung zwischen der Ein- und Ausatemphase, die sie in die Physiologie ihrer Tochter eingebracht hat durch übertriebene Angst, ausgelöst durch die frühere Operation.

Krebs ist eine Krankheit, die sehr deutlich illustriert, wie körpereigene Zellen, die im Normalfall als »Fremdkörper« empfunden und zerstört werden, plötzlich unerkannt bleiben und zu wuchern anfangen. Dies zeigt die Unsicherheit des »Selbst« des Leibes bei der Entscheidung, was er selber ist und was er nicht ist. Der Traum von Frau X zeigt diese Unsicherheit auf, in der Wahl des Standortes und in der Handlung. Der Traum zeigt, wie das Selbst von Frau X noch durch den Pfeil der Operation bedroht ist.

7. Zusammenfassung

Suśruta geht in der Beobachtung von Gleichgewichten ganz konsequent mit der oszillierenden Größe um. Er behandelt Vāta oder auch Vāyu wie eine Waage, die das Gleichgewicht zwischen Kapha (Prinzip der Bildung des Schleimes) und Pitta (Prinzip der Bildung von Blut, Gallensaft, u. a.) anzeigt.

Anhand der Störungen der Oszillationsfähigkeit der Waage d. h. Vāyu, benennt er dann präzise die Störung in Kapha oder Pitta. Dafür benützt er die Marmas als Indikatoren. Diese teilt er in Agneya- oder mehr den Pitta-Anteil (Blut und Galle) fördernden Todesstellen am Körper, und Saumya-Marmas oder solche, die mehr dem Kapha- oder Schleim-Anteil entsprechen.

Hypothese 6: Situationen, in welchen die Marmas des Brustkorbes gezielt unter Druck gesetzt werden, können zeigen, ob eine gesunde oder kranke Oszillation zwischen dem Schlaf- und dem Wachzustand vorliegt.

Das Hauptmarma, in welchem das Gleichgewicht oder Ungleichgewicht in der Oszillation zum Vorschein kommt, ist das Herz.

Wenn das Maß für die Beurteilung dieses Gleichgewichtes das Verhältnis zwischen der individuellen zeitlichen Schwankung des Herzrhythmus und der sozialen zeitlichen Schwankung in diesen Situationen ist, so korrelieren bestimmte Muster dieses Verhältnisses mit bestimmten krankhaften Unregelmäßigkeiten in der Form des jeweiligen EKGs.

Die Träume von Menschen geben Auskunft über den Standort ihres Selbst in der Sozietät. Es dürfte daher möglich sein, die Vektoren, die auf diesen Standort im Traum wirken, mit den Vektoren des EKGs zu vergleichen.

Kapitel IV

Vektoren des Traumes, Vektoren des Herzens

1. Oszillation im Herzen. Ein Beispiel des Gleichgewichtes zwischen Chaos und Ordnung

Es mag auf den ersten Blick verblüffen, wenn ich hier von Vektoren des Traumes rede, als ob man von außen messen könnte, was doch ein rein subjektiver Vorgang ist. Im Kapitel I haben wir gesehen, daß es unzulässig wäre, die Maße des Traumes mit den Maßen des Wachzustandes in Relation zu setzen, da beide Zustände zu verschiedenen Bewußtseinshorizonten gehören.

Doch im Sinne einer Präventiv-Medizin ist es wichtig, Prognosen zu stellen und sie der Überprüfbarkeit zur Verfügung zu stellen. Vektoren sind Kräfte mit Richtung, und als solche können sie anzeigen, ob der eingeschlagene Weg in die Krankheit führt oder nicht.

Die Frage ist, ob wir überhaupt für die Präventiv-Medizin mit hoher Wahrscheinlichkeit Vektoren für den menschlichen Organismus ermitteln können, die eindeutig in Richtung Krankheit weisen.

Erst wenn solche gerichteten Kräfte ermittelbar sind und man sicher nachweisen kann, daß das bisherige Verhalten zur Krankheit bzw. zum schnelleren Tod führt, kann man legitimerweise eine Verhaltensänderung oder Richtungsänderung als angebracht ansehen. Jeder andere auch wohlgemeinte Vorschlag wäre Ideologie.

Mit diesen Gedanken vor Augen habe ich die altindischen Texte über den herannahenden Tod gelesen, nicht zuletzt die *Vasiṣṭha-Samhitā,* wo es heißt: »Gift ist wahrscheinlich im Teil der Sonne (im rechten Nasenloch), der Unsterblichkeitstrank im Teil des Mondes (im linken Nasenloch) zu finden. Durch beide (Nasenlöcher) wandern Mond und Sonne und sind dem Willen der Zeit immer untertan« (V. S. V, 23). Dies bedeutet, daß die Zeichen einer Rhythmus-Störung, die von gesundheitlicher Relevanz sind, in den Äußerungen des Atemflußes des rechten Nasenloches zu suchen sind. Da, wie wir sahen, diese Äußerungen von uns subjektiv im Traum wahrgenommen werden, ist ihre Bedeutung für unser Leben vektoriell als Warnung anzunehmen.

Daher ist es, wenn überhaupt, im Sinne Suśrutas nur zulässig, den Oszillationsvorgang der Parameter des Kreislaufs als aussagekräftig für die Verschiebungen der Verhältnisse von Sattva, Rajas und Tamas im erlebenden Subjekt zu nehmen und diese Verschiebungen einerseits mit den sozialen Umständen, in welchem das Subjekt lebt, in Relation zu setzen, andererseits mit den Handlungen in seinen Träumen.

Bevor wir jedoch zur Verifizierung unserer Hypothesen durch Experimente übergehen, ist es wichtig, hier einige Grundgedanken zum Phänomen biologischer Oszillation zu erörtern.

Mit Recht hat W. Gerok darauf hingewiesen, daß Komplexität, gleichgewichtsferne, irreversible Reaktionen und Rückkopplungsschleifen die Ursache sind, daß die Reaktionen in lebendigen Organismen – im Gegensatz zu denen in vielen physikalischen Systemen – nicht durch lineare Differentialgleichungen beschrieben werden können. Vielmehr hängt in Rückkopplungsprozeßen der Ausgang des Prozeßes vom Kontrollparameter ab, wie ersichtlich ist aus der Zeichnung (siehe Abb. 9).[76]

Gerok faßt die Ergebnisse der heutigen Chaos-Forschung zusammen. Bei kontinuierlicher Zunahme des Kontrollparameters kann das System vielmehr drei mögliche Zustände durchlaufen (siehe Abb. 9). Zunächst bleibt das System stabil und deterministisch mit Erreichen eines Grenzwertes. Bei einer bestimmten Größe des Kontrollparame-

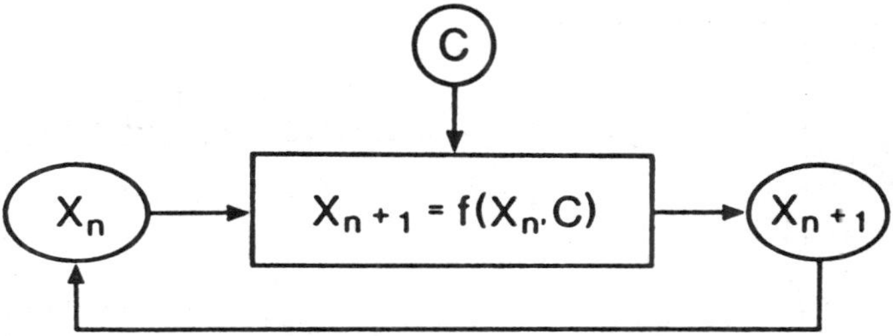

Abb. 9: Schema eines Rückkoppelungsprozesses. X_n *ist die Eingabe in den Prozeß.* X_{n+1} *ist der Ausgang aus dem Prozeß bei einem weiteren Durchgang. C ist der variable Kontrollparameter. Infolge der Rückkoppelung ist der Ausgang keine lineare Funktion der Eingabe. Der Ausgang hängt vom Kontrollparameter ab. (Nach Cramer, aus: Mannheimer Forum 89/90, Gerok, S. 152)*

ters wird dem System plötzlich die Wahl zwischen zwei stabilen Zuständen ermöglicht, zwischen denen es harmonisch hin und her schwingen kann (Oszillation des Systems).

Die weitere Erhöhung des Kontrollparameters führt in immer dichterer Folge zu weiteren Wahlmöglichkeiten (Bifurkationen), es resultieren quasiperiodische Oszillationen. Schließlich erfolgt der Übergang in völlig ungeordnete, chaotische Bewegungen. Doch können diese chaotischen Zustände des Systems auch wieder in stabile und deterministische Zustände übergehen.[77]

Mit einer solchen Sachlage konfrontiert, kann man sich ein Bild von den Kräften, die sich auf den Körper des Menschen auswirken, als ein Feld von Vektoren denken, die sich an bestimmten Stellen annullieren und an anderen gegenseitig verstärken. In bezug auf Oszillationsvorgänge können solche Kräfte demnach eine Landkarte des Körpers mit »blinden Flächen« oder »schwarzen Löchern« aufzeichnen, an welchen keine Oszillation geschieht, und andere Stellen demnach zu Höhepunkten der Oszillation verwandeln.

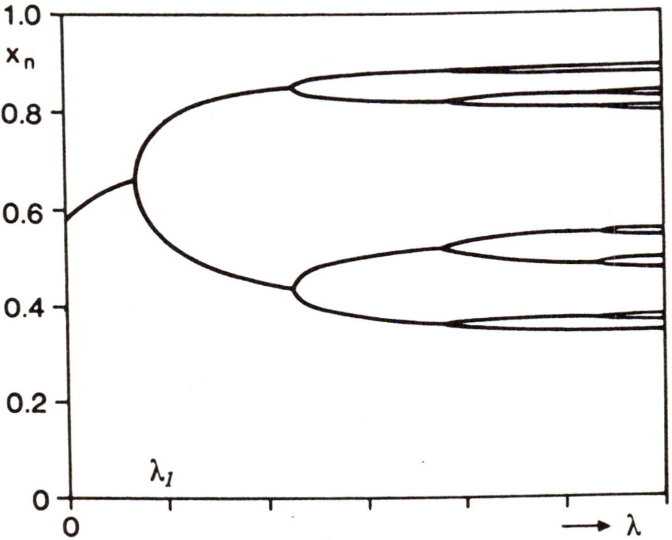

Abb. 10: Bifurkationsdiagramm. Im rückgekoppelten System ist bei definierten Ausgangszuständen der Endzustand (Ordinate) vom Kontrollparameter λ (Abszisse) abhängig. Bei niedrigem Kontrollparameter (<λ_1) gibt es nur einen stationären Zustand. Bei λ_1 tritt eine erste Bifurkation auf: das System kann zwischen zwei Endzuständen oszillieren. Bei weiterer Zunahme von λ kommt es in dichter Folge zu weiteren Bifurkationen, die zunächst zu quasiperiodischen und schließlich zu chaotischen Schwingungen des Systems führen. (Aus: Mannheimer Forum 89/90, Gerok, S. 155)

Die Nähe oder Ferne des momentanen Standortes von solchen »schwarzen Löchern« und die momentane Geschwindigkeit zu einem solchen hin könnte demnach ein Hinweis zur Verhaltensänderung sein.

Im Falle des Herzens ist die Atmung als Kontrollparameter mitgedacht, wenn man die Schwankung der Herzfrequenz betrachtet, die durch das Ein- und Ausatmen oder der Links- und Rechtsatmung verursacht wird. Es ergeben sich dadurch für das Herz charakteristische Verläufe, die allerdings von den in der EKG-Literatur über die Schwankung der Herzfrequenz geschilderten Abläufe abweichen. Der Grund liegt darin, daß die Untersuchung der Herzfrequenz von Probanden in dieser EKG-Literatur von normalen bis hohen Frequenzen unter Belastung mit dem Fahrrad-Ergometer vollzogen wurden[78], während unsere Untersuchungen den feinen Bereich der Tiefenentspannung und der mittleren Belastung im Kopf- und Schulterstand erfassen.

Bekanntlich ist der Durchschnittswert eines Parameters in einem Gruppenversuch der Wert, der als Mittelwert der erhobenen Daten in einer bestimmten Situation gezogen wird.

Dieser Mittelwert kann sich je nach Situation verändern und auf der Meßskala nach oben oder nach unten rutschen je nachdem, wie die Situation geschaffen ist, um dem Körper der Probanden Energie zuzuführen oder abzuziehen. Das läßt sich vektoriell darstellen.

Das Herz ist ein sehr feines Instrument, um solche Schwankungen und Oszillationen um einen Mittelwert zu messen.

Im Falle der Abläufe innerhalb der Periode des Pulsschlages kann man die Schwankungen von drei Meßstrekken verwenden, um die Aktivität des Herzens insgesamt zu beobachten. Wir wollen lediglich die zeitlichen Längen dieser Strecken genauer betrachten. Es sind die PQ-Strecke, die QT-Strecke und die RR-Strecke insgesamt, die jeweils die Übertragung des Impulses des Sinusknoten auf den AV-Knoten, auf die gesamte Herzmuskulatur und die Periode des Pulsschlages überhaupt wiedergeben (siehe Abb. 16, S. 161).

Der Sinusknoten reagiert temperaturempfindlich.[79] Daher kann seine Tätigkeit, die letzten Endes die Länge der RR-Strecke beeinflußt, als Ausdruck für jene sogenannten Tamas- oder Sattva-Kräfte angesehen werden, die auf das

Blut wirken und damit für eine glatte gesunde Oszillation (Rajas) sorgen.

Dem Sattva sind die Kräfte des Tages, die den Wachzustand hervorrufen, zugeordnet, und dem Tamas die der Nacht, die den Schlafzustand hervorrufen.

Die QT-Strecke gibt ihrerseits den Einfluß des vegetativen Nervensystems auf die Herzmuskulatur wieder. Hier ist hauptsächlich an die Aktivität des Sympathikus zu denken, der bei erhöhter Herzfrequenz für die Koordinierung der Herzmuskeltätigkeit mit den Impulsen des Sinusknoten durch eine Verkürzung der QT-Strecke sorgt und damit eine Erhöhung der Polarisierung und Depolarisierungsfrequenz der einzelnen Muskelfasern.

Mißt man diese Längen anhand des EKGs eines einzelnen Menschen in verschiedenen Belastungssituationen, so ergibt sich folgendes Bild:

Bei hoher Herzfrequenz ist die Streuung geringer, bei niedriger größer. Doch bei weiterem Nachlassen der Herzfrequenz geht die Streuung um den Mittelwert wieder zurück (siehe Abb. 11, S. 139).

Die Form der Verteilungskurve deutet an, daß im schraffierten Raum zwischen den beiden äußeren Linien der Kurve jede erdenkbare Oszillationsgröße mit größerem oder kleinerem Ausschlag angenommen werden kann. Im Gegensatz zur Erwartung, daß eine stete Zunahme der Oszillationsbreite und damit der Streuung bei Abnahme der Herzfrequenz zu erwarten wäre, verringert sich die Streuung ab einem gewissen Punkt wieder und läuft auf eine geringe Oszillation zu.

Die Punktwolke zeigt damit an, daß die Oszillationen weder mit Abnahme der Herzfrequenz linear zunehmen, noch in ein Chaos münden, wie die Chaos-Theorie vermuten ließe. Viel mehr scheint das Herz durch zwei sich überlagernde Ordnungssysteme in der Bandbreite der mittleren Herzfrequenzen die Lockerung des Griffs des Vege-

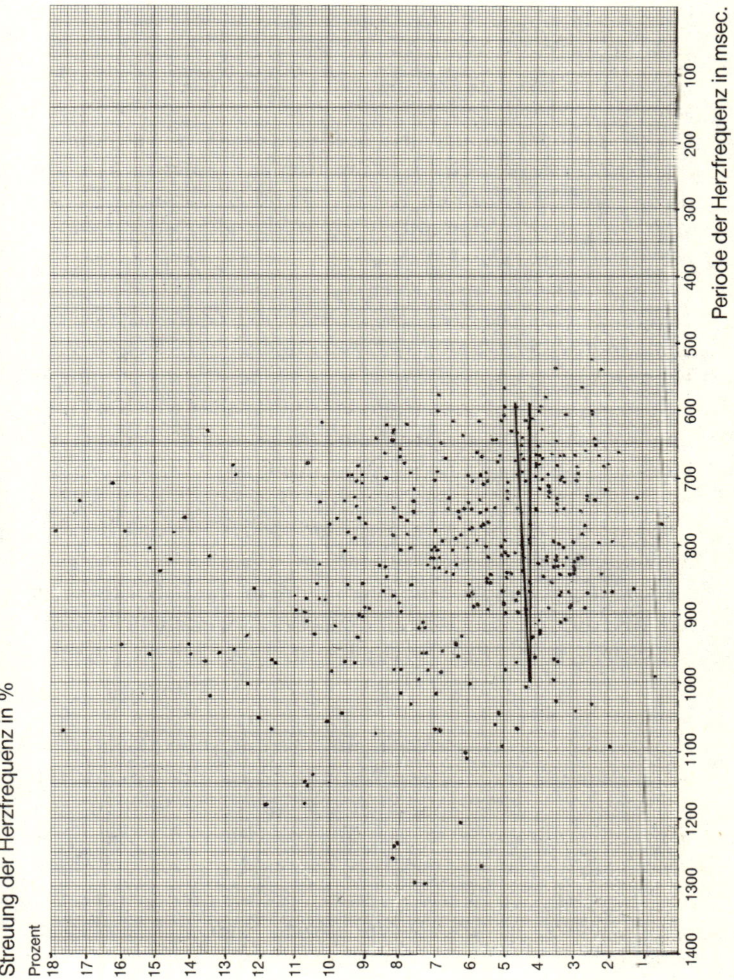

Abb. 11: Individuelle Werte von 20 Versuchspersonen in 18 verschiedenen Situationen; Regressionsgerade = +8°.

tativums über die Herzmuskulatur zu demonstrieren. Doch senkt man die Herzfrequenz weiter, so kommt es zur Übernahme der Herzschrittmacherfrequenz in ihrer wahrscheinlich reinen Form.

Das Ziel der asiatischen Meditation ist es vermutlich, diese niederen Bereiche der Herzfrequenz zu erreichen, um dieses andere Ordnungssystem kennenzulernen. Dieses Ziel wird auch in den alten Texten klar ausgesprochen. In der *Bṛhadārānyaka-Upaniṣad* (2.1.19ff.) z. B. heißt es:

Aber wenn er im Tiefschlafe ist, wenn er sich keines Dinges bewußt ist, dann sind da die Hitaḥ (die Wohltätigen) genannten Adern, deren sich zwei und siebzigtausend vom Herzen aus in dem Perikardium verbreiten; in diese schlüpft er hinein und ruht in dem Perikardium; und wie ein Jüngling oder ein großer König oder ein großer Brahmane, ein Übermaß von Wonne genießend, ruht, also ruht dann auch er.

Gleichwie die Spinne durch den Faden aus sich herausgeht, wie aus dem Feuer die winzigen Fünklein entspringen, also auch entspringen aus diesem Ātman alle Lebensgeister, alle Wetter, alle Götter, alle Wesen. – Sein Geheimname (upaniṣad) ist: die Realität der Realität; nämlich die Lebensgeister sind die Realität, und er ist ihre Realität.

Kehren wir zurück zu unserem Streuungsbild. Geht man jedoch von einem Gruppen-Mittelwert aus, der sich erst aus den summierten Mittelwerten der Mitglieder in den verschiedenen Situationen und Teilung durch die Zahl der Mitglieder ergibt, so erhält man tatsächlich eine höhere Streuung bei den Werten der Mitglieder der Gruppe bei einer niedrigeren durchschnittlichen Herzfrequenz und eine niedrigere bei einer höheren Herzfrequenz.

Beide Bilder aufeinandergelegt zeigen, in welchem Winkel die Kurve der Gruppen- oder Sozialwerte zu der der individuellen Streuungswerte steht. Dieser Winkel drückt die

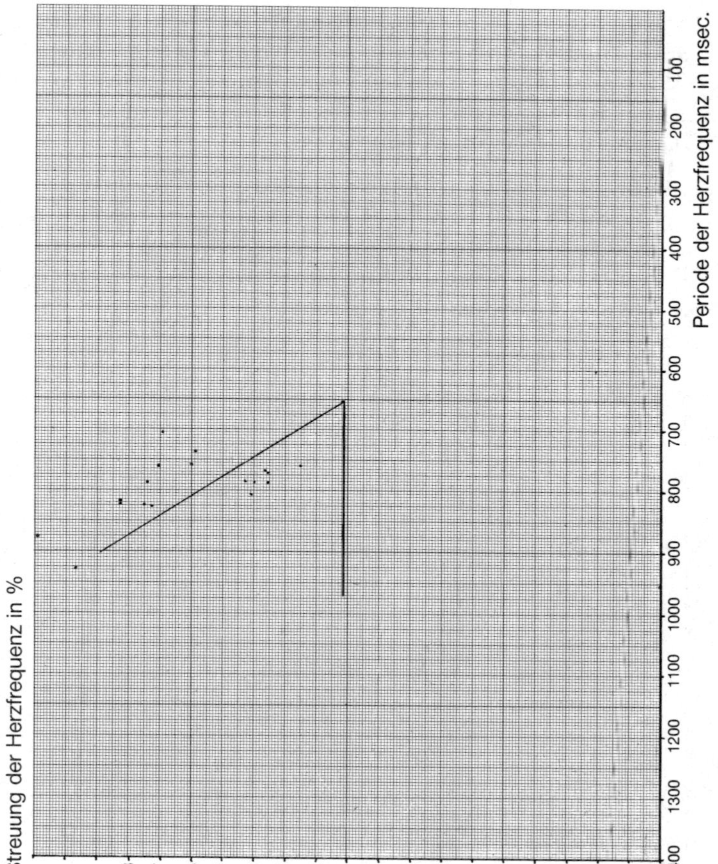

Abb. 12: Mittelwerte von 108 Versuchspersonen in den 18 verschiedenen Situationen; Regressionsgerade = 60°

Spannung zwischen dem Individuum und seiner Sozietät aus und damit, im Sinne Suśrutas, zwischen seinen endogenen, den elementaren Verhältnissen in seinem Körper angepaßten Rhythmen und den ihm in seiner Sozialisation durch die Sozietät auferlegten Rhythmen.

Bekanntlich entstehen diese Schwankungen in der Herzfrequenz durch die veränderten Druckverhältnisse im Brustkorb während der Ein- und Ausatemphasen. Diese Schwankungen werden demnach durch den jeweiligen Winkel der Achse der Gruppenwerte zur individuellen Werte-Achse

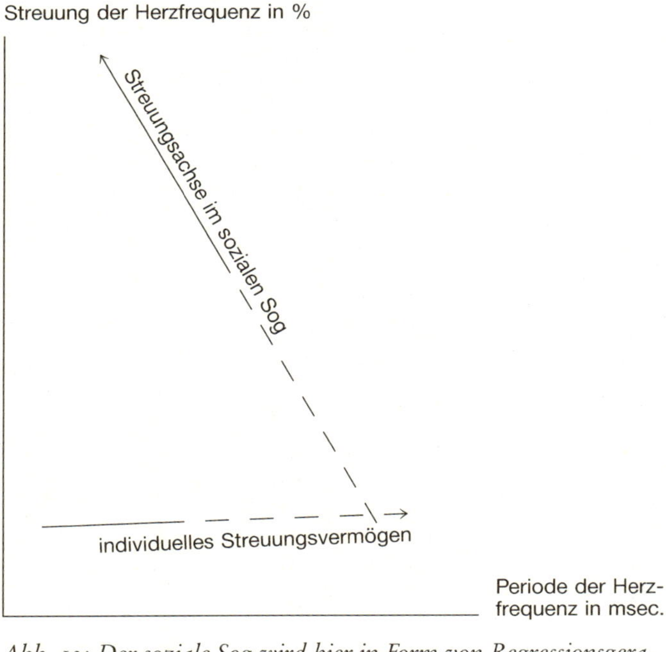

Abb. 13: Der soziale Sog wird hier in Form von Regressionsgeraden aus den Mittelwerten der Mitglieder der Gruppe (108 Personen) in den 18 Situationen und denen der individuellen Streuung dargestellt.

verstärkt oder vermindert. Es ist denkbar, daß die Atmung, die eng mit der Tätigkeit des Herzens gekoppelt ist, in Mitleidenschaft gezogen wird. Daher ist die Atmung im Ayurveda und auch im Yoga als Funktion zu sehen, in welcher sich die Spannungen zwischen den beiden Rhythmen (sozial und individuell) oder Ich-Macher-Funktionen zeigen.

2. *Zwei Zeitgeber zur gleichen Zeit, der Bhūta-Ahaṁkāra und der Sattva-Ahaṁkāra*

Ich habe versucht, diesen Zusammenhang zwischen der sozialen Zeitgeber-Achse *(Sattva-Ahaṁkāra)*, wie ich die Linie der Gruppenwerte bezeichne, und der individuellen Zeitgeber-Achse *(Bhūta-Ahaṁkāra)* in einfache Relation zu setzen, um sichtbar zu machen, wie der Neigungswinkel der beiden Achsen zueinander zu errechnen wäre. Ich errechne den Mittelwert einer Reihe von Herzfrequenzen, die in einer Reihe von Situationen an allen Mitgliedern mit EKG gemessen werden. Diesen Gruppenmittelwert verwende ich als Mittelpunkt eines rechtwinkligen Koordinaten-Systems. Die einzelnen durchschnittlichen Werte der Gruppe in den jeweiligen Situationen verteilen sich dann links oder rechts von diesem Wert. Auf der Achse senkrecht zu dieser Linie und durch den angegebenen Mittelpunkt trage ich dann für jeden Teilnehmer jeweils seine individuelle Veränderung im Vergleich zur Gruppenveränderung auf.

Betrachten wir z. B. die Abb. 14: 0 ist der Gesamtmittelwert aller gemessenen Werte der Gruppenmitglieder in 18 Situationen.

Der Wert 796 msec gibt hier die durchschnittliche Länge des Pulsschlages einer Gruppe von 86 Probanden (Frauen, Männer) im Alter von 20 bis 60 Jahren. Das ist der Durch-

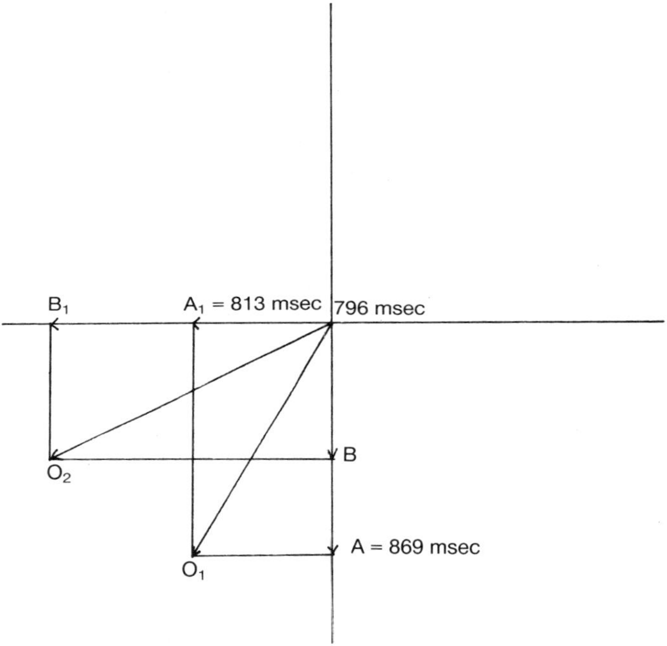

Abb. 14: Darstellung der Bewegung eines Induviduums im sozialen Sog. Die Abszisse stellt die Bewegung der Werte der Gruppe um ihren Gesamtmittelwert von Situation A_1 zu Situation B_1 dar. Die Bewegung der Werte des Individuums findet auf der Ordinate von A zu B statt.

schnitt von insgesamt 46440 Werten, da jeweils 30 Werte pro Situation von mir und meinen Mitarbeiter/innen pro Person gemessen wurden. Der Durchschnittswert 817 msec. der Situation 1 der Gruppe lag auf dieser von uns als sozialer Achse bezeichneten Linie links von 0.

Teilnehmer X befand sich auf der Individual-Achse in einer Entfernung zu 0 von 869 zu 796 in der unteren Hälfte des Bildes, da dies sein individueller Mittelwert in der

Situation 1 war. Wenn A der individuelle Wert in Situation 1 ist und A_1 der Gruppenwert, so ist die Resultante dieser Kräfte in Situation 1 durch das Parallelogramm OA_1O_1A ermittelbar als oo_1.

In Situation 2 befindet sich X auf der individuellen Achse an der Stelle B, während die Gruppe sich im Mittelwert von A_1 nach B_1 bewegt hat. Die zweite Resultante OO_2 aus dem Parallelogramm $A_1OB_1O_2$ zeigt den neuen Schnitt zwischen den Vektoren des sozialen Zeitgebers und dem des individuellen Zeitgebers.

Es ist möglich, den Winkel zwischen diesen beiden Resultanten anzugeben. Doch ist es wichtig zu fragen, wie diese Resultanten wirklich wirken. Man muß bedenken, daß die Veränderung einer rhythmischen Schwankung der Herzfrequenz jeweils durch diesen resultierenden Vektor angegeben ist und damit die Veränderung zweier zyklischer Bewegungen dargestellt wird. Die eine ist die Schwankung der Werte auf der sozialen Achse um den sozialen Mittelwert 0, die andere ist die Schwankung der individuellen Werte des Einzelnen um den individuellen Mittelwert. Diese beiden Schwankungen beeinflußen sich an bestimmten Schnittpunkten in bestimmten Phasen. Wenn sie gleichgerichtet sind wie im Abb. 14 an Punkt A, so ist die Resultante dieser beiden Schwingungen anders als im Falle des Treffens im Punkt B, in welchem sie entgegengesetzt zueinander wirken.

Um anschaulich zu machen, wie diese Kräfte sich zur Schwankung um den Gesamtmittelwert der Gruppe verhalten (siehe Abb. 3–7) habe ich vier Hauptkategorien erarbeitet, die ich schon im Kapitel II als Konvergenz, Divergenz, Konflikt und Schutz im sozialen Raum dargestellt habe. Es wird ersichtlich, daß es jeweils zu jeder Kategorie weitere vier Möglichkeiten der Bewegung auf den Mittelpunkt zu gibt. Diese stilisierten Kategorien ergeben in der Anwendung Bilder, die nicht so kreisförmig aussehen, da der jeweilige Mittelpunkt des Kreises zwischen A_1 und A und zwischen B_1 und B nicht identisch sein muß. Die Kategorien sind jedoch eine sehr wertvolle Hilfe bei der Ermittlung der Tendenz der Spannung, welche ein Individuum mit seiner Gruppe erträgt.

Im Sinne Suśrutas möchte ich diese Bewegungen der Konvergenz, der Divergenz, des Konfliktes oder des Schutzes im sozialen Raum mit Handlungen im Traum in Relation setzen, um zu zeigen, was für Konsequenzen ich aus der Lektüre der im Kapitel I geschilderten Texte der *Suśruta Samhitā* zog.

3. Der Traum als subjektive Deutung der Vektoren des Herzens

Der Traum einer jungen Frau
Frau Alice erzählt: »Ich verabschiede mich in einer irischen Dorfkneipe von meinem irischen Freund Dunston. Es ist ungefähr 11 Uhr nachts. Ich gehe alleine den Weg hinunter zur Pension, in der ich übernachte. Es ist ein schönes Gefühl.

Schnitt/Szenenwechsel

Ich befinde mich vor einer Telefonzelle in einem Dorf in Italien. Mein Bruder telefoniert dort und ist überrascht, mich zu sehen. Er beendet sein Gespräch, kommt aus der Telefonzelle heraus und begrüßt mich herzlich. Es ist fast Mittag. Wir gehen zum Mittagessen nach Hause. Ich werde allen vorgestellt.

Ich bin wieder da. Dann sollte ich für dies und das eingespannt werden. Ich sage meiner Mutter, daß ich nur ein paar Tage da bin und nicht so eingespannt werden darf. Wir geraten miteinander in Streit.

Zur Deutung dieses Traumes, des Standorts der Träumerin und ihrer Bewegung

Mit Genehmigung der Träumerin erlaube ich mir hier, die wichtigsten Einzelheiten über ihr Leben wiederzugeben, die uns zur Erhellung des Traumes dienlich sind. Die Träumerin ist eine junge Italienerin in den Zwanzigern. Sie studiert in München. München ist auch der Ort, an dem sie diesen Traum hatte. Wichtig ist zunächst die Ortung der Träumerin. Sie geht links von der Kneipe im irischen Dorf den Dorfweg hinunter in ihre Pension. Italien liegt rechts von ihr.

Um nach Irland von München aus zu kommen, muß sie Italien den Rücken zukehren und umgekehrt. Dabei muß sie sich jeweils um ca. 180° drehen. Der Radius dieser Drehung ist jeweils ca. 1000 Kilometer. In der Metapher oder der Analogie, welche der Traum verwendet, stellt er diese Drehung von Norden nach Süden in der Form eines Szenenwechsels und zeigt damit die Spannungskräfte, die auf das Herz von zwei Orten ausgehen, vom Freund in Irland und vom Elternhaus in Italien.

Man wäre geneigt, diesen Spannungskräften wenig Beachtung zu schenken. Doch hier liefert uns die *Suśruta Samhitā* einiges an Information über das Verständnis von Zeit und den Himmelsrichtungen in Zusammenhang mit dem Fluß der Körpersäfte und damit auch der Empfindungen für die Elemente Erde, Wasser, Feuer, Luft und Raum. Suśruta schreibt für die Menschen, die in Indien wohnen. Demnach können seine Beobachtungen der Bewegungen der Sonne und des Mondes in den Jahreszeiten und ihre Auswirkung auf den Körper des Menschen nur Gültigkeit für die Bewohner der nördlichen Hälfte des Erdballs haben. In Neuseeland, Australien, im südlichen Afrika und in Südamerika haben diese Beobachtungen höchstwahrscheinlich in der Umkehrung um 180° ihre Gültigkeit.

Bei Suśruta heißt es:

Ta ete śítoṣṇa varṣalakṣanāṣcandrādityayoḥ kālavibhāg-akartvādayane dve bhavato dakṣinamuttaranca, Tayordak-ṣinam varsāraddhe mantāḥ, teṣu bhagvānāpyāyate, somaḥ, amlalavana madhurāśca rasā balavanto bhavanti, uttarottar-añca sarvaprāṇināṁ balamabhivarddhate, uttarañca śiśira vasantagrīṣmāḥ, teṣu bhagavānāpyāyate aṛkaḥ, tikta, ka-śāyakaṭukāśca rasā balvanto bhavanti, uttarottarañca sarva-prāṇināṁ balamapahīyate. (Sū. Sth. VI, 7)

Diese (Jahrzeiten) werden durch die Zeichen von Hitze, Kälte und Regen gekennzeichnet, durch Sonne und Mond wird die Zeit (des Jahres) in zwei geteilt. Es entstehen zwei Gänge (der Zeit), der nördliche *(Uttarāyana)* und der südliche *(Dakṣināyana)*. Von diesen (Läufen der Zeit) ist der südliche *(Dakṣina)* die Regenzeit, Herbst und die Zeit des Schneefalls *(Hemanta)*; in ihnen wächst an Kraft der Gott des Mondes *(Soma)*, die Geschmäcke *(Rasas)* sauer, salzig und süß und die Kraft (in den Lebewesen); der nördliche (Lauf der Zeit) ist der Winter, der Frühling und die Sommerzeit. In ihnen steigt der Sonnengott empor *(Aṛka)* und die Geschmäcke bitter, scharf und adstringent werden stark. In der nördlichen Hälfte wird die Kraft aller Lebewesen (aus ihrem Körper) vertrieben.

Tatra pūrvāhṇe vasantasya liṅgaṁ, madhyāhṇe grīṣmasya, aparāhṇe prāvṛṣaḥ, pradoṣe vārṣikaṁ, sāradamardarātre, pratyuṣasi haimantam upalakṣayet, evamahorātramapi var-ṣamiva śītoṣṇāvarśalakṣanaṁ doṣopacayaprakopopaś amairjāniyāt. (Sū, Sth. VI, 16)

So trägt der Morgen das Zeichen des Frühlings, der Mittag das des Sommers, der Nachmittag das Zeichen der Regenzeit, der Abend das der Nachregenzeit (Vārṣika heißt hier »zur Regenzeit gehörend«), die Mitternacht das Zeichen des Herbstes, und die Schneezeit (Vorwinter) läßt ihre Zeichen auf die Morgendämmerung abbilden. So eben sind Tag und Nacht auch wie das Jahr mit den Zeichen von Wärme und

Kälte (ausgestattet). Ihre Entstehung *(upacaya)*, ihr Überfluten und ihr Verebben im Körper wird ihm dadurch zuteil. (Siehe auch Einteilung der zehn Eigenschaftspaare der Elemente nach Sonne [Agni] und Mond [Soma], S. 88)

Der Grundtext des Kapitels XI des *Sūtra Sthānam* der *Suśruta Samhitā* ist sehr wichtig im Zusammenhang mit der Ernährungslehre und der Chronopharmakologie des Ayurveda. Auf diese Aspekte kann ich hier leider nicht näher eingehen. Sie werden in einem folgenden Buch eigens aufgearbeitet. Aus den ausgewählten Texten geht jedoch hervor:

– In der Mondhälfte des Tages ist die Zeit von Mittag bis Mitternacht anzurechnen, der Mondhälfte des Jahres die Monate von der Sommersonnenwende (21. Juni) bis zur Wintersonnenwende (21. Dezember).
– In der Mondhälfte des Tages geht die Sonne von ihrem Zenith im Norden zu ihrem Zenith im Süden. Sie tut dies ebenso in der entsprechenden Jahreshälfte.
– In der Mondhälfte des Jahres nimmt die Stärke der Sonnenstrahlen wegen der stetigen Abnahme des Neigungswinkels ab. In der Sonnenhälfte sind die Verhältnisse genau umgekehrt. Bringen wir den Text mit den aus dem *Śārīra Sthānam* besprochenen Texten im Kapitel I in einen Zusammenhang, so bedeutet dies:
– Unser Ich-Bewußtsein orientiert sich in der Organisation der Impulse vom individuellen Zeitgeber (siehe S. 56) nach den im Laufe der Entwicklungsgeschichte gemachten Erfahrungen, d. h. an der Urauseinandersetzung des Lebens mit seiner Umgebung (Erde, Wasser, Feuer, Luft und Raum).
– Die Übertragung dieser Orientierung in die Welt des Alltags geschieht an der Nahtstelle, die als Traum bezeichnet wird. Suśruta sagt folgerichtig, daß der Traum nur Auskunft über vergangenes Erlebtes liefert (Śā. Sthā. IV, 3–5). Dieses vergangene Erlebte ist in der Form eines

Orientierungsrahmens in unserem Bewußtsein von uns selbst vorhanden und wird in der indischen Sāmkhya-Philosophie, auf welcher sich Suśruta bezieht, als Karman bezeichnet.

Legen wir diese Prämissen bei der Deutung des Traumes der italienischen Frau zugrunde, so wird das Vorgehen Suśrutas deutlich:

1. Das Schwanken von Nacht im Norden zum Tag im Süden könnte eine Umkehrung der normalen Verhältnisse andeuten. Wenn die Sonne gegen Süden geht, d. h. der Winkel der Sonnenstrahlen in der nördlichen Hälfte des Erdballs immer kleiner wird, so werden die Tage kürzer. Es wird kalt, es wird Winter. In dieser Jahreszeit und in der entsprechenden Nachtzeit (Dunkelheit) speichert der menschliche Körper Energie und baut sich auf in den Schleim-Anteilen, d. h. in Kapha.
2. Doch dieser Kapha-Aufbau scheint hier gestört zu sein. Kapha ist, wie wir sahen, der Ausdruck des Gleichgewichts zwischen Wach-Bewußtsein und Schlaf-Bewußtsein, der Stoff, aus welchem das Herz zum Teil besteht. Seine Störung bedeutet hier die Umkehrung der Verhältnisse. Der Traum warnt womöglich davor, daß die Gleichzeitigkeit vom Tagesbewußtsein im Süden und Nacht-Bewußtsein im Norden zu einem Zeitpunkt, in welchem der Körper sich entscheiden müßte für den Tag oder für die Nacht, eine Zerreißprobe für das Herz bedeutet.

Das Oszillieren des Herzens hört auf, und das Subjekt kann sich nicht mehr orten im Zusammenhang mit seinem Platz in der Sozietät und im Kosmos.

Die junge Italienierin, von der hier die Rede ist, hatte in der Tat eine schizophrene Mutter. Ihren eigenen Traum habe ich als Zeichen ihrer eigenen langsamen Genesung nach einem Schub von jugendlicher Hebephrenie und einem längeren Klinik-Aufenthalt gedeutet. Der Traum zeigt nämlich an, wie wichtig es für sie ist, ihrem Herz zu einer Differenzierung zu verhelfen, so daß es zwischen »Hell und Dunkel« zu unterscheiden lernt und die Irreversibilität der Zeit als Faktum annimmt. Die Gleichzeitigkeit des Erlebens von sich selber als Geliebte und Schwester, als ausgezogen von zu Hause und doch noch zu Hause, als nach Norden gegangen und gleichzeitig nach Süden, als aufstehend vom Abendessen, um ins Bett zu gehen und sich zum Mittagstisch begebend, als sich verabschiedend vom Freund, um gleichzeitig von der Mutter mit Arbeit überhäuft zu werden, zeichnet die Spannung in dieser Szene des Traumes deutlich aus. Die Größe der Spannung wird angedeutet durch die gewählten Entfernungen vom momentanen Standort, die alle aus tatsächlich erlebten Situationen zusammengestellt werden.

Der Traum zeigt jedoch die Fähigkeit der Träumerin, diese Spannung auszuhalten. Er drückt ihre Fähigkeit zur Dissoziation aus. Es ist jener gesunde Zustand, in welchem der Kopf schläft und der Körper wacht oder verschiedene Systeme des Körpers sich voneinander abkoppeln, um zueinander in einer Phasenverschiebung von 180° zu laufen. Dadurch können sie sich der Reihe nach erholen.

Wir haben das EKG der jungen Italienerin in 18 verschiedenen Situationen gemessen und geben das Streuungsbild hier wieder. In Einklang mit unserer Hypothese und der Deutung des Traumes sind Konturen des Streuungsbildes nicht wie auf Abb. 11 zu finden. Das Bild verliert jegliche Wellenform.

Wenn der Traum der Ort ist, an welchem das Karman der Träumerin überwunden wird, so ist dieser Traum ein Beispiel dafür. Meine Hypothese diesbezüglich lautet:

Hypothese 7: Träume, die Schnittstellen aufzeigen und deutliche Szenenwechsel vornehmen, weisen auf die Fähig-

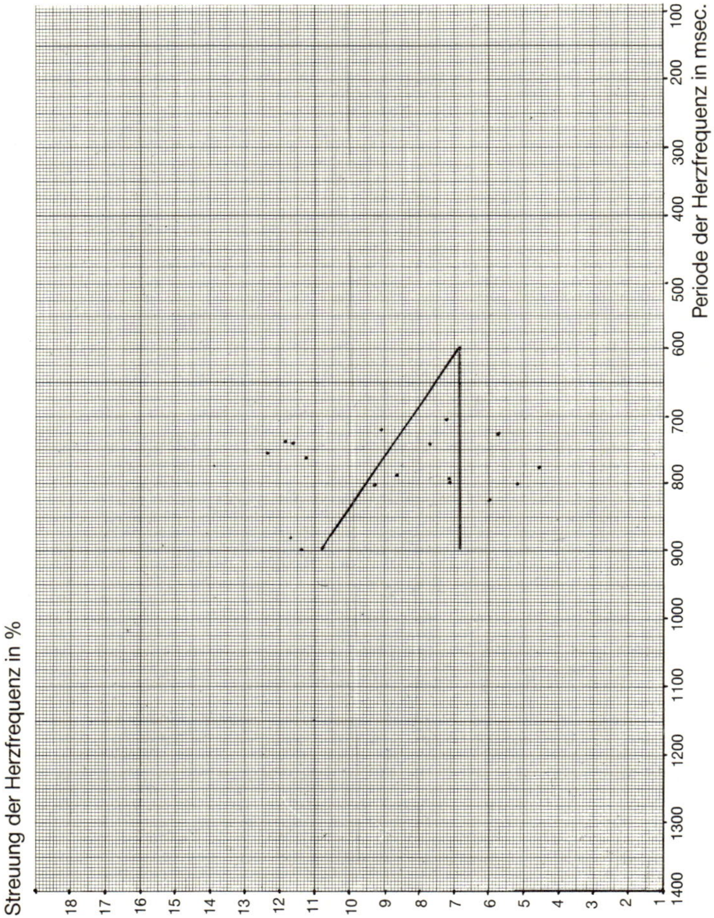

Abb. 15: Die Resgressionsgerade der Streuung der Herzfrequenz in den 18 Belastungssituationen zeigt einen Neigungswinkel nach links (−39 °), d. h. die Herzfrequenz schwankt umso mehr, je entspannter die Frau ist. (Vgl. dazu auf Abb. 11 die Regressionsgerade der individuellen Werte der Gruppe, die einen sehr geringen Neigungswinkel in die entgegengesetzte Richtung aufweist.)

keit des Gehirns hin, klarzuträumen, d. h. bewußt während des Traumes zu wissen, daß man träumt. Diese Fähigkeit gehört zum Gesamtkomplex der Fähigkeit zu dissoziieren und ist demnach ein Zeichen der Gesundheit.

Träume, in welchen durch Angst und Furcht dieser Vorgang des Szenenwechsels unterbrochen wird, enden mit dem Aufwachen mitten in der Handlung und werden als Alpträume erfahren. Da das Karman oder das, was einem im Alltag geschieht, im Traum verarbeitet und erledigt wird, deuten Alpträume auf die Unfähigkeit der Träumer hin, solches Karman zu bewältigen.

Die Korrelation von Alpträumern mit einer Abweichung vom normalen Kurvenverlauf des EKG, wie vorhin besprochen wurde, zeigt jeweils eine signifikante Tendenz in die Richtung der befürchteten Inhalte, d. h. entweder in Angst vor der entspannnungs- oder der spannungsreichen Situation.

Im Falle der Italienerin nimmt die Kurvenform ihres EKG-Bildes keinen normalen Verlauf zur Beruhigung der Streuung in den niedrigen Lagen der Herzfrequenz. Die Studentin zeigte auch in Gruppensituationen, wo alles zu ruhig und gelassen ablief oder gar liebevolle Beziehungen unter den Teilnehmern ohne Worte geknüpft wurden, eine steigende Unruhe im Inneren. Sie bezeugte auch, daß solche Situationen sie ›wahnsinnig‹ machten. Es sei so, als ob die ganze Gruppe in ›sumpfige Clübchen‹ zerfalle.

Ihr Traum zeigt auch dieses Wachrütteln aus dem verdienten Schlaf. Sie war bei ihrem Freund und wollte sich dann allein zu Bett begeben. Doch wird sie versetzt in die »Arbeitssonne« nach Hause und zur Arbeit gezwungen. Sie erzählte uns, daß sie vor Jahren gerade davor geflohen war, in diese Arbeitsmühle miteinbezogen zu werden, in welcher Frauen nichts zu melden haben. Sie hatte das Empfinden, daß sie in der Wahl ihres Partners nicht frei wäre, wenn sie dort bliebe. Dieses Empfinden äußert sich jetzt noch im Traum.

Die Korrelation von sozialen Faktoren, die das Herz beeinflussen, von Traum-Inhalten, die subjektiv von der Träumerin ausgelegt werden als Spannungsmomente, mit EKG-Vektoren halte ich daher für legitim, da alle drei Ebenen auf eine verbindende Instanz hindeuten: das Selbst der Träumerin und seine Fähigkeit zu oszillieren zwischen dem Schlaf- und dem Wachzustand.

Im nächsten Kapitel werde ich das Experiment, das zur Ermittlung solcher EKG-Kurven von mir entwickelt wurde, in Einzelheiten besprechen. Wir haben die Ergebnisse von 86 aus mehr als 120 Probanden bis zur Veröffentlichung dieses Buches aufbereitet, um hier unsere aufgestellten Hypothesen zu verifizieren. Doch bevor ich dazu übergehe, möchte ich ein paar Gedanken zu moderneren Theorien des Traumgeschehens erörtern, die gerne den Rekurs zu einer Wiedergeburtslehre suchen.

4. Der Traum und die Irreversibilität der Zeit

Wenn es ein Faktum gibt, an welchem man sich in Mythen, Legenden, Märchen und auch im Traum festzuhalten scheint, dann ist dies die Reversibilität der Zeit. Man kann sich im Traum als Kind erleben, mit Toten sprechen, seine eigene Geburt nacherleben u. a. mehr. Der Traum scheint der Ort zu sein, an welchem alle Bestandteile unseres geschichtlichen Daseins auseinandergenommen und neu zusammengesetzt werden können.

Doch die Frage ist berechtigt, auf welches Ziel hin der Traum etwas auseinandernimmt und neu zusammensetzt. Da bezüglich dessen, was Phantasie ist, oft nicht genug reflektiert wird, entsteht, je nachdem welches System von Begrifflichkeiten zugrundegelegt wird, die Gleichsetzung von Phantasie mit Probe-Handeln, Kombinationsvermögen, Vorstellungvermögen und die Fähigkeit zur Lösung von Lebensproblemen. Das Ich spielt bei allen diesen Deutungen die Rolle des Vermittlers zwischen dem unbestimmten Instinkt (was dieser Instinkt losgelöst vom Individuum auch sein soll) und dem sozialen Druck zur Anpassung an die Gemeinschaft mit ihren Normen.

Die meisten Theorien jedoch, welche die Reversibilität der Zeit als Möglichkeit des Geistes ansehen, mit ausweglosen Lebenssituationen fertig zu werden, kommen ohne das Eintauchen ins Irrationale trotz aller Bemühungen um wissenschaftliche Klarheit nicht aus.

Die Unterscheidung zwischen Mythos und Logos zementiert zum Schluß diese Bemühungen. Der Versuch, den Mythos mit Logik zu durchdringen, wird damit als geistlos abgetan, ebenso wie die Ästhetik sich von jeder rationalen Erklärung deutlich frei zu halten versteht.

Wie sehr man dabei noch in der alten Trennung von Geist und Körper behaftet bleibt, kommt spätestens in der Vernachlässigung der Betrachtung der Biologie des menschlichen Körpers zum Vorschein.

W. Gerok zeigt sehr einleuchtend am Beispiel der Entfernung der Gallensteine, wie eine Regression des Systems für die Produktion der Gallensäfte in eine mehr kindliche Form diese Störung zeitigt. Andererseits zeigt er an derselben Stelle auch, wie das Nichtverharren in der jugendlichen Flexibilität bei ständigem Auf- und Abbau von Parathormon und Calcium im Blut zu Osteoporose oder Schwund der Knochenmasse des Körpers führen kann.[81]

In bezug zum Zeitpfeil des jeweiligen Patienten gesetzt entsteht eine Krankheit durch einen Prozeß, der in die entgegengesetzte Richtung läuft, eine andere durch eine gleichgerichtete Kraft. Wichtig ist dabei, das Bezugssystem zu benennen, nach welcher Richtung überhaupt gemessen wird. Dies ist die sogenannte Zeitgestalt des Menschen, sein Leben, wie es sich ausbreitet zwischen Geburt und Tod.

Unser Anliegen hier ist es zu zeigen, daß diese Zeitgestalt wiederum in einem anderen System, dem sozialen Netzwerk von Beziehungen, eingebettet ist. Daraus wiederum erfährt es gleichgerichtete und entgegengesetzte Kräfte, die antreibend oder bremsend auf einige innerkörperliche Abläufe wirken.

Bevor wir der Sphäre des Traumes daher irgendein dem Oszillieren der Zeitgestalt des Menschen fremdes Konstrukt auferlegen, um mit seiner Symbolik fertig zu werden, haben wir versucht, diese Symbolik aus der Sicht dieser drei Zeitabläufe zu interpretieren. Wir haben daher die *individuelle Schwankung der Herzfrequenz* als das aussagekräftigste innerkörperliche Parameter *in bezug zum Zeitpfeil des Lebens des Träumers/der Träumerin* gesetzt. Diese Beziehung des Körpers zu der vom Lebensalter gegebenen momentanen Richtung wurde wiederum in Beziehung zu den sozialen Prozessen der Umgebung gesetzt.

Im Fall der jungen Italienerin ist ihre momentane Zeitgestalt geprägt durch ihr Alter. Sie bewegt sich in diesem Alter weg von zuhause auf die Gründung ihres eigenen Haushaltes zu. Die innerkörperlichen Prozesse werden zu diesem Zeitpfeil in Beziehung gesetzt, dann die sozialen Prozesse.

Demnach suchen wir im Traum Auskunft über die Bewegungen in diesen drei Ebenen:

- Auf der Ebene des Körpers finden wir die Drehung von Norden nach Süden.
- Diese Drehung wird vom Traum selber in Beziehung zum Zeitpfeil der Träumerin gesetzt. Sie ist weit weg von zuhause gegangen und ist ihrem Freund begegnet. Dies entspricht ihrem jetzigen Alter.
- Auf sozialer Ebene gibt es Vektoren, die sich gegen die Vektoren ihres momentanen Alters richten. Ihre Mutter will sie zuhause festhalten.

Durch die Analyse ihres Traumes in dieser Form wollte ich mein Vorgehen illustrieren. Die einzelnen Zeitabläufe vergleiche ich dann mit den Bewegungen im EKG:

- Die Ebene des Körpers ist repräsentiert durch die Schwankung der Herzfrequenz zur jeweiligen Höhe der Herzfrequenz;

- die Ebene der Lebensgestalt des Träumers/der Träumerin wird ermittelt durch die Richtung, in welcher diese Schwankung in Einklang mit der Herzfrequenz zu- oder abnimmt;
- die Ebene des sozialen Zeitkontinuums wird ermittelt durch die gleichzeitige Beobachtung der durchschnittlichen Schwankung der Herzfrequenz bei einer repräsentativen Gruppe von Menschen in ähnlichen Situationen.

Die Korrelation der beiden Gruppen von Erhebungen, denen des Traumes mit denen des EKGs, haben bei unseren Probanden sehr signifikante Abweichungen von Zufallsergebnissen gezeigt. Dies deutet darauf hin, daß mein Vorgehen wahrscheinlich der Wirklichkeit des Traumes und des Herzens gerecht wird. Dies ist wohl auch im Sinne Suśrutas.

5. *Zusammenfassung*

1. Das EKG eines Individuums in verschiedenen Situationen kann so aufbereitet werden, daß es in Beziehung zu den EKGs aller anderen Individuen in ähnlichen Situationen gesetzt wird.
2. Daraus kann man die Wirkung der sozialen Norm auf das Individuum und seinen individuellen Standort im Leben in Form von Vektoren darstellen.
3. Der Traum eines Menschen ist dessen subjektive Deutung dieser Vektoren. Um diese Deutung vornehmen zu können, greift er zurück auf sein Urverhältnis zu den Elementen seiner Umwelt (Erde, Wasser, Feuer, Luft und Raum) und vor allem auf seine Urerlebnisse von Licht und Dunkelheit und damit von den Himmelsrichtungen.
4. Für Lebewesen ist die Zeit irreversibel, von der Geburt auf das Ziel Tod gerichtet. Daher sind die Aussagen des Traumes auch in dieser Zeitdimension zu messen, selbst wenn sie die Reversibilität der Zeit kundzutun scheinen.

Weicht man grundsätzlich nicht von diesem Prinzip ab, so lassen sich manche Erscheinungsbilder des Traumes, die man geneigt wäre, als »geistig« oder »übersinnlich« und damit von einer »anderen«, jenseitigen und übernatürlichen Welt zu deuten, auch in Zusammenhang mit Alltagserlebnissen erhellen.

Kapitel V

Elektrokardiographie als diagnostisches Mittel der Präventiv-Medizin

1. Die Vektoren des Elektrokardiogramms (EKG)

Seit mehr als einem halben Jahrhundert dient das EKG als klinisches Instrument zur Untersuchung der Funktionen des Herzens. Dabei wurde es zumeist in der Pathologie eingesetzt und seine Brauchbarkeit für die Vorsorge wenig erprobt. Wenn wir dieses Instrument hier verwenden, um die Grundideen Suśrutas über das Funktionieren des menschlichen Herzens zu erläutern, dann richten wir unser Augenmerk zunächst auf die Zeiten, die jede Teilstrecke im EKG des gesunden Herzens bemißt, und stellen diese Teilstrecken zueinander in Relation. Wir versehen die daraus entstehenden Quotienten mit Begriffen, die in die Gefühlssphäre weisen, wie »Fülle« oder »Leere der Zeit« u. a., und versuchen zum Schluß diese Begriffe mit den Inhalten der Träume unserer Probanden zu korrelieren, um die Bedeutung der »Zeit des Herzens« wie wir sie aus dem EKG ablesen, für die »Lebensperspektive« des Probanden herauszuarbeiten, wie er sie in seinen Träumen kundtut. Ich werde dieses Verfahren hier in Einzelheiten erläutern:

a) Polarisation und Depolarisation der verschiedenen Zellen im menschlichen Herzen.

Bei der Betrachtung des Herzens insgesamt ist es wichtig, zunächst die Zellen, welche zum Reizleitungssystem gehören und mit einer Automatie ausgestattet sind, von den Herzmuskelzellen zu unterscheiden, die eine solche nicht besitzen. Der Sinusknoten, der Atrioventrikular-Knoten und zum Teil die Zellen des His'schen Bündels und die Purkinje-Zellen der Tawara-Schenkel sind mit einer solchen

Automatie ausgestattet. Sie sind fähig, in ihrem eigenen Rhythmus zu pulsieren, d. h. sich selber zu polarisieren und zu depolarisieren. Die anderen Zellen des Herzens (Herzmuskelzellen) brauchen dazu einen Impuls von den Schrittmacher-Zellen von außen (an erster Stelle unter gesunden Bedingungen der Sinus-Knoten).

b) Es gibt eine Hierarchie der Frequenzen für das Pulsieren der Zellen des Herzens.

Am schnellsten sind die Zellen des Sinusknotens, danach kommen die Zellen des AV-Knoten, des Hisschen Bündels und der Tawara-Schenkel.

c) Nervliche Impulse, hormonelle und humorale Abläufe können diese Hierachie beeinflussen.

d) Die Länge und die Form der jeweiligen Zeitabläufe (d. h. die Strecken der EKG-Kurve, siehe Abb. 16), hängen von der Tätigkeit der Natrium-Kalium-Pumpe der Zellen der verschiedenen Gewebe-Arten im Herzen ab. Befindet sich genügend Kalium im extrazellulären Raum, baut sich schnell ein Widerstand gegen den Natrium-Einstrom auf. Die ST-Strecke im EKG bekommt seine normale Länge. Befindet sich dagegen zu wenig Kalium im extrazellulären Raum (Hypokaliämie), so benötigen die Herzmuskelzellen mehr Zeit, um den Widerstand gegen den Natrium-Einstrom aufzubauen. Die ST-Strecke wird länger. Bei zuviel Kalium im extrazellulären Raum (Hyperkaliämie) wird die ST-Strecke kürzer.

e) Die Regulation des Natrium-Kalium-Haushalts und damit die Tätigkeit aller solcher Pumpen in den Membranen der Zellen des Körpers und damit auch der Herzzellen erfolgt zentral durch den hinteren Teil des Hypothalamus, einem kleinen Nervengebilde im Zwischenhirnbereich.

Einem circadianen Rhythmus folgend, d. h. einem Rhythmus von ungefähr der Länge eines Tages, wird am Tag sowohl mehr Kalium als auch mehr Natrium ausge-

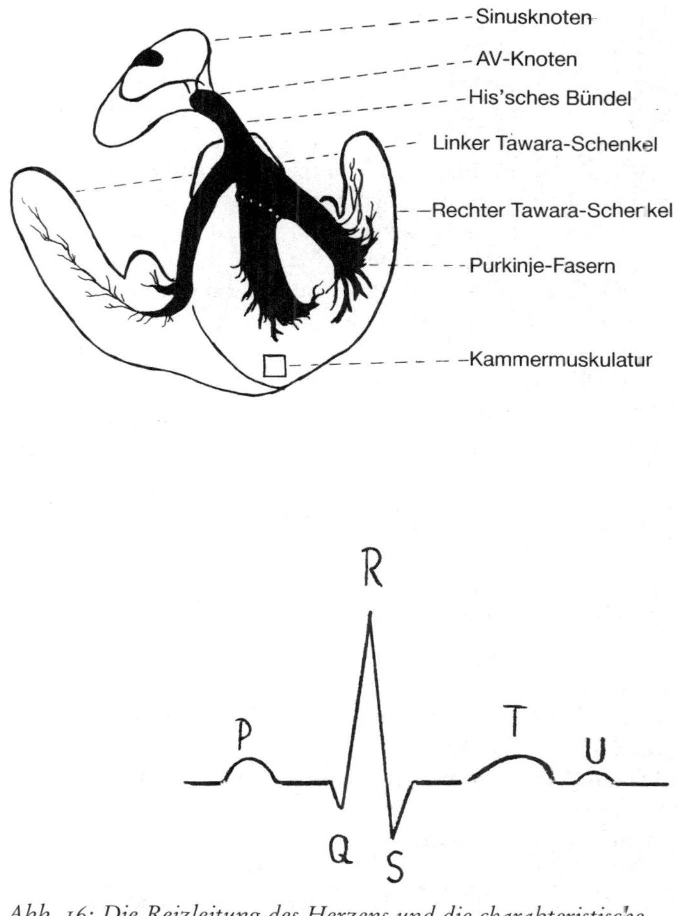

Abb. 16: Die Reizleitung des Herzens und die charakteristische Aufzeichnung seiner elektrischen Spannungsveränderungen. Die PQ-Strecke gibt die Zeit der Übertragung des Sinusknoten-Impulses an den AV-Knoten, die QRST-Strecke die Zeit der Übertragung des Impulses auf die Herzmuskulatur an. Erst nach der T-Welle ist das Herz bereit, einen neuen elektrischen Impuls zu empfangen.

schieden als in der Nacht.[82] Dies bedeutet, daß die Tag/Nacht-Schwankung als solche keinen Einfluß auf die Längen der Strecken haben darf. Wenn jedoch hormonelle oder humorale Einflüsse hinzukommen, dann können diese ein Zurückhalten von Natrium oder Kalium bedeuten; dies macht sich bemerkbar in der proportionalen Dehnung oder Kürzung der ST-Strecke. Wir werden unser Augenmerk auf diese Schwankungen der QT-Strecke insgesamt im Vergleich zur Periode des Herzschlags (RR-Strecke) richten, um die Überlagerungen der zugrundeliegenden circadianen Aktivität der Herzzellen durch nervliche, hormonelle oder humorale Tätigkeit zu umkreisen. Wenn z. B. eine Situation gegeben ist, die vom Körper erhöhtes Wachsein und Aktivität abverlangt, dann erwarten wir eine proportionale Verkürzung der QT-Strecke in Einklang mit dem Schneller-Werden der Herzfrequenz, in einer entspannenden Situation dagegen genau das gegenteilige Verhalten. Verhält sich jedoch die QT-Strecke nicht wie erwartet, so deuten wir dieses Verhalten im Sinne des Auf- oder Abbaus von Widerstand gegen den Natrium-Einstrom und damit als Widerstand gegen situative Einflüsse. Diese situativen Verschiebungen befinden sich bei gesunden Menschen zumeist innerhalb der von Hegglin und Holzmann aufgestellten Schwankungsbreite von 90–115% und damit im Einklang mit der Formel $QT = 0{,}39 \sqrt{RR} \pm 0{,}04$ (sec.). Eben weil sie sich im Normbereich befinden, können sie als Ausdruck eines gesunden Gefühls verstanden werden. Aus einer solchen Überlegung heraus ließ sich der folgende Test entwickeln:

Der Proband befindet sich in diesem Test jeweils in einer Situation, die von ihm eine innere Umstellung abverlangt. Um den Vergleich mit einem Fahrzeug zu verwenden, er muß dabei zeigen, wie schnell er von einem Gang in einen anderen schalten kann. Der Widerstand, den seine Herzzellen dagegen leisten, zeigt sich in den Längenverhältnissen der QT- und RR-Strecken zueinander. Dabei wird nicht vorausgesetzt, daß wir von vorneherein wissen, welche Situation eine schnellere Herzfrequenz verursachen wird und welche eine langsamere.

Vielmehr ermitteln wir den Einfluß einer Situation auf das Herz der Probanden einer bestimmten gesellschaftlichen Herkunft durch die durchschnittliche Reaktion einer möglichst repräsentativen Gruppe dieser Gesellschaft. Diese durchschnittliche Reaktion bildet dann für uns den sozialen Vektor im sozialen Raum und in der sozialen Zeit. Die individuelle Reaktion kann demnach in dieselbe Richtung wie der soziale Vektor erfolgen, oder in die entgegengesetzte. Danach sind 16 verschiedene Kombinationen möglich, auf welche wir schon im Kapitel II zu sprechen gekommen sind.

2. *Der Test der Reaktionen des Blutkreislaufs*

Der Test besteht aus 18 Einzelsituationen, die in manchen Fällen durch kleine Variationen ergänzt werden. Diese Einzelsituationen werden in drei Gruppen gegliedert:

- Situationen im Liegen,
- Situationen im Sitzen,
- Situationen in Umkehrhaltungen.

Die ersten fünf Situationen erfolgen im Liegen.

1. Die Baseline-Situation im Liegen ist die Ausgangssituation des Tests. Der Proband legt sich mindestens fünf bis zehn Minuten hin, während ihm die Extremitätenelektroden des EKG-Gerätes angeschlossen werden. Es werden dann unter dem Hinweis, daß er die Augen schließen und versuchen soll, innerlich abzuschalten, 30 Pulsschläge mit dem Gerät aufgezeichnet.
2. In dieser Situation im Liegen wird der Proband gebeten, mit geschlossenen Augen sich nur auf seine Atmung zu konzentrieren und die Einatem- und Ausatemphasen zu verlängern. Er wird gebeten, dies ohne Druck zu tun,

d. h. in einer Stimmung wie vor dem Einschlafen, wegdösend. (Alle Hinweise werden knapp und in derselben Weise jedem Probanden vermittelt). Auch hier wie bei allen weiteren Situationen werden 30 Pulsschläge aufgezeichnet.

3. Nun wird der Proband gebeten, im Liegen den rechten Arm und das rechte Bein beim Einatmen locker nach oben zu strecken und innerlich zu sagen: »Ich bin ganz stark« und beim Ausatmen die gestreckten Gliedmaßen ein wenig zu lockern, ohne daß sie zum Boden fallen mit der im Kopf behaltenen Formel: »Meine rechte Seite ist schwer.« In dieser Situation achten die Experimentatoren lediglich darauf, daß die Probanden ihre Gliedmaßen nicht übermäßig strecken und zu starke Muskelkontraktionen erzeugen, welche eine saubere Extremitäten-Ableitung im EKG stören würden. Es wird demnach die Einstellung ein paar Mal vorher geübt, bevor die endgültige Ableitung genommen wird.
4. Als Beispiel für eine Variation von 3. dient die, in welcher der Proband lediglich den rechten Arm und das rechte Bein wie bei 3. während des Einatmens ausstreckt und beim Ausatmen leicht zurückfallen läßt, ohne sich die Formeln im Kopf vorzusagen.
5. Der Proband wird gebeten, im Liegen auf dem Rücken, mit seinen Gliedmaßen ausgestreckt am Boden, seinen Atem nach dem Einatmen anzuhalten.
6. Nun wird er gebeten, die Situation 5 zu wiederholen, diesmal jedoch beim Einatmen und Anhalten mit der Formel im Kopf: »Ich bin ganz stark.« Beim Ausatmen dagegen sollte er denken: »Meine ganze rechte Seite ist schwer.«
7. Darauf setzt sich der Proband so bequem hin, wie es ihm im Schneider-Sitz möglich ist. Diejenigen, die steife Knie haben, dürfen dabei auch ein Kissen verwenden und sich darauf setzen.
8. Der Proband hebt seine Arme seitlich ausgestreckt in

Schulterhöhe. Der Experimentator ergreift sie leicht am Oberarm und zieht sanft nach hinten, während der Proband versucht, die Hände zu seinen eigenen Knien zu ziehen. Wenn es durch den Zug der Arme des Probanden nach vorne und den Gegenzug des Experimentators nach hinten zu einer bequemen Spannung in den Brustmuskeln kommt, wird das EKG aufgezeichnet.

9. Nun hebt der Proband die Finger der rechten Hand zur Nase und hält die Nasenflügel leicht zusammengepreßt, so daß er die Luft durch verengte Nasenlöcher ein- und ausatmen muß.
10. Mit der Hand an der Nase wie in 9. drückt der Proband das rechte Nasenloch beim Einatmen zu und atmet nur links ein. Dann läßt er die Finger locker, ohne die Hand von der Nase zu nehmen, und atmet durch beide Nasenlöcher aus. Manchmal muß der Experimentator bei Probanden, die im Hand- und Ellbogengelenk sehr verspannt sind, den Arm leicht unterstützen, damit die Unterarm-Muskeln sich entspannen. Unterstützt man den Probanden nicht, so entstehen oft Fibrillierungen im EKG, welche die Auswertung erschweren.
11. Der Proband wechselt in dieser Situation zum rechten Nasenloch. Er atmet in ähnlicher Weise wie in 10., diesmal aber nur rechts ein und durch beide Nasenlöcher aus.
12. Seit Situation 9 befindet sich die Hand des Probanden an seiner Nase. Nun führt er das aus, was im klassischen Yoga als Nāḍiśoddhanaprāṇāyāma bezeichnet wird. Er atmet rechts ein und links aus, atmet links ein und rechts aus.
13. Danach legt der Proband seine rechte Hand wieder auf sein rechtes Knie. Die Situation 13 ist gekennzeichnet durch Unterbrechungen beim Einatmen. Der Proband atmet kurz ein, hält an, atmet weiter ein, hält an und so fort, bis er die Lunge ganz gefüllt hat. Dann atmet er in einem Zug langsam aus.

14. Diese Situation ist ähnlich wie 13. Hier jedoch erzeugt der Proband die Unterbrechungen während des Ausatmens. Er atmet tief ein und dann aus, hält an, atmet weiter aus, hält wieder an und so fort, bis die Lunge sich leert.
15. In dieser Situation wird der Kopfstand eingenommen. Die Hilfe-Stellung des Experimentators besteht in der Dehnung der Wirbelsäule nach oben, während der Proband versucht, seine Schultern zu weiten und die Spitzen der Schulterblätter zur Wirbelsäule zu führen.
16. Hier steht der Proband auf den Schultern, während der Experimentator ihm die Wirbelsäule nach oben dehnt. Wichtig ist dabei, daß der Proband seinen Brustkorb und Hals möglichst passiv hält, um keinen Druck auf die Halsschlagadern auszuüben.
17. Diese Situation ist der Kopfstand in völlig passiver Haltung angeschnallt auf einem Kipptisch (Gleitstrekker).
18. Diese letzte Situation ist der Schulterstand in ebenso passiver Haltung auf dem Kipptisch.

Bei allen Stellungen werden lediglich die drei Extremitäten-Ableitungen nach Einthoven, die im klassischen EKG als I, II und III bezeichnet sind, aufgezeichnet.[83] Zumeist ist es möglich, die zweite Ableitung für das Bemessen der RR-, PQ- und QT-Strecken herzunehmen. Alle Kurven sind von Hand bemessen, um Fehler bei der Digitalisierung dieser feinen Verläufe im Computer-Verfahren zu vermeiden. Die Computer-Programme, die mir für das Messen der einzelnen Strecken zur Verfügung standen, waren zu ungenau, um für meinen Zweck verwertet zu werden. Es war mir möglich, ein Team von Studenten zu gewinnen, die diese mühselige Kleinarbeit über zwei Jahre hindurch für über 120 Probanden erledigten.

Von den jeweils in jeder Situation aufgezeichneten 30 bis 50 Pulsschlägen haben wir im randomisierenden Verfahren zehn herausgesucht, davon die PQ-, QT-, TP- und RR-Strecken gemessen und dann den Mittelwert und die Standardabweichung errechnet. Von allen 18 Messungen dieser Art wurde dann der Gesamt-Mittelwert errechnet sowie der Trend nach der Methode des gleitenden Mittelwertes. Der Mittelwert jeder Situation galt als jeweiliger individueller Mittelwert für die Darstellung der Bewegungen auf der vertikalen Achse nach dem im Kapitel II geschilderten Verfahren.

Von den 120 Probanden konnte ich bis zum Zeitpunkt der ersten Fertigstellung dieses Manuskripts 86 für die ersten Fälle, danach 108 für den Anhang berücksichtigen. Wir haben von dieser Anzahl von Personen den jeweiligen sozialen Mittelwert für jede Situation errechnet, von diesen 18 Situationen dann den Gesamt-Mittelwert gezogen und dies als 0-Punkt oder Schnittpunkt der jeweiligen Individuellen Achse verwendet. Der Ausgangswert für die Untersuchung war dann auf der sozialen Achse der Durchschnittswert der Gruppe in Situation 1. Von diesem Wert aus wurde auf der sozialen Achse jeder weitere Wert als Vektor eingezeichnet. Er bewegte sich dann entweder zum 0-Punkt hin oder davon weg. In ähnlicher Form wurden für jeden Probanden die Bewegungen seines individuellen Mittelwertes in jeder Situation auf die Vertikale oder Individuelle Achse eingetragen. Daraus erst entstanden die Bilder von Konvergenz, Divergenz, Konflikt oder Schutz im sozialen Raum, von welchem ich im Kapitel II sprach. Die Gesamtergebnisse sind im Anhang.

3. Die Korrelation in der Symbolik des Traumes

Für Suśruta und die antike Vorstellung von der Wirkweise der Elemente auf den menschlichen Körper war wahrscheinlich zunächst die Bedrohlichkeit dieser Elemente für die Lebensfunktionen im Spiel. Die Bedrohung durch Erde war die Gefahr der Versteifung, durch Wasser die Gefahr der Erstickung, durch Feuer die Verbrennung, durch Luft der Verlust an Halt, durch Raum die Leere, in welcher eine Lebensfunktion nicht das erhält, was sie zum Ausgleich eines bestehenden Bedarfs braucht.

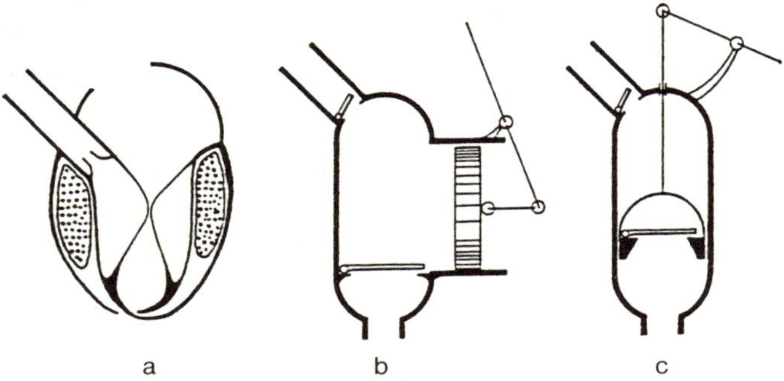

Abb. 17a–c: Schematischer Vergleich des Herzens mit Pumpen verschiedener Konstruktion, bei unterschiedlicher Betonung der Aktion der Ring- und Längsmuskulatur. a: Schnitt durch Ventrikel. Punktiert: kräftige Ringmuskeln an der Herzbasis. Schwarz ausgezogen: Lange Muskelstreifen, die an der Außenwand spiralig aufliegend nach abwärts ziehen, die Herzspitze bildend sich durchflechtend und dann im Ventrikelinnern in die Trabekel- und Pyramidenmuskeln übergehen. b: Vergleich mit einer Pumpenkonstruktion (Kolbenpumpe) bei vorwiegender Kontraktion der Ringmuskeln: Füllung der Pumpe ist nur in der Diastole möglich. Energiequelle für die Füllung: Im wesentlichen Vis a tergo. c: Pumpenkonstruktion bei vorwiegender Kontraktion der Längsmuskeln (Membranpumpe): Auswurf und Füllung erfolgen in einem Arbeitsgang. Energiequelle für die Füllung: Im wesentlichen systolische Kontraktion der Kammermuskulatur. (Aus: Rein/Schneider, S. 79).

In meinen Erhebungen bei jedem der Probanden des oben beschriebenen Experimentes habe ich den jeweiligen Anteil der Situationen von Schutz im sozialen Raum von den

18 Situationen errechnet. Danach gab es Personen z. B. mit elf Konvergenzen, sechs Konflikten und einer Divergenz, aber keine Situation von Schutz im sozialen Raum. Die Wirkweise der Kombination von Konvergenz und Konflikt auf den Blutkreislauf versuchte ich durch eine Betrachtung eines Modells der Muskelfasern des Herzens und des Blutkreislaufes zu erhellen. Bekanntlich ist bei einer schnelleren Herzfrequenz eher die Adventitia oder die äußere Schicht der Herzmuskulatur im Spiel. Das Herz verhält sich dabei wie eine Membran-Pumpe (Abb. 17c). Bei einer langsameren Herzfrequenz ist eher die Media oder mittlere Schicht im Spiel. Das Herz verhält sich wie eine Kolbenpumpe (Abb. 17b).[84] Eine Kombination von beiden Bewegungen erzeugt eine Situation des Schneller-Pumpen-Wollen oder des Schneller-Pumpen-Müssen gegen erhöhten Druck. Bekanntlich wird der Rückfluß des Blutes über die Venen von der Skelett-Muskeltätigkeit unterstützt. Die Skelettmuskulatur überträgt ihre Spannung auf die Adventitia der Blutgefäße hauptsächlich der Venen. Die Spannung in den Ringstrukturen der Muskulatur des Kreislaufes (der Media) wird offensichtlich besonders in Einklang mit dem Bedarf an Blut im Körper von den kleinen und mittleren Venen reguliert, die als Depots von Blut funktionieren.[85]

Konvergenz- und Konflikt-Situationen in und mit der Gemeinschaft mit anderen Menschen können vielfältig sein: Man will im Gedränge einer großen Menschenmenge einen Platz in der Trambahn bekommen oder man steht in einer Autoschlange und muß einen Termin wahrnehmen. Der Stau läßt einen nur im zähflüssigen Tempo vorankommen und man weiß, daß man sich verspäten wird. Das Herz greift im Traum diese Bilder des Alltags auf und setzt sie in Traumszenen um. Damit drückt das Herz sein Empfinden mit der Sprache des Bhūta-Ahaṁkāra oder des Ich-Machers der natürlichen Umwelt aus. In diesen Horizont des Bewußtseins holt, und erläutert es das subjektive Empfinden für die sozialen Momente, die auf den Kreislauf wirken. Wir haben versucht, diese Momente durch Vektoren-Bilder von sozialer Bewegung zur individuellen Bewegung auf den beiden Achsen als Konvergenz, Divergenz, Konflikt und Schutz im sozialen Raum zu präzisieren. Dementsprechend wollen wir ihre Korrelationen im Traum betrachten.

Zu vermerken ist, daß die 18 von uns ausgewählten Situationen kalkuliert waren, um die in Kap. III geschilderten Marmas spezifisch zu belasten, damit sich Gefühle bemerkbar machen, wie Ersticken u.a. wenn sie latent vorhanden sind.

4. Beispiel eines Konvergenz- und Konflikt-Traumes

Der Träumer, ein junger Mann Anfang zwanzig, hatte im beschriebenen Test (siehe Anhang, S. 232) elf Konvergenzen, 19 Konflikt-Bilder und elf Divergenzen in insgesamt 42 Situationen. Einige Tage nach diesem Test träumte er folgendes: Er befand sich in einem Haus im Erdgeschoß und hatte das Gefühl, daß die Leute im 1. Stock Verbrecher waren. Sie wollten eine junge Frau umbringen. Er ging hinauf, um der Frau zu helfen, und fand sie im Bett liegend, gequält von Todeskrämpfen. Er wollte die Polizei anrufen. Doch merkte er plötzlich, daß die Verbrecher aufmerksam geworden waren und auf ihn zukamen. Er rannte aus dem Haus durch enge Gassen in die Stadt. Die Verbrecher kamen ihm nach. Plötzlich waren sie Nazis mit Panzer-Wagen. Er lief auf einen Berg und erklomm den Gipfel, seine Widersacher hatten nun den Berg umzingelt.

An dieser Stelle erwachte er, schweißgebadet und mit kalten Händen und Füßen. In der Form wich das EKG dieses Mannes von der Norm ab. Das EKG-Bild zeigt regelmäßige Dekompensierungen im Kurvenverlauf nach jeweils fünf Pulsschlägen.

Es ist an dieser Stelle nicht mein Anliegen zu erläutern, wo diese Bilder ihren Sitz in seiner Lebensgeschichte haben. Ich will lediglich die »Sprache des Herzens« in diesen

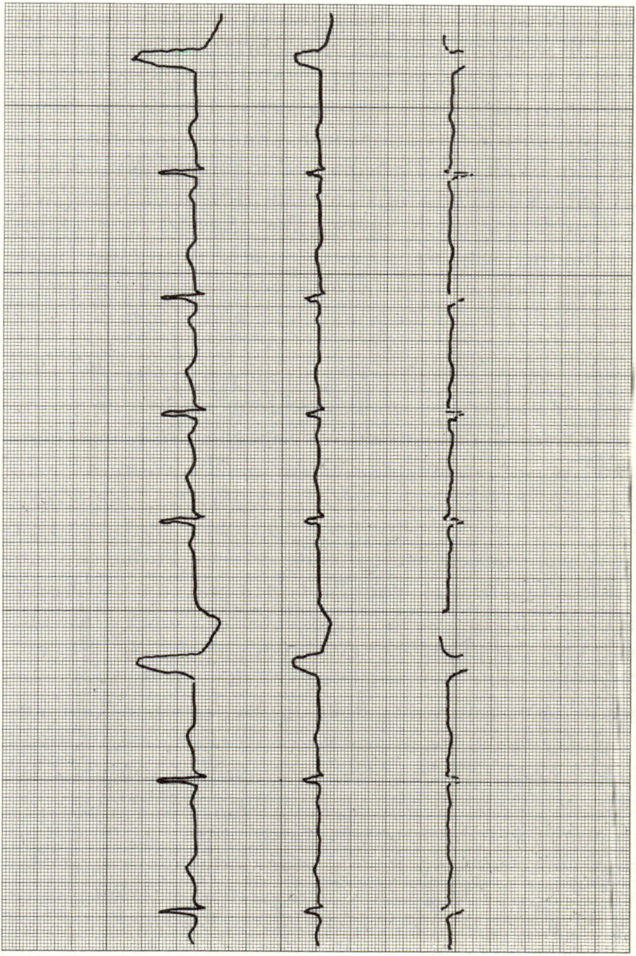

Abb. 18: Unregelmäßigkeiten im EKG des Probanden.

Bildern korrelieren mit dem, was ich im EKG beobachtet habe. Diese Korrelation ist vom Verfahren her eine ganz andere als eine rein statistische, lineare Zuordnung in einem zwei- oder auch mehrdimensionalen Raum. Der Grund dafür ist, wie ich dies schon im Kapitel I, S. 34f. dargestellt habe, der unterschiedliche Bewußtseinshorizont, in welchem die EKG-Erhebungen gemacht und interpretiert werden, zum Bewußtseinshorizont des Traumes. Beide Horizonte sind letztendlich ausschlaggebend für die Verständigung der Erlebenden mit dem Experimentator und bilden erst den Rahmen für die Aufstellung von Dimensionen für eine solche Verständigung.

Betrachtet man Konvergenz als die Summe von Kräften, die auf den Körper eines Individuums wirken und damit auch auf seine Blutgefäße, so zwingen diese Kräfte die Blutgefäße zu Verengung. Verengung bedeutet eine Zunahme der Momente der Kontraktion in der Ringstruktur der Muskulatur der Blutgefäße und damit auch des Herzens. Dabei jedoch soll im Falle unseres Probanden eine erhöhte Beförderung von Blut erfolgen, da gleichzeitig erhöhte Leistung von der Muskulatur verlangt wird. Dies drückt die jeweilige Konflikt-Situation aus. Die Herzfrequenz-Werte der Gruppe steigen (Abb. 12, S. 141), auch seine Werte erhöhen sich, aber die Bewegungen finden im linken oberen Quadranten statt. Es ist, als verfolgte ihn die Gruppe. Unter solchen Umständen erhöht sich der Blutdruck. Der Traum drückt diese Situation als Verfolgungssituation aus. Der Träumer sucht den höchsten Punkt eines Berges. Wäre er im Traum souverän und in der Lage, das in ihm durch den Alltag geschaffene Karman mit den Pfeilen, die ihn bedrängen, zu überwinden, so könnte er abheben und fliegen. Doch er fliegt nicht. Vielmehr rettet er sich durch das Aufwachen.

Die »Pfeile« sind nicht überwunden. Er steht nach wie vor unter Druck. Der Traum könnte ihm jedoch gezeigt haben, wie er sich von diesem Druck befreit. Der Standort, in welchem er sich zunächst befand, das Haus, ist ein geschützter Raum, aber ein Ort des Verbrechens. Bleibt er an diesem Ort, so ist keine Rettung zu erwarten, flieht er auf die Straße, wird man ihm nach dem Leben trachten. Er machte es sich daher zur Aufgabe herauszufinden, wen die Frau im Traum darstellt, die ermordet wird, und wer die Verbrecher sind. Er nahm sich vor, sie bei der nächsten Begegnung im Traum zu fragen, und er übte dies in entspannten Situationen des Alltags, in welchen er alles, was ihn ängstigte, einfach kommen ließ.

5. Divergenz-Träume und Verständigung innerhalb einer Gruppe

Traum-Beispiele von Divergenz im sozialen Raum

Es versteht sich, daß wir in der Behandlung solcher Träume aus Gründen des Persönlichkeits- und des Datenschutzes nur das Notwendige zur Illustration des Sachverhaltes erläutern. Es ist mein Anliegen, hier das Interpretationsverfahren in den wichtigsten Punkten zu zeigen, um neue Wege der Gesundheitsbildung in der Gruppen- und Einzelberatung aufzuschließen.

Ein junger Mann Anfang zwanzig (Fall 1) berichtet diesen Traum, den er als Kind öfters (ungefähr bis zum 10. Lebensjahr) hatte: »Ich war in der Nacht vom Bett aufgestanden und durch eine Tür die Treppe hinunter gegangen. Plötzlich hatten die Treppenstufen aufgehört, unter meinen Füßen zu existieren. Ich hatte Angst, irgendwo hinzufallen, in ein Loch ohne Boden ... da bin ich aufgewacht.«

Im Gespräch mit dem jungen Mann wurde jedes Tätigkeitswort des Traumes wie ein Vektor behandelt. Er steht auf und bewegt sich die Treppe hinunter in ein Loch. Mitten im Fallen wacht er auf.

Der EKG-Test mit ihm ergab besonders an den Stellen, an welchen die Herzfrequenz-Werte der Gruppe insgesamt niedriger wurde, ein Bild von Divergenz. Unser Proband befand sich in der unteren Hälfte der Verteilungsskala. Das heißt, er hatte einen niedrigen Puls als Ausgangswert, und seine Pulsfrequenz wurde in solchen Situationen, in welchen die Gruppe ruhiger wurde, noch langsamer.

Wie aus Abb. 4 hervorgeht, ist dies die Situation in der unteren linken Hälfte des Bildes: $A < B$, $A1 < B1$. Nichts bremst die Bewegung aus der Mitte in die Weite und Leere und damit auch Kälte im sozialen Raum. Wo Blut stark durch die Adern gepumpt wird, ist innerkörperliche Wärme vorhanden, wo das Gegenteil der Fall ist, entsteht Kälte.

Daß diese Kälte Ausdruck von Distanz im sozialen Raum war und noch heute für ihn ist, zeigt die Entfernung des Probanden vom Mittelwert der Gruppe im Bild der Divergenz. Er hatte im Test insgesamt zehn Konvergenzen, 14 Divergenzen, zwei Einstellungen zum Schutz im sozialen Raum und 13 Konflikt-Einstellungen bei 38 Situationen.

Als Hintergrund darf hier erwähnt werden, daß sich die Eltern des jungen Mannes scheiden ließen, als er vier Jahre alt war. Die Mutter zog mit ihrem Kind in eine Mietswohnung in die Großstadt, wo sie zunächst sehr mit ihrer eigenen inneren Leere zu kämpfen hatte. Der junge Mann erfuhr davon erst, als er seine Mutter anläßlich des Traumes darauf ansprach. Eigentümlicherweise hatte er sich in seiner Kindheit und Pubertät darauf eingerichtet, die Angst vor dem »Loch« durch Gehirnaktivität und nervliche Kompensation zu überwinden. Er stellte den Typ eines hilfsbereiten Jugendlichen dar, der sich von Zeit zu Zeit durch Anhäufung von Außenaktivität auslaugt und sich in die Erschöpfung treibt. Er litt auch zeitweise unter starker Migräne.

Auch ein anderer junger Mann im selben Alter (Anfang zwanzig) berichtete in einer Gruppe – es waren 22 Personen beiderlei Geschlechts an einem Wochenende zusammengekommen, um Traumarbeit zu leisten –, daß er sich kaum an seine Träume erinnern könne. Er reagierte jedoch plötzlich sehr heftig auf den Traum einer 50jährigen Dozentin (Fall 2), den sie in die Gruppe einbrachte.

Der Traum der Dozentin war wie folgt:

»Ich bin in einem Seminarsaal und muß Studenten unterrichten. Es kommen viele KollegInnen hinzu, die ungeduldig darauf warten, zu hören, was ich sage. Alle drängen mich. Nebenan spielt sogar eine Blaskapelle ziemlich laut, und ich muß dabei unterrichten. Ich habe mich vorbereitet und halte mein Manuskript in der Hand. Doch gerate ich mehr und mehr in Hektik, zittere zusehends und laße zum Schluß alles herunterfallen.

Da sehe ich aus dem Fenster. Draußen ist ein starkes Wetterleuchten und Weltuntergangsstimmung. Ich rufe der Gruppe zu, sie solle hinausgehen und das Schauspiel betrachten, dies sei doch interessanter als das, was ich zu sagen hätte.

Als alle draußen sind (sie gehen links hinaus), gehe ich nach rechts und setze mich in ein Café mit großen Glasfenstern. Draußen kann ich Bauarbeiter an riesen Preßluftbohrern arbeiten sehen. Plötzlich ist ein infernalischer Krach draußen, und das Café, in welchem ich sitze, sinkt in den Boden. Es dringt Wasser von irgendwoher hinein. Das Wasser steigt.

Plötzlich verwandelt sich das Café in ein Schiff und die Straßen werden Kanäle. Ich fahre mit diesem Schiff in die Innenstadt. Unterwegs merke ich, daß Wasser unten in das Schiff einströmt. Dort sind auch einige Menschen, die bald nicht mehr werden herauskommen können (von der Blickrichtung her befinden sie sich links von mir). Eine meiner Kolleginnen ist mit im Schiff. Ich frage sie, was wir tun sollen. Sie antwortet: ›Wir kümmern uns um uns selber.‹ Ein Kind springt von einem Steg in das ins Schiff einströmende Wasser. Ich springe nach und hole es heraus. Ich sage dem Kind (einem Mädchen), daß es dies nicht wieder tun soll. Es hört nicht auf mich und springt noch einmal hinein. Ich verlasse das Schiff und überlasse es allen darin, für sich selber zu sorgen.«

Die Vektoren des Traumes

In der Bearbeitung eines Traumes gehe ich immer so vor, daß ich *jedes Tätigkeitswort wie einen Kraftvektor* behandle, der auf den Träumer oder die Träumerin wirkt. Am Ende eines solchen Verfahrens bekommt man ein Bild der Rahmenhandlung des Traumes, das der Träumer als Gerüst für die Anordnung der einzelnen Bilder zu verwenden gebeten wird.

In diesem Traum sieht das Vektoren-Bild zunächst bedrückend und bedrängend aus: StudentInnen und KollegInnen machen die Träumerin handlungsunfähig. Sie weiß sich zu helfen durch einen Blick durchs Fenster nach links und lenkt sie ab durch die draußen beobachtete Weltuntergangsstimmung. Sie bleibt im Haus und bewegt sich nach rechts, um sich im geschützten Raum zu erholen. Doch die Außenkatastrophe erschüttert den Boden unter ihren Füßen. Da verwandelt sich ihr Café in ein rettendes Schiff, das sie durch die Katastrophe in die Mitte der Stadt trägt.

Jetzt wollen Menschen links von ihr sie vom Erreichen des rettenden Ufers ablenken und sie in den Strudel herabziehen. Sie läßt sich dadurch nicht verunsichern.

Die Deutung der Träumerin

Als die Träumerin diese Rahmenhandlung präsentiert bekam, erklärte sie den Hintergrund für ihren Traum aus der Alltagssituation, in welcher sie sich derzeit befand. Sie hatte eine neue Aufgabe übernommen und mußte ein Fach unterrichten, was von den Studenten nur als saure Pflicht konsumiert wurde. Sie wollte sie ursprünglich dazu motivieren, den Lernstoff als bedeutsam für ihr Leben zu erachten, und hatte ihre Distanziertheit, Sensations- und Konsumlust zur Sprache gebracht, die sie leider durch das Fach nicht würde befriedigen können.

Sie gab in der Gruppe bekannt, daß sie ursprünglich von den Zuhörern Anerkennung gesucht hatte und betrachtete ihre eigene Entwicklung in und mit dieser Veranstaltung als

Reifungsprozeß zu mehr »innerer Stabilität«. Es mache ihr (jetzt) nicht mehr soviel aus, wenn sie bei ihren Studenten nicht sofort ankomme. Sie sei nicht mehr so stark auf Anerkennung aus.

An dieser Stelle griff der junge Mann (Fall 3) in das Geschehen ein. Er hatte sich bis dahin sehr zurückgehalten und saß dort mit einem für mein Empfinden versteinerten Gesicht. Mir sagte er, daß es mehrere Interpretationsmöglichkeiten für den Traum gäbe. Ich bat ihn um die seine. Daraufhin wandte er sich zur Träumerin und sagte ihr, er glaube, daß sie nach wie vor auf Anerkennung aus sei. Sie würde ihr Bedürfnis lediglich verdrängen und sich keine Mühe geben, den richtigen Zugang zu ihren Studenten zu finden. Die Träumerin erwiderte, er würde freilich wegen seiner Jugend Partei für die Studenten ergreifen und ich fragte ihn, ob er sich vorstellen könnte, wie er selber in einer solchen Unterrichtssituation als Dozent reagieren würde. Daraufhin verstummte er und schien verärgert zu sein.

Am nächsten Tag erzählte er in einem anderen Zusammenhang diesen Traum, den er als Kind öfter geträumt hatte:

»Ich schlafe in meinem Bett in einer Ecke meines Zimmers. Da kommt eine weißhaarige Frau mit eigentümlicher Bekleidung durch die Schiebetür herein. Sie sieht aus wie eine Figur aus einem Märchenbuch und nähert sich meinem Bett. Ich bekomme jedesmal Angst vor ihr (und wache auf).

Doch entdecke ich auf einmal, daß ich mich vom Bett abheben kann und entwische ihr dann durch die Tür und gehe in das Schlafzimmer meiner Eltern.«

Der Träumer hängte gleich einen zweiten Traum an, den er in seiner Kindheit öfter geträumt hatte:

»Ich befinde mich in meinem Bett in der Ecke meines Zimmers. Da dringt Wasser in das Zimmer ein und trägt mich und mein Bett hinaus aufs Meer. Ich überlege mir (von Mal zu Mal), was ich alles in mein Bett holen kann, um es mitzunehmen. Es sind sehr viele verschiedene Dinge.«

Die Umstände des Träumers in seiner Kindheit

Ähnlich wie im Fall 1 wurde der junge Mann durch eine berufliche Umstellung seiner Eltern im Alter von vier Jahren aus seiner gewohnten Umgebung in einer Großfamilie mit Großeltern, Onkeln und Tanten auf dem Land herausgerissen. In einer Stadtwohnung wurde er mit eigenem Schlafzimmer und ähnlichen »Notwendigkeiten moderner Lebensqualität« ausgestattet. Er hat das Gefühl, daß er auf diese Weise zur Selbständigkeit erzogen worden war.

Die Vektoren der Träume

Der Junge (6.–10. Lebensjahr) befindet sich in einer Situation (im Bett), die beruhigend und erholend sein soll, aber doch Einsamkeit und Isolation (in einer Ecke des Zimmers) darstellt. Eine Gestalt tritt herein. Sie erzeugt Angst, darf aber keine erzeugen. Er hat sie als Märchenfigur anzuschauen (so ist ihre Kleidung). Schließlich weiß er sich zu helfen. Wollte sie nach ihm greifen, so konnte er abheben und ihr durch die offene Tür in das Schlafzimmer der Eltern entwischen. Dort wäre er sicher.

In seinem zweiten Traum geht es um das Überleben in einer Situation, die sich wie ein Anschwellen von Wasser gestaltet, und ihn weit hinaus trägt.

Die Kommunikation der drei Fälle in der Gruppe

Bezeichnend ist die Tatsache, daß alle drei Personen in der Gruppe ihr Rezept für die Bewältigung des Lebens anderen Menschen anbaten und dieses lautete: »Ich kümmere mich um mich selbst. Sonst interessiert sich kaum jemand dafür, wie es mir geht, wenn ich dies nicht selber tue.«

– Alle drei Personen befanden sich mit ihrer durchschnittlichen Herzfrequenz in der unteren Hälfte der Verteilungsskala und wurden in Entspannungssituationen schneller, während der Durchschnitt der Gruppe langsamer wurde ($A < B$, $A_1 > B_1$).

- Die Träume geben Auskunft über die Konfliktsituationen zwischen diesen Individuen und ihrer sozialen Umgebung und auch darüber, mit welcher Schmerzbewältigungsstrategie sie diese Konflikte zu lösen versuchen, um die drohende Divergenz in einer Entspannungssituation zu überwinden. Eine solche Divergenz ($A < B$, $A_1 < B_1$) würde sie stark in eine soziale Leere und Kälte führen, und dies wäre unerträglich.
- Alle drei bezichtigten einander der Verdrängung des Wunsches nach Geborgenheit und Anerkennung, schienen aber instinktiv zu wissen, daß sie selber damit allein (durch die Bezichtigung) keine Abhilfe schaffen könnten.
- Im Anschluß an die Gruppengespräche über ihre Kindheitsträume bekamen die beiden jungen Männer Träume, die den Anspruch an ihre soziale Umgebung wahrnehmen ließ, sie möge sie ernst nehmen, indem sie ihre wahre Identität anschaue. Die Dozentin nahm die in ihrem EKG auftauchenden Rhythmusstörungen wahr und verstand es auch besser, ihre Gefühle in Gruppensituationen, in welchen sie die Leitung hatte, zu deuten.

6. *Die Dynamik einer Gruppe, eine Sache des Herzens*

Durch diese letzten Beispiele wollte ich zeigen, wie Konflikte in einer Gruppe entstehen durch unbewußte, aber doch vom Herzen erfahrene Bedrohung durch zu starke Konvergenz oder Divergenz oder Konflikte, die sich im EKG-Test äußern. Meine Erfahrung mit Gruppen über die letzten drei Jahre hindurch hat mich auf ein weiteres Phänomen aufmerksam gemacht. Wie ich in Kapitel IV (S. 133 ff.) dargelegt habe, verläuft die individuelle Kurve in der Korrelation der Standardabweichung mit der durchschnittlichen Herzfrequenz nicht linear. Bei hohen und niedrigen Frequenzen nimmt die Streuung unter normalen Umständen ab, in den mittleren Herzfrequenzen dagegen zu. Doch bei Personen, die viele Konvergenzen und Konflikte oder Divergenzen im EKG-Test zeigten, war eine hohe signifikante Korrelation mit einer starken Tendenz zur Abweichung von dieser Norm. Es waren zwei Gruppen zu verzeichnen:

- diejenigen mit einer niedrigen Herzfrequenz als Ausgangswert und auch im Gesamtdurchschnitt; sie tendierten dazu, bei den höheren Frequenzen immer stärker zu streuen,
- diejenigen mit einer hohen Herzfrequenz als Ausgangswert und auch im Gesamtdurchschnitt; sie tendierten dazu, bei den niedrigen Frequenzen immer stärker zu streuen.

In meinen Gesprächen mit Probanden aus beiden Gruppen verwendete ich das Bild eines Lastwagens mit einem Sattelschlepper auf der Autobahn als Illustration. Bei Seitenwind schwankt der Sattelschlepper von einer Seite der Straße zur anderen, je nachdem, wie stark er beladen ist. Die Atmung als Kontrollparameter ist vergleichbar mit dem Seitenwind, das Tempo des Lastwagens mit der Herzfrequenz. Konvergenz- oder Divergenz-Situationen bei Beengung oder Erweiterung der Fahrbahn bedingen Tempo-Senkung oder Erhöhungen im Einklang mit den Geschwindigkeiten aller anderen sich auf der Fahrbahn befindenden Autos. In solchen Augenblicken verändert sich freilich die Resultante aus Seitenwindstärke und Fahrgeschwindigkeit. Diese Veränderung der Resultante macht sich bemerkbar in der Veränderung der Schwankung des Sattelschleppers von links nach rechts auf der Fahrbahn. Gruppensituationen können demnach ähnlich als einengend oder befreiend empfunden werden.

Ob sie es an und für sich (objektiv gesehen) sind, sei dahingestellt. Wichtig ist lediglich, daß die jeweilige doppelte Veränderung in solchen Situationen sowohl der Herzfrequenz als auch der Streuung dieser Frequenz zu beobachten ist. Das wesentliche bei solchen Beobachtungen ist, daß einzelne Personen in der Senkung der Streuung ihrer Herzfrequenz mit der Mehrzahl der Gruppenmitglieder nicht konform gehen. Dadurch geraten sie in Spannung zu den anderen Gruppenmitgliedern. Diese Spannung kann sich zu einem sozialen Konflikt entwickeln, wenn die Mehrzahl eine Handlungsnorm aufstellt, die mit solchen Schwankungen nicht kompatibel ist. Die Kompatibilität oder Inkompatibilität wird durch Konvergenz, Divergenz, Konflikt oder Schutzbewegung der Herzfrequenzen der Teilnehmer im Vergleich zur durchschnittlichen Herzfrequenz der Gruppe ermittelt.

In den vier beschriebenen Fällen sah dies folgendermaßen aus:

Vergleichbare Traumhandlungen – vergleichbare EKG-Ergebnisse

Die Träume der beiden jungen Männer als Kinder sehen ähnlich aus, doch gibt es einen deutlichen Unterschied:

- Fall 1 fällt in ein Loch, Fall 3 hebt ab, rettet sich und überlebt.
- Fall 1 wird im Traum von niemandem und nichts bedroht, höchstens von Langeweile, Fall 3 dagegen wird von einer Frau und Wasser bedroht.
  Die soziale Situation des Traumes in Fall 3 steht für Konflikt und Divergenz.

Die EKG-Bilder ergaben folgende Ergebnisse:

1. Das Verhältnis von Herzfrequenz zur Streuung:
- Die Richtung der Zu- oder Abnahme der Streuung bei hoher oder niedriger Herzfrequenz. Im Fall 1 ist die Zu- und Abnahme der Streuung, die an und für sich sehr hoch ist, steigend mit der mittleren Herzfrequenz und eher fallend in den niedrigeren und höheren Lagen. Im Fall 3 ist dagegen die Richtung der Zunahme der Streuung eindeutig bei höheren Herzfrequenzen. (Abb. 19)

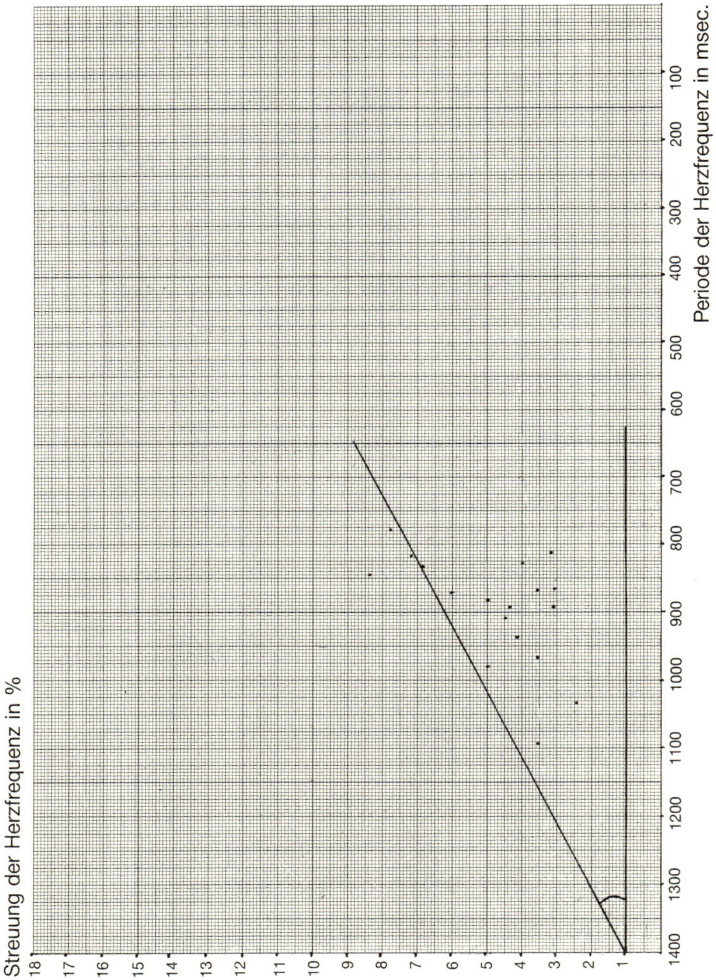

Abb. 19: Fall 3; Regressionsgerade (+ 32 °) und Streuungsdiagramm.

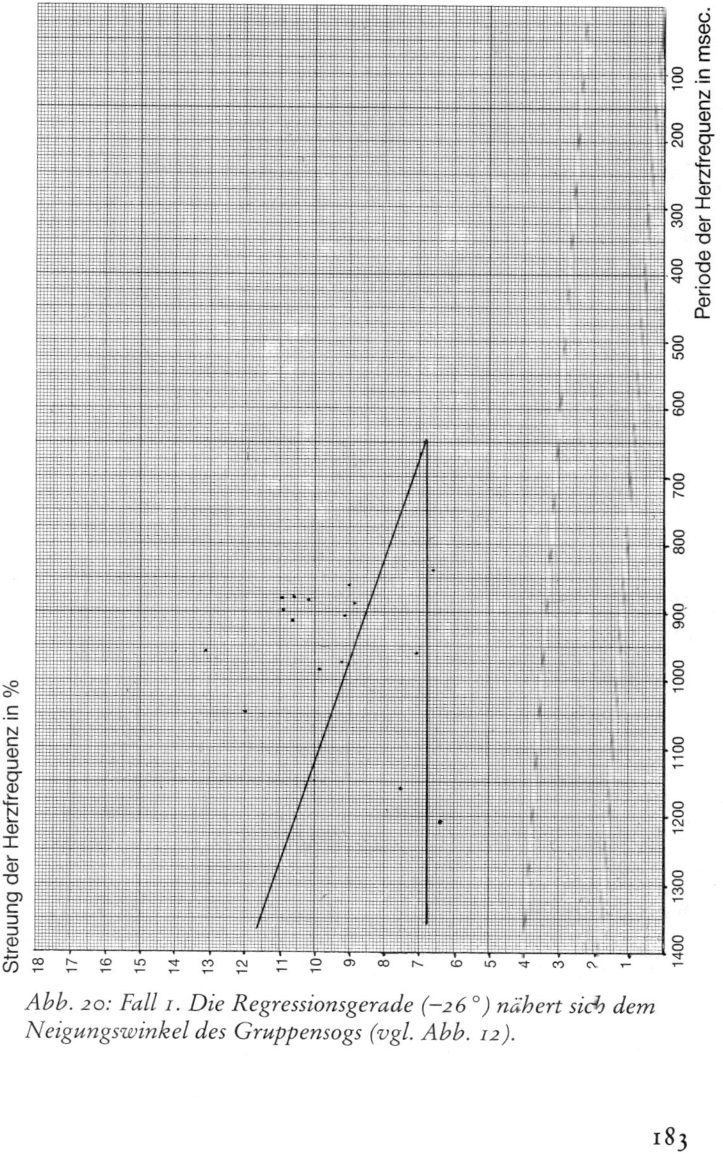

Abb. 20: Fall 1. Die Regressionsgerade (−26°) nähert sich dem Neigungswinkel des Gruppensogs (vgl. Abb. 12).

– Die Richtung der Zunahme der Streuung der Herzfrequenz der gemessenen Gruppe geht eindeutig von den höheren Herzfrequenzen hin zu den niederen. (Abb.20)

Demnach ist Fall 1 mehr in Einklang mit seiner Gruppe als Fall 3. Es ist von daher zu erwarten, daß Fall 3 leichter durch Gruppenbewegungen in Unruhe versetzt wird als Fall 1.

– Die Zahl der Divergenzen, Konflikte, Konvergenzen und Schutz im sozialen Raum betragen bei Fall 1 und Fall 3:

	Fall 1	*Fall 3*
Konvergenzen:	10/38	10/39
Divergenzen:	14/38	11/39
Schutz im sozialen Raum:	2/38	6/39
Konflikte:	13/38	12/39

(siehe Anhang, S. 241 u. 259)

Bei der Dozentin (Fall 2) sehen diese Verhältnisse anders aus:

– Das Verhältnis Herzfrequenz zur Streuung ist mehr im Einklang mit den natürlichen individuellen Bewegungen der Mitglieder der Gruppe (vgl. Abb. 11), aber im Konflikt zum sozialen Zeitgeber (vgl. Abb. 12).

– Die Zahl der Konvergenz-, Divergenz-, Konfliktsituationen und Schutzsituation im sozialen Raum sieht wie folgt aus:

Konvergenzen:	15/45
Divergenzen:	17/45
Schutz im sozialen Raum:	3/45
Konflikte:	10/45

Daraus ist verständlich, warum jedes Traumbild anders aussieht:

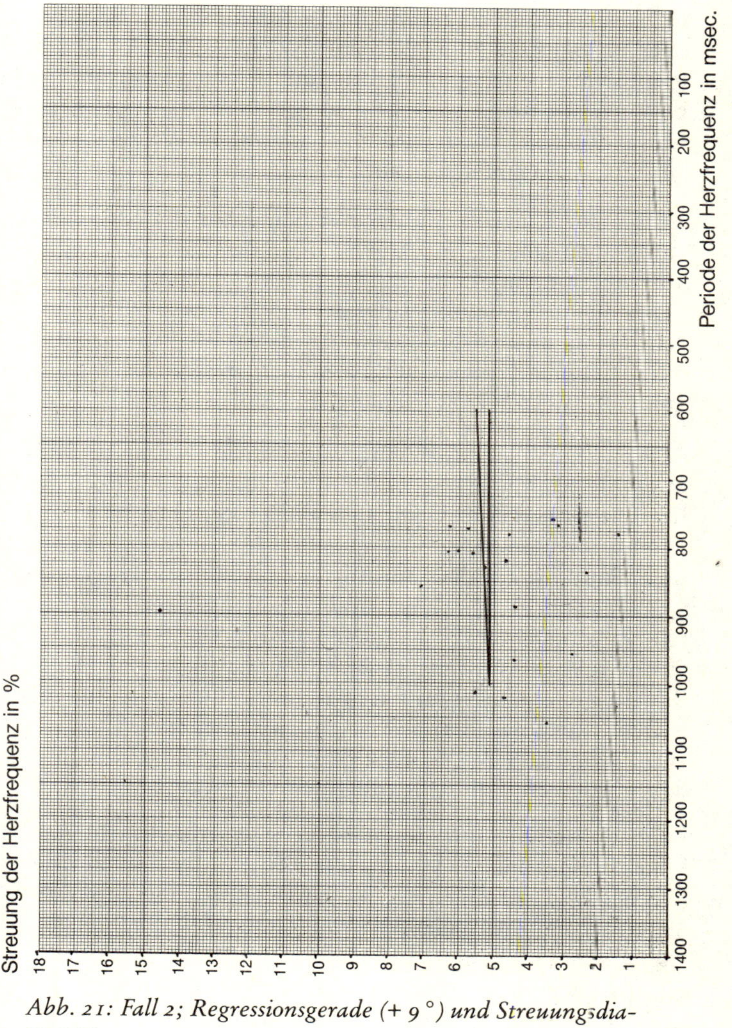

Abb. 21: Fall 2; Regressionsgerade (+ 9 °) und Streuungsdiagramm.

Fall 1: Die Konformität mit der Sozietät führt in Entspannungssituationen in eine Leere oder ein Loch. Der Traum spielt sich in einer solchen Situation (in der Nacht und im Bett) ab. Der junge Träumer spürt demnach die Divergenz-Kräfte, die auf sein Herz wirken, und deren Aufzeichnung im EKG zum Vorschein kommt.

Fall 2: Der Konflikt mit der Sozietät führt in bedrohliche Situationen hinein. Im Traum wird die Dozentin handlungsunfähig, und es droht eine Erstickung durchs Wasser. Doch sie schafft sich jedesmal Befreiung. Das EKG zeigt in den Bewegungen über den Mittelpunkt O hinaus genau diese Befreiung von einer Konflikt- in eine Divergenz-Situation hinein (siehe Anhang, S. 250).

Fall 3: Auch hier führt der Konflikt mit der Sozietät in bedrohliche Situationen hinein. Im Traum behält jedoch der Junge immer die Oberhand und befreit sich. Die Bilder, so würde man meinen, sollten ähnlich aussehen wie im Fall 2. Doch hier ergreift der Junge im Traum die ihm gebotenen Chancen (offene Tür zum Schlafzimmer der Eltern, das Bett schwimmt auf dem Wasser). Er arbeitet nicht gegen den Strom wie die Dozentin. Dies kommt in seinen EKG-Bildern auch als Leistung der Sozietät zur Überwindung des Konflikts und zur Befreiung von der beengenden Situation zum Vorschein. Der Gruppenwert bewegt sich dabei über den Mittelwert O hinaus nach rechts.

Legt man solche Interpretationsverfahren in der Beurteilung der Gruppendynamik zugrunde, so wird hinaus ersichtlich, wie wenig stereotyp die Beratung eines Teilnehmers, wie er sich in Gruppensituationen zu verhalten hat, laufen kann.

Da diese Forschung im Interesse der Gesundheitsbildung unternommen wurde, ist es verständlich, daß sie damit auch die Frage nach der Gesundheit solcher Bewegungen des Herzens im sozialen Raum zu stellen vermag.

Bislang hat man wenig Energie bei der Beantwortung dieser Frage für die Präventiv-Medizin verwendet. Familien- und Gruppenarbeit fängt zumeist erst dann an, wenn sich ein Therapie-Bedarf durch Krankheitszeichen gemeldet hat.

Hier kann man auch Erfolge für die Familien- und Gruppentherapie buchen. Doch ist damit noch kein Beweis geliefert, daß eine im Sinne der Familien- oder Gruppentherapie als ungesund bezeichnete soziale Struktur auch kranke Individuen hervorbringen wird.

Ich möchte durch Betrachtung der Teilstrecken des Herzrhythmus im nächsten Kapitel ein paar Gedanken zur Lösung dieses Problems liefern.

7. *Zusammenfassung*

1. Durch 18 verschiedene Testsituationen sollte gezeigt werden, wie der Körper der Probanden unter Druck oder Streß gerät. Dieser Streß wird vom Körper im Sinne der Bedrohung durch die Elemente (Erde, Wasser, Feuer, Luft und Raum) interpretiert.
2. Das EKG der Probanden in jeder Situation wird mit der Gruppennorm aller Probanden als jeweiligem EKG-Mittelwert oder auch jeweiligem Trend verglichen, um die sozialen Vektoren des Alltags, die auf das Individuum wirken, zu ermitteln.
3. Die Träume der Probanden werden dann von zwei Aspekten untersucht:
   - dem Standort des Träumers im Traum und
   - die Beschreibung der Umwelt, die auf ihn im Traum wirkt im Sinne von Erde, Wasser, Feuer, Luft und Raum.
4. Da eine Zuschüttung durch Erde erdrückend und lähmend wirkt, eine Überwältigung durch Wasser erstikkend usw., werden diese Elementarbedrohungen verglichen mit den Konvergenz-, Divergenz-, Konflikt- und

Schutzbewegungen im sozialen Raum, wie sie im Kap. II beschrieben wurden.

5. Die Korrelationen zeigen, daß das Herz offensichtlich die Empfindungen des Körpers in aufschlußreiche EKG-Mustern zu übersetzen vermag.
6. Unser Ausgangspunkt bei der Interpretation der Lehre des Suśruta über den Körper war:
   - Das Herz ist der Treffpunkt zweier Ich-Macher-Funktionen, der des sozialen Zeitgebers *(Sattva-Ahaṁkāra)* und der des individuellen Zeitgebers *(Bhūta-Ahaṁkāra)*.
   - Das Herz kann in seiner Oszillation zeigen, wie der Schnittpunkt dieser beiden Funktionen aussieht.
   - Die subjektive Interpretation dieses Schnittpunktes kommt im Traum zum Vorschein.
7. Die von uns unternommenen Versuche mit dem EKG haben die Annahmen des Suśruta über den Traum und das Herz bestätigt.

Kapitel VI

Die Fülle und die Leere der Zeit

1. Das soziale Geschehen, Sehnsüchte und die Welt des Traumes

Hans Christian Andersens Märchen vom Mädchen mit den Schwefelhölzern illustriert, wie ein Dichter die soziale Spannung vorstellt, die oft den Traum zur Linderung auf den Spielplan ruft. Das Mädchen schläft ein in der Hoffnung, die Silvesternacht in der warmen Stube bei der Großmutter zu verbringen. Das Leid jedoch ist so groß, daß das Herz in der Kälte erfriert, während der Traum dem Mädchen die »Pforten des Himmels« für die Ankunft bei der Großmutter öffnet.

Die Lebenszeit des Kindes in der Welt der Elemente und der Jahreszeiten mit ihrer Oszillation zwischen Wärme und Kälte war abgelaufen. Sie vermochte der Kälte der Umgebung rein körperlich zunächst nicht mit Wärme zu begegnen und starb. Die anderen Kinder ihrer Stadt feierten in der warmen Wohnstube. Die soziale Wärme hätte das Mädchen normalerweise auch vor der Kälte der Elementargewalten draußen gerettet, doch keiner nahm von ihm Notiz, als es sich dort in eine Nische neben der Haustür setzte und vor sich hinträumte.

Der Mythos des unschuldig leidenden Kindes ist in unserer Gesellschaft zum brauchbaren Vehikel geworden, pädagogische Botschaften über Verhaltensänderungen und den Abbau von sozialen Spannungen anzubringen. Was aber einst gewollt und in aller Deutlichkeit blutrünstig vollzogen wurde, geschieht heute unbemerkt. Früher, so berichtet die Sunahśepa-Legende, wurden Kinder bewußt geopfert, um Unheil von der Gesellschaft abzuwenden. Es ist ohne Zweifel ein Fortschritt, daß diese Art vom Stellvertreter-Tod beseitigt worden ist. Doch das allein reicht nicht, um Gesundheit für alle zu schaffen.

Unser Herz läßt sich nicht täuschen. Es ist dann und nur dann befähigt, mit den Veränderungen der natürlichen Umgebung in Tag- und Nachtrhythmen, mit ihren Wetterverhältnissen, Kälte, Wärme, Regen und Dürre u. a. fertig zu werden, wenn es Rückhalt und Unterstützung von der menschlichen Gemeinschaft erfährt.

Als Fülle oder Leere unserer Lebenszeit scheint das Herz diesen erfahrenen Rückhalt in der menschlichen Gemeinschaft zu bezeichnen. Es ist die Spannung zwischen den beiden Ich-Macher-Funktionen, dem Bhūta-Ahaṁkạra und dem Sattva-Ahaṁkāra, die zum Vorschein kommt.

2. Fülle und Leere der Zeit im EKG

Im EKG eines Individuums können wir manchmal das Phänomen wahrnehmen, daß in einer gewissen Situation die RR-Strecke oder die Länge des gesamten Pulsschlages sich verkürzt, während die QT-Strecke (oder die Zeit, welche die Herzmuskelfasern brauchen, um ihre Arbeit zu leisten) sich verlängert. Dieses Phänomen geht oft Hand in Hand mit einem Gefühl von »innerer Leere«, »Ausgelaugtsein« und »Unlust«. Dieses Gefühl von »innerer Leere« ist der Ausdruck für eine herannahende »Leere der biologischen Zeit«. Wenn nämlich die R-Zacke mit der T-Zacke des EKG zusammenfällt, so kann kein Pulsschlag stattfinden, da Polarisation und Depolarisation der Herzmuskelfasern zur gleichen Zeit geschehen soll, was unmöglich ist. Dies ist vergleichbar mit dem Geschehen in einer Amphidromie im Weltmeer: Ebbe und Flut annullieren sich in diesen Orten. Dem ähnlich trifft die Aktivitätsphase und die Erholungsphase zur gleichen Zeit im Herzen ein. Das Herz begibt sich in ein »schwarzes Loch« der Zeit. A. Winfree hat dies den Punkt genannt, an welchem die Zeit des Herzens zusammenbricht.[86]

Man kann sich demnach vorstellen, daß das Ergebnis des im Kapitel V beschriebenen Testes den Probanden als Hinweis zur Verhaltensänderung dienen könnte, wenn solche »Leeren« öfter auftreten. Oft werden sie jedoch in manchen Situationen hervorgerufen und in den darauffolgenden durch »Fülle« ersetzt. In solchen »Füllen« der Zeit ist die Erholungszeit (die TP-Strecke) im Vergleich zum gesamten Pulsschlag (RR-Strecke) gedehnt. Der Proband hat das Gefühl, daß er viel Zeit zur Verfügung hat. Er fühlt sich voller Kraft.

Bezeichnenderweise jedoch ist nur eine von den 18 Situationen ein eindeutiger Hinweis, daß dies als Test der »Leere« der Zeit dienen könnte. Es ist dies die Situation 11 oder Nāḍiśoddhana-Prāṇāyāma. In dieser Übung atmet man links ein und rechts aus, dann wiederum rechts ein und links aus. Man testet damit die maximale und minimale Oszillationsbreite der Herzfrequenz und gekoppelt damit der Streuung der QT-Strecke. In allen anderen Situationen unseres Versuchsprogrammes läuft die Dehnung oder Verkürzung der QT-Strecke konform mit der Dehnung oder Verkürzung der RR-Strecke. Nur in diesem Fall wird die RR-Strecke verkürzt und die QT-Strecke bleibt unverändert im Vergleich zur vorausgegangenen Situation. Die QT-Strecke bewegt sich damit in der sozialen Achse als Zünglein auf der Waage. Die RR-Strecke oder der vom Sinusknoten vorgeschlagene Rhythmus darf weit schwanken, doch die QT-Strecke hält inne und fängt jeden Ausschlag in die eine oder andere Richtung auf.

Die jeweiligen EKGs der einzelnen Individuen zeigen diese Art von Bewegung in der Situation 11 nicht. Entweder werden beide Strecken RR und QT langsamer durchlaufen, oder beide werden schneller oder RR wird schneller und QT langsamer oder umgekehrt. Wie kommt es dann, je höher die Zahl der gemessenen Personen ist, so präzise zu diesem Ergebnis? Dies verblüfft uns, weil die Übung exakt diese Testfunktion auf die inneren Zeitabläufe ausübt.

In unserer künftigen Forschung möchten wir die Stabilität oder Instabilität von Gruppen in ihrer Gruppenarbeit an der Stabilität oder Instabilität der QT-Strecke in Nāḍiśoddhana-Prāṇāyāma messen. Sie scheint das Maß der Gesundheit in einer Gruppe zu liefern und ist damit auch als Maß der Gesundheit des Einzelnen zu sehen. Je weiter die QT-Strecke von der oben beschriebenen Norm abweicht, desto instabiler sind höchstwahrscheinlich die Verhältnisse im Kreislauf des Probanden oder in den emotionalen Beziehungen der Gruppe, die sich einem solchen Test unterwirft. Derzeit jedoch können wir dieses Ergebnis unserer Untersuchung nur als Hinweis für die Aufstellung weiterer Hypothesen für künftige Experimente verwenden.

3. Das Karman und der Klartraum

Paul Tholey war der erste, der in den 70er Jahren in Frankfurt am Main in Zusammenhang mit der Traumforschung die Techniken des bewußten Träumens oder Klarträumens entwickelte. Mittlerweile haben Stephen LaBerge und seine Mitarbeiter an der Stanford Universität in Californien, USA, eine Reihe von sehr brauchbaren Experimenten zur Dokumentation der nervlichen Prozesse durchgeführt, die während des Klarträumens ablaufen, und den Klartraum zu einer Therapie für Menschen entwickelt, die durch Ängste im Alltag und Alpträume in der Nacht gepeinigt werden.[87] Als ich die Schriften von Tholey vor zwei Jahren in die Hand nahm, faszinierte mich die Idee des Klartraums. Man fängt mit der kritischen Frage im Alltag an: »Träume ich oder bin ich wach?« Tholey zufolge honoriert der Schlaf diese täglichen Bemühungen, indem man nach ungefähr vier bis acht Wochen den ersten Klartraum bekommt. Im Klartraum geht es darum, daß man weiß, daß man träumt. Das Wachbewußtsein ist während des Träumens eingeschaltet. Daher üben die Traumsymbole und Figuren keine Gewalt mehr über den Träumer aus. Er lernt sich mit ihnen zu arrangieren und sie helfen ihm, da sie laut Tholey dem Gehirn des Träumers entsprungen sind.

Meine eigenen Bemühungen brachten ziemlich bald Klarträume hervor, und ich war sehr froh, zu jenen 10% der Bevölkerung zu gehören, die laut LaBerges Schätzungen ohne viel Mühe das Klarträumen lernen könnten.

Da die Subjektivität im Traumerleben eine sehr wesentliche Rolle spielt, wollte ich die theoretischen Fragen, die mich damals im Zusammenhang mit meinen Beobachtungen im EKG und meinen Studien in der *Suśruta-Samhitā* und in der Chronobiologie beschäftigten, nicht mit den Klartraum-Theorien konfrontieren. Ich wollte zunächst den Klartraum für sich sprechen lassen, auf ihn hören und von ihm direkt die Fragen beantwortet bekommen. Zur Zeit des Traumes, den ich hier schildern werde, befand ich mich mit meiner Familie im Sommerurlaub in Portugal. Ich arbeitete an der Übersetzung der *Suśruta Samhitā*, bemühte mich auch fleißig, Portugiesisch zu lernen, und übte mich im Sprechen. Dabei erinnerten mich viele der portugiesischen Ausdrücke an manche indische Wörter und Satzkonstruktionen. Das brachte mich ungewollt auf den Gedanken, die Karman-Konstruktion der Hindi-Sprache auch im Klartraum zu testen.

Ich fragte mich, wie für einen Dorfbewohner Nordindiens, der nur Hindi spricht, das Klarträumen aussehen würde. Die Antwort auf diese Frage wollte ich mir nicht intellektuell geben, sondern vom Klartraum selber erhalten.

Die Tage vor diesem Traum, den ich hier schildern werde, waren geprägt von einer gewissen Niedergeschlagenheit. Ich hatte über mein Traumerleben der letzten drei Monate nachgedacht und dabei festgestellt, daß meine Klartraumerlebnisse recht mager ausgefallen waren. Abgesehen davon, daß ich hier und da im Traum Hinweise bekommen hatte, daß ich träume, weil die Handlungen, die ich ausführte, nie im Alltag geschehen könnten, war der Ertrag eigentlich sehr spärlich, um an mein Können Ansprüche von solcher Tragweite zu stellen. Ich setzte mich auch mit den Aspekten des Fliegens im Traum auseinander und mußte nach meinem System der Ausleuchtung der Szene des Traumes vom Standort des Träumers her feststellen, daß sich die in P. Tholeys Buch geschilderten Träume zumeist in Konflikt- und Kampfszenen abspielten, in welchen es um Machtgewinnung und die Überwindung von Widerständen ging. In meiner eigenen Auffassung vom Traum als individuelle Darstellung sozialer Wirklichkeit entsprächen diese Klarträume demnach der Fähigkeit, sich in einer Ellenbogengesellschaft zu behaupten. Ich fragte mich, ob die soziale Ohnmacht derer, die nicht klarträumen können oder überhaupt zu wenig Zeit für das Träumen z. B. wegen Schichtarbeit, zur Verfügung haben, nicht gerade die Wirklichkeit ist, die ich nüchtern anschauen sollte. Ich wollte keine mechanische Gesundheit, und die Klartraumforschung schien mir den Weg vorbei am sozialen Ich-Macher und an seiner Abstimmung mit dem Umwelt- oder Bhūtá-Ahamkāra-Ich-Macher zu nehmen. Am Tag vor meinem Traum fragte ich mich oft, wie es sich zwischen Topdogs oder denjenigen, die den Ton angeben, und Underdogs oder denjenigen, die sich kommandieren, beschuldigen und beschimpfen lassen, in der Unterschicht verhält. Ich war verzagt und niedergeschlagen. Ich hatte das Gefühl, daß die Klartraumforschung für mich diesbezüglich ein Buch mit sieben Siegeln bleiben würde. Interkulturelle oder gar transkulturelle Transfers diesbezüglich zu wagen, wollte ich aufgeben, obwohl ich schon lange dabei war, die *Suśruta Samhitā* zu übersetzen. Am Tag vor dem Traum hatte ich bei der Beschäftigung mit dem Text der *Suśruta Samhitā* das starke Gefühl, in keiner Sprache mehr wirklich so zuhause zu sein, daß ich darin Literatur produzieren könnte. Je mehr ich darüber nachdachte, desto mehr stieg in mir das Gefühl auf, überall ein Fremder zu sein. Mit diesen Gefühlen ging ich spät am Abend ins Bett und schlief alsbald ein.

Der Traum und seine Metaphern

Der Traum, den ich hier schildere, brachte mich dazu, daß ich in derselben Nacht aufstand und die sechzehn Bilder der Interaktion zwischen sozialen und individuellen Prozessen zu Papier brachte. Bis dahin hatte ich lange darüber nachgedacht, wie ich meine Erhebungen auf dem Gebiet des EKG in eine Form bringen sollte. Nach diesem Traum wußte ich es plötzlich. Doch sind mir die Bilder nicht im Traum erschienen. Vielmehr schien der Traum mir in einer anderen Welt oder einem anderen Anteil meines Ichs etwas verarbeitet zu haben. Das, was dort verarbeitet wurde, gab dem Wachbewußtsein – so sehe ich das jetzt – den Weg zur Verarbeitung des EKG-Materials frei.

16. 8. 1989: Ich befinde mich in einem großen Fußballstadion. Dieser Platz wird auch für Leichtathletik u. a. verwendet. Er sieht aus wie der Spielplatz unserer Schule in Pune (Indien) während meiner Schulzeit. (Mittlerweile hat dieser Platz sich sehr verändert.) Als Kinder nannten wir ihn »Field«. Ich befinde mich also »on the field«. Es sind Menschen dort, die vor mir da waren und interessiert über ein Problem miteinander reden. Ich gehe zu ihnen. Sie nehmen aber keine Notiz von mir. Manche sehen aus wie Kameraden aus meiner Schulzeit, andere wie Kollegen aus meinem jetzigen Beruf. Sie sind aber alle älter, ungefähr in meinem jetzigen Alter. Ich nehme wahr, daß es um das Problem des Fliegens geht. Da sage ich halb zu mir selbst, halb zu ihnen: »Ach, das kann ich.« Ich bewege meine Hände sanft wie ein großer Vogel und hebe ab. Ich kreise in der Luft ungefähr zehn Meter über ihnen, und alle schauen hinauf zu mir. Sie haben aufgehört, miteinander zu reden, und verfolgen meinen Flug. Da höre ich auf damit, komme sanft in ihre Mitte hinunter. Alle stürzen sich auf mich mit Fragen. Sie möchten von mir wissen, wie ich das mache. Ich finde, daß dieses Fliegen und Schweben nichts besonderes darstellt und hoffe im Herzen, daß ich jemanden finden werde, der mich »von Herzen« versteht. Ich gehe traurig und allein aus ihrer Mitte weg.

Dann fällt mir plötzlich ein, daß ich dies alles geträumt haben muß. Ich stelle mir die Frage nach der Wirklichkeit des Geschehens und sage mir: »Ich träume dies alles. In Wirklichkeit kann ich überhaupt nicht fliegen.« Da antwortet der Traum: »In Wirklichkeit kannst du es doch. Dies ist wirklich wahr.« Vom Gefühl her weiß ich nicht, was ich davon halten soll. Gefühlsmäßig bin ich erst lange danach aufgewacht. Nun führte ich die Wirklichkeitsüberprüfung durch und wußte genau, daß ich geträumt hatte (Ende des Traumes).

Das Gefühl, eine Gelegenheit zum Klarträumen verpaßt zu haben, blieb zurück. Doch setzte ich mich hin und schrieb den Traum auf. Dann hob ich meine Aufzeichnungen zu den vorhandenen EKGs auf und dachte kurz nach. Da merkte ich daß ich aus ihnen 16 Bilder mit gegensätzlichen individuellen und sozialen Bewegungen erstellen konnte und brachte diese zu Papier.

Meine subjektive Deutung des Traumes

Unmittelbar nach dem Traum hatte ich das Gefühl, eine Chance zum Klarträumen verpaßt zu haben. Doch einige Tage später wurde mir durch andere Träume klarer, um was es eigentlich gegangen war. Ich bin nach vielen Jahren wieder im Traum geflogen. Ich erinnere mich, daß ich als kleines Kind dies ab und zu im Traum getan hatte mehr oder weniger aus Spaß, es den Vögeln gleich tun zu können. Als Kind erinnere ich mich, daß ich das Gefühl hatte, im Alltag auch fliegen zu können, und war oft enttäuscht darüber, daß dies nicht funktionierte. Ich konnte meine Hände so wild bewegen, wie ich wollte, es geschah nichts. Schon damals entwickelte ich eine Vorstellung vom Unterschied zwischen Wach- und Traumbewußtsein. Im Traum konnte ich Dinge tun, die ich in Wirklichkeit nicht zu tun vermochte. Damit hörte auch das Fliegen im Traum für mich auf. Ich hätte es lieber gehabt, wenn ich im Alltag mit Flügeln herumgeflogen wäre.

Doch das war in meiner Kindheit. Als ich diesen geschilderten Traum hatte, wollte ich fliegen, um mir selber zu beweisen, daß ich den Klarträumern alle ihre Kunststücke nachmachen könnte. Doch war ich in meinen Träumen in den Monaten vor diesem Traum nur passiver Beobachter von Geschehnissen, was ich als unbefriedigend empfand. Ich hatte nie aktiv eingegriffen und etwas verändert.

Diese Traumsequenz war jedoch ein starker Griff zurück in meine Vergangenheit und eine Verknüpfung mit meinem jetzigen Berufsleben. Der Traum versetzte mich an den Ort meiner Kindheit in das Feld meiner Schulzeit. Ich rechne heute im Inneren mit der Art der Bildungsbeflissenheit ab, der ich damals, in der Zwangsjacke der heutigen indischen Gesellschaft erzogen, huldigte. Ich beginne zu begreifen, wie stark mich dies prägt und unfähig macht, irgendetwas mit meinem Körper zu unternehmen, was nicht durch das Siegel der Tradition als ehrwürdig angesehen wurde. Ich befinde mich im Traum auf dem Sportplatz, und keiner nimmt Notiz von mir. Im traditionellen Sinn habe ich auch keine Kunststücke vorzuführen. Ich bin weder im Spiel noch in der Leichtathletik Spitzenklasse gewesen. Doch auf diesem Spielplatz hebe ich ab, und die Kameraden schauen zu mir empor.

Ich habe die Antwort zu ihrem Problem, aber ich will, daß sie dies vom Herzen verstehen. Die Wirklichkeitsprüfung ergibt, daß ich wohl dabei träumen muß. Doch der Traum teilt mir mit, daß es kein Traum ist. Im Klartext sagte dieser Traum schon damals: »Sie werden wissen wollen, wie Du das machst, um Dir es nachzumachen. Was Du aber willst, sind Menschen, die das, was Du sagst, vom Herzen Herzen her und mit dem Herzen verstehen. Da gehst Du aus der Mitte dieser Schulkameraden mit ihrer traditionellen Schulweisheit hinaus in die Einsamkeit. Dies ist kein Traum, dies ist die Wirklichkeit.«

Insgesamt leuchtet der Traum mein Gefühl der letzten Monate aus. Die biologische und soziale Wirklichkeit ist nicht durch die vermeintlichen machbaren Kunstgriffe des Klartraumes zu verändern. Eine reife Haltung zum Träumen zeigt sich darin, daß man den Traum als Wirklichkeit annimmt. Freilich bedeutet dies nicht, daß er sich im selben Bewußtseinshorizont entfaltet wie ein Erlebnis im Wachzustand. Doch ist der Traum an sich eine Botschaft aus dem körperlichen Anteil unserer Existenz, mit welcher unser bewußtes Ich versucht, im Klartraum zu kommunizieren.

Der Klartraum ist ein Dialog zwischen beiden Anteilen unseres Ichs. Er läßt daher keine Manipulation zu. Im Falle meiner Fragen, die ich an ihn stellte, war die Antwort deutlich:

- Fliegen im Traum ist kein Beweis für das Können in der Wissenschaft.
- Wer in der Wissenschaft emporsteigen will, damit alle zu ihm hinaufschauen, muß die Lösung eines Problems, das alle beschäftigt, liefern.
- Die Lösung, welche Suśruta zu bieten hat (und ich habe mich mit ihm identifiziert), enttäuscht nicht nur die Wissenschaftler; sie enttäuscht auch denjenigen, der sie ernst nimmt, da sie sich im Herzen vollzieht und nicht im Kopf.

Von diesem Traum an begann ich zu begreifen, was Träumen heißt, und es kommen mir zwei altindische Texte in den Sinn, die ich am Schluß dieses Buches in der Übersetzung von P. Deussen wiedergeben will. Der eine Text ist in jenem Kampf um die Selbstachtung und die Befreiung vom Stellvertreter-Tod durch das Selbstopfer entstanden, der andere erinnert an die Opferzeremonie als Zerstückelungsritus in einer Meditationsübung.

Durch die Lektüre der meisten abendländischen Kommentatoren der altindischen philosophischen Texte bekam ich am Anfang meiner Studien den Eindruck, daß die indische Philosophie von einer starken Abneigung gegen die Welt und von einer Ablehnung aller Sinnesgelüste geprägt sei, Mokṣa oder »die große Befreiung«, die von manchen indischen Mystikern gesucht wurde, schien die Abtötung aller Empfindungen schlechthin zu bedeuten. Doch schon damals leuchtete ein Hoffnungsschimmer am Horizont. D. Inge, ein Kenner der Geschichte der Mystik aus Oxford, machte darauf aufmerksam, daß die Abtötung des Leibes wohl eine abendländische Empfindung sei. In Indien finde man keine Beschreibung der Nacht der Sinne, wie dies durch überhöhte Kasteiung bei Teresa von Avila und Johannes von Kreuz anzutreffen ist.[88]

Demnach meint die indische Philosophie offensichtlich etwas anderes mit Mokṣa oder Befreiung als das Aussteigen aus dem »Kerker des Leibes«. Der Leib ist das Feld *(Kṣetram)*, das Selbst ist der Kenner dieses Feldes *(Kṣetajña)*. Das Wesen dieses Selbst besteht in der Oszillierung, die symbolisch im Klang ausgedrückt wird. Der Leib pulsiert, schwingt, ist wach und schläft, wenn er durchdrungen wird vom Selbst. Einseitigkeiten der Ich-Macher versuchen dies zu verhindern und verstricken das Selbst auf mannigfache Weise.

Jeder unvorsichtige Versuch, sich zu befreien, kann tödlich oder zumindest sehr schmerzhaft enden. Daher sind Kenntnisse über die Wach- und Warnposten wichtig. Wer die indischen Texte vor einem solchen Hintergrund liest, der wird von ihrer Sinnesfreude begeistert sein; er wird verstehen, wie es dazu kam, daß diese Philosophie die sexuelle Vereinigung von Frau und Mann als die höchste Befreiung *(Mokṣa)* ansehen konnte. Er wird schlichtweg einen anderen Zugang zum Körper überhaupt und insbesondere zu seinem eigenen bekommen. Der Leib ist kein Kerker, und es ist eine große Täuschung, wenn man ihn als einen solchen ansieht. Der Text der *Kṣurikā-Upaniṣad* spricht vom Messer des Manas oder des Verstandes, der im Herzen wohnt:

11. ...
Dann greift zum Manas als scharfem,
Erkenntnisblankem Messer er,
12. Wetzt es und schneidet von Grund aus
Die Gestalten und Namen ab,
Und gibt durch Manas, das scharfe,
Für ewig sich dem Yoga hin.

...

13. Wie Indra's Donnerkeil, rühmlich,
Preist als fest man Gelenk und Bein,
Bis er durch Denkkraft, durch Yoga,

15. ...

Durch Fixierung sie schneidet ab.

14. Versetzend sich in die Schenkel,
Löst Hauch er und Gelenke ab,
Durch Yoga, wiederholt vierfach,
Ohne Zaudern sie schneidend ab.

...

16. Wo zur Linken hält Wacht Iḍā
Und zur Rechten die Piṅgalā,
Ist der Hauptort zwischen ihnen;
Wer den kennt, vedakundig ist.

...

25. Unsterblichkeit erlangt einer,
Der sich frei von Begierden macht,
Wer, von Wünschen sich lossagend,
Den Strick durchschneidet, bleibt befreit.[89]

Zum Schluß möchte ich noch auf das *Taittiriya-Brahmanam* und die *Kaṭhaka-Upaniṣad* hinweisen, in der ein geopferter Brahmanen-Sohn dem Tod dessen Opfer entreißt. Naçiketas, der eine spätere Version von Sunaḥśepa darzustellen scheint, schaut dem Tod in den Rachen und kehrt ohne Angst zurück zu den seinen. Er soll dabei drei Tage und drei Nächte im Hause des Todes verbracht und der Menschheit segensreiche Kenntnisse von diesem »Reich jenseits des hiesigen Lebens« gebracht haben. Die Pointe dieser Geschichte ist ähnlich der Pointe aller Auferstehungslegenden, die Überwindung des Stellvertreter-Todes durch die Rückgabe des Sohnes-Opfers an die Gemeinschaft, die solche Grausamkeiten zur Abwehr von Krankheit verübt. Die Rückgabe ist mit der Mahnung zur Erneuerung und Liebe verbunden. Der Sohn verweilt drei Tage im Reich des Todes und kehrt am dritten Tage zurück zu seinem Vater. Diese Legende ist einige Jahrhunderte vor Christus entstanden:

Als der Tod den Vater von Naçiketas an die Opferung seines Sohnes erinnert, spricht der Vater:

»Gehe hin zu den Wohnstätten des Todes, denn dem Tode habe ich dich gegeben. Er wird aber, wenn du zu ihm kommst, verreist sein«, fuhr er fort, »und dann sollst du drei Nächte, ohne zu essen, in seinem Hause weilen. Wenn er dich dann fragt: ›Knabe, wie viele Nächte hast du geweilt?‹ so sollst du antworten: ›drei‹. Fragt er, was du die erste Nacht gegessen, so antworte ihm: ›deine Nachkommenschaft‹; was die zweite? ›deine Herden‹; was die dritte? ›dein gutes Werk‹.«

Als er nun zu ihm kam, war der Tod verreist; er aber weilte drei Nächte, ohne zu essen, in seinem Hause. Da traf ihn der Tod an und fragte: »Knabe, wie viele Nächte hast du geweilt?« – Er antwortete: »Drei!« – »Was hast du die erste Nacht gegessen?« – »Deine Nachkommenschaft«, sprach er. – »Was die zweite?« – »Deine Herden.« – »Was die dritte?« – »Dein gutes Werk«. Da sprach der Tod: »Verehrung sei dir, ehrwürdiger! Wähle ein Geschenk!«[90]

Der Tod gewährt ihm die Rückkehr zu seinem Vater und belehrt ihn über die Unsterblichkeit.

Das Gedicht ist sehr reich an tiefer Emotionalität. Es ist eine Anklage gegen Schmerz und den Tod, der offensichtlich im Opfertod den besten Teil des Besitzes und der eigenen Kinder für sich beansprucht. Diese Wirklichkeit war es, mit der sich die indischen Philosophen einst auseinandersetzten.

Suśruta ist einer ihrer bedeutendsten Vertreter. Womöglich ist es der erste Philosoph des Körpers gewesen, der sowohl der Wirklichkeit des Leibes als auch seines Leidens ohne Utopie gerecht wird.

Anhang

Anmerkungen

1 L. Hilgenberg / W. Kirfel, *Vāgabhaṭṭa Aṣṭāngahṛdaya Saṃhitā.* Würzburg 1941.

2 G. J. Meulenbeldt, *The Mādhava Nidāna and its Chief Commentary.* Leiden 1974.

3 Im Jahre 1850 besorgte der Indologe Üllers eine deutsche Übersetzung dieses Werkes. A. F. Hoernle hat sich vor 100 Jahren (1897) für die Osteologie des Suśruta interessiert und K. K. Bhishagratna hat das ganze Werk ins Englische übertragen (1907 bis 1918), vgl. dazu K. L. Sharma, *An English Translation of the Suśhruta Samhitá Based on the Original Sanskrit Text.* Vol. 1. Varanasi, 1963, S. I bis XVII. In der abendländischen Medizin erregten diese Übersetzungen jedoch wenig Aufmerksamkeit.

4 R. Lobo, *Sámkhya-Yoga und spätantiker Geist – eine Untersuchung der Allegorese des Origenes im Lichte der indischen Philosophie,* München 1972.

5 C. Dwarkanaths Versuche eines transkulturellen Austauschs zwischen der Schulmedizin und Ayurveda haben seit den 60er Jahren ganze Generationen von indischen Medizinern geprägt. Die Zuordnung von Begrifflichkeiten des Ayurveda zu physiologischen Termini ist damit fast Schulwissen geworden. Vgl. dazu z. B., *An Introduction to Kāyachikitsā,* Bombay 1959.

6 Vgl. dazu A. E. Winfree, *Biologische Uhren.* Spektrum der Wissenschaft, Spektrum Bibliothek Bd. 17, und N. Elias, *Über die Zeit. Arbeiten zur Wissenssoziologie II.* Frankfurt a M. [2]1985.

7 Vgl. dazu B. Justice, *Who Gets Sick? How Beliefs, Moods and Thoughts Affect Your Health.* Los Angeles / New York 1988.

8 Vgl. dazu W. Larbig, *Schmerz. Grundlagen – Forschung – Therapie.* Stuttgart, Berlin / Köln / Mainz 1982, bes. Schmerzkontrolle S. 73–83 und S. 151–198.

9 G. Mukhopadhyaya, *History of Indian Medicine.* Neu Dehli 1974, Bd. II. S. 308–333 (Dhanvantari), und Bd. III, S. 572–S. 601 (Vṛddha Suśruta or Suśruta 1).

10 In der Beschreibung der Aśvins finden wir in den verschiede-

nen Quellen der vedischen und nachvedischen Zeit ihre menschlichen Fähigkeiten als Pferde- und Tierzüchter oft mit übernatürlichen mythischen Eigenschaften vermischt. Der Umgang mit Nähzeug in der Behandlung von Menschen und Tieren gehörte auf jeden Fall in der brahmanischen Gesellschaft der nachvedischen Zeit zu den niederen Handwerken, die später der Schuhmacherkaste delegiert wurden. Suśruta spielt auf diese Begebenheit an. Vgl. dazu: A. L. Basham, *The Wonder that Was India.* Bombay/New Dehli 1963, S. 137–231, und P. Masson-Oursel/H. de Willmann-Grabowska/P. Stern, *Ancient India and Indian Civilization.* London ²1951, S. 106–117.

11 Dies ist eine typische Form der Propitiation der Gottheit schon in den vedischen Texten. Man preist den angesprochenen Gott als den Größten aller Götter an. Hier allerdings läßt der Verfasser Dhanvántari selber zu einer solchen Inkarnation erklären. Dies ist höchstwahrscheinlich derselbe Vorgang, wie ihn R. G. Bhandarkar für das Aufeinandertreffen von Kṣatriya-Philosophien mit alten vedischen Ritualen auch für den Vaiśnavismus darstellt; vgl. N. B. Utgikar, *Collected Works of Sir R. G. Bhandarkar,* Vol. IV Poona 1929, S. 1–49.

12 Nāgārjuna soll ein Brahmane gewesen sein, der Buddhist wurde (G. Mukhopadyaya: ebd., Bd. III, S. 103 ff.), laut M. Eliade ist er eine der geheimnisvollen Figuren, laut tibetischer Überlieferung, die im Herzen des dravidischen Indien zuhause waren. Er ist eng mit dem Tantra verbunden, der als geistige Gegenoffensive der bodenständigen Schichten gegen den Brahmanismus im 4. bis 6. Jh. n. Chr. anzusehen sind. Vgl. M. Eliade, *Der Yoga.* Zürich ²1964, S. 210.

13 R. G. Bhandarkar, ebd., S. 144–224.

14 G. Mukopadhyaya, ebd., Bd. II, S. 312.

15 G. Mukopadhyaya, ebd., Bd. III, S. 578 ff.

16 Nach R. G. Bhandarkar ist die Sāmkhya- und Yogatradition Kṣatriya-Ursprungs. Der Grundtenor dieser beiden Philosophien ist, daß es darauf ankommt, seine Pflicht zu tun, ohne an deren Früchte zu denken. Das ist die Philosophie von Soldaten, die allerdings hier wie in der Bhagavad-Gītā und der Kaṭha-Upaniṣad aufgehoben wird in einer Lehre von der Zeit. R. G. Bhandarkar, ebd., S. 19 ff.

17 Bezüglich des Sinns des vedischen und späteren brahmanischen Opfers, vgl. *Grundriß der indo-arischen Philologie und Altertumskunde,* hrsg. von G. Bühler. Straßburg 1897, S. 1–10.

18 G. Mukhopadhyaya, ebd., Bd. II, S. 278–292.

19 H. v. Glasenapp: *Die Literaturen Indiens von ihren Anfängen bis zur Gegenwart,* Potsdam 1929, S. 66.

20 Vgl. dazu C. T. Kenghe, *Yoga as Depth-Psychology and Para-Psychology. Vol. 1: Historical Background.* Varanasi 1975, S. 70f.; vgl. auch Puruṣamedha (Menschenopfer) bei G. Bühler, ebd., S. 153ff., und die Pañcaratra- und Paśupata-Kulte bei R. G. Bhandarkar, ebd., S. 54ff. und 165ff.

21 Vgl. dazu W. Larbig, ebd., S. 190–199.

22 K. K. Bhishagratna, *An English Translation of the Suśhruta Samhitá,* Varanasi 1963, Vol. 1, S. IIIff.

23 M. Eliade, *Yoga.* Frankfurt a. M. [2]1985, S. 360 und S. 445.

24 M. Eliade erwähnt die Khasis in Zusammenhang mit Menschenopfern und dem Schlangenkult. Von heute noch existenten Kulten dieser Art will ich allerdings nicht reden, sondern vom Nachweis ihrer Überwindung im Yoga und im Tantra. Vgl. ebd.

25 G. Bühler weist darauf hin, daß das Menschenopfer nur mit Söhnen von Brahmanen oder Ksatriyas praktiziert wurde, vgl. ebd., S. 153.

26 *Vasiṣṭha Samhitā (Yoga-Kanda),* translated into English by C. T. Kenghe and G. K. Pai. Lonavla 1969, S. 1–55. Allerdings schreibt sich Vasistha hier ohne den Hauch. Der Vaśiṣṭha des Veda schreibt sich mit ś statt s.

27 Vgl. K. M. Munshi / R. R. Diwakar, *Bhagawan Parashurama.* Bombay 1959, Vol. 1, S. 120–131, Vol. II, S. 173–223. In diesen Büchern wird die Geschichte von Viśvamitra als großer toleranter König geschildert. Er unterstützt die Kastenlosen und Sunaḥśepa, den Sohn eines Trunkenboldes.

28 Vgl. dazu meinen Aufsatz »Der Umgang mit der Verunsicherungssynthese der Zeiterfahrung. Zu einer lebensnahen Theorie der Samādhi-Erfahrung in Yoga und Zen« in: *Geist und Natur,* hrsg. von Hans-Peter Dürr und Walter Ch. Zimmerli. Bern, München, Wien, 1986, S. 243ff.

29 Auffallend ist das Herz als Sitz der Hingabe in der Bhagavata-Tradition. Diese Tradition scheint von zwei Quellen gespeist

zu sein, vom Rūdra-Śiva-Kult, in welchem die Gottheit als die furchterregende Figur schlechthin angesehen wird, und vom Vasudeva-Kult, in welchem Viṣṇu zuletzt als Trost über alles erscheint. Vgl. R. G. Bhandarkar, ebd., S. 19 ff. In der *Suśruta-Samhitā* sind beide Strömungen schon bestens miteinander vermischt.

30 Vgl. *Human Neurobiology,* 1982, 1.3: Sleep Regulation, bes. die Beiträge von E. D. Weitzman »Chronobiology of Man. Sleep, Temperature and Neuroendocrine Rhythms«, S. 173–184, und A. A. Borbély, »A Two Process Model of Sleep Regulation«, S. 195–224.

31 Besonders interessant in diesem Zusammenhang ist die heutige Klartraumforschung. Im Klartraum weiß man während des Träumens, daß man träumt, und erweitert damit seinen eigenen Handlungsspielraum durch diese Erkenntnis. Vgl. dazu P. Tholey/K. Utrecht, *Schöpferisch träumen.* München 1987.

32 Annie Besant, *Die Lehre des Wachstums.* Bd. 2; Der Mensch und seine Körper, Reinkarnation, Karma, Dharma. München 1981.

33 N. Elias, *Über die Zeit.* Frankfurt a. M., [2]1985, S. I–XLVII.

34 Im Unterschied zu R. G. Bhandarkar und früheren Sprachwissenschaftlern hat R. Pischel sehr einleuchtend unter Hinweis auf vedische Strukturen im Prakrit u. a. nachgewiesen, daß die Prakrit-Sprachen keine Korruption des Sanskrit sein können, sondern eine selbständige Entwicklung neben dem Sanskrit darstellen. Ist dies der Fall, so geben diese Sprachen Auskunft über die Integration anderer niederer Gesellschaftsschichten in die »brahmanische Gemeinschaft«, die nicht durch den indoiranischen Sprachstamm allein geprägt waren. Vgl. R. Pischel, *Comparative Grammar of the Prakrit Languages,* translated from the German by Subhadra Jha. Varanasi/Dehli/Patna 1957, S. 1–54.

35 R. G. Bhandarkar, ebd., S. 359 ff.

36 Censorinus, *De Die Natali.* XVI, 3 f. (Ausgabe von Friedrich Hultsch, Leipzig 1867). Darauf nimmt N. Elias Bezug in: *Über die Zeit.* Frankfurt a. M., [2]1985, S. 47 ff.

37 Vgl. J. D. Sharma, *Suśruta Samhitā.* Dehli/Patna/Varanasi 1975. Sharma zieht schnell Parallelen zwischen Suśrutas Lehre und der modernen Genetik und spricht mitten im Kommentar

von Chromosomen u.a., S. 18ff. Niemand kann ernsthaft annehmen, daß Suśruta dies alles schon damals wußte und nur andere Begriffe dafür verwendete.

38 Vgl. dazu: R. de Smet et al., *Religious Hinduism, A Presentation and Appraisal,* Bombay/Allahabad 1964, S. 161ff. In der Darstellung des Upanayanam in der Suśruta-Samhitā fällt auf, daß das Anlegen der Heiligen Schnur nicht erwähnt wird. G. Bühler machte schon auf die Relevanz dieser Handlung für die Unterscheidung der Familien- und Stammeszugehörigkeit aufmerksam. Das Wegfallen dieser »Uniform mit den Insignien des Stammes« bedeutet demnach eine Öffnung der Zeremonie für alle, die würdig waren, die Kunst auszuüben. Vgl. G. Bühler, ebd., S. 7.

39 A. L. Basham, *The Wonder that was India.* Bombay/New Dehli/Poona 1963, S. 189–207.

40 Der Begriff »Situationskreis« ist der Theorie der Psychosomatik Th. v. Uexkülls entnommen. Vgl. dazu: *Lehrbuch der Psychosomatischen Medizin,* hrsg. Th. v. Uexküll u.a., München/Wien/Baltimore 1981, S. 1–92.

41 Vgl. R. Panikkar, *The Vedic Experience Mantramañjarī.* Berkeley/Los Angeles 1977, S. 72ff.

42 Vgl. dazu J. F. Lyotard, *Das postmoderne Wissen,* hrsg. und übersetzt von P. Engelmann, Wien, Köln, 1984.

43 Zit. im Urtext nach J. W. Hauer, *Der Yoga.* Stuttgart 1958, S. 239f. Die Übersetzung ist von mir.

44 M. Eliade übersetzt sogar Puruṣa mit Geist als Gegensatz zur Natur und fällt dann doch in eine Gleichsetzung von Puruṣa mit Buddhi, *Yoga, Unsterblichkeit und Freiheit.* Frankfurt a.M. 1985, S. 34ff.

45 Vgl. dazu: T. Hirai, *Psychophysiology of Zen.* Tokyo 1974, und R. Lobo, »Der Umgang mit der Verunsicherungssynthese der Zeiterfahrung. Zu einer lebensnahen Theorie der Samadhi-Erfahrung in Yoga und Zen«, in: *Geist und Natur,* hrsg. von Hans-Peter Dürr und W. Ch. Zimmerli. München/Bern/Wien 1989, S. 243ff.

46 W. Larbig, *Schmerz.* Stuttgart 1982, S. 259–261.

47 M. Heidegger, *Sein und Zeit.* Tübingen 1967, S. 18ff.

48 Siehe dazu meinen Kommentar in: *Ayurveda. Besser leben im Rhythmus der Zeit.* Zürich/St. Gallen 1987, S. 32ff.

49 Laut K. K. Bhishagratna gab es zu Zeiten Suśrutas fünf verschiedene Arzt-Sekten - Rogaharas, Śalyaharas, Viśaharas, Krityaharas und Bhiṣag-Atharvans. Vgl.: *An English Translation of the Suśruta Samhitā,* Vol. 1, Varanasi 1963, S. XIII.

50 J. D. Sharma ebd., S. 4. Die Übersetzung der Begriffe stammt von mir.

51 H. Zimmer: *Māyā, der indische Mythos.* Zürich 1962, S. 19.

52 Es ist auffallend, daß Caraka sogar in Zusammenhang mit der Vernichtung aller Begierden und der Unterdrückung von Sensationen Yoga und Mokṣa erwähnt. In diesem Zusammenhang wird auch die Befreiung von Rajas und Tamas als ein hohes Ziel erwähnt (Śārīra Sthānam I, 140–145).

53 R. Lobo: *Ayurveda. Besser leben im Rhythmus der Zeit.* Zürich/St. Gallen 1987.

54 Vgl. W. Gerok, »Die gefährdete Balance zwischen Chaos und Ordnung im menschlichen Körper, Gesundheit und Krankheit als komplexe Lebenserscheinungen«, in: *Mannheimer Forum 89/90,* hrsg. v. H. v. Ditfurth und E. P. Fischer. Mannheim 1990, S. 137–182.

55 R. K. Sharma/V. B. Dash: *Agniveśa's Caraka Samhita,* Vol. 1. Varanasi 1976, S. 29.

56 A. Winfree, *Biologische Uhren.* Heidelberg 1987, Spektrumbibliothek Bd. 17, S. 55 ff.

57 Vgl. *Lehrbuch der Psychosomatischen Medizin,* hrsg. von Th. v. Uexküll u. a. München/Wien/Baltimore ^{2}1982, S. 16ff.

58 *Suśruta Samhita, Uttaratantram,* hrsg. von D. Ambhikadatasastri. Varanasi 1974, S. 383.

59 Vgl. dazu J. Blekker, »Der gefährdete Körper und die Gesellschaft. Ansätze zu einer sozialen Medizin zur Zeit der bürgerlichen Revolution in Deutschland, in: *Der Mensch und sein Körper«,* hrsg. v. Arthur E. Imhof. München 1983, S. 232 ff.

60 C. Dwarkanath, *Digestion and Metabolism in Ayurveda.* Calcutta 1967, S. 69 ff.

61 Ich habe in einer früheren Arbeit auf die Übersetzung P. Deussens vom Prāṇāgnihotram in diesem Zusammenhang Bezug genommen. Vgl. R. Lobo, *Sāmkhya-Yoga und spätantiker Geist.* München 1972.

62 Tafil-Klawe et al., *Functional Asymmetry Between Left and Right Carotid Sinus Cardiac Reflexes in Humans.* Marburg

1988. Noch nicht veröffentlichtes Manuskript. Durch freundliche Zusendung des Institutes für Arbeitsphysiologie und Rehabilitationsforschung der Philipps Universität Marburg.

63 G. Csapo, *Konventionelle und intrakardiale Elektrokardiographie,* hrsg. von Ciba-Geigy. Wehr/Baden 1980, S. 211 f.

64 E. Pöppel, *Lust und Schmerz. Grundlagen menschlichen Erlebens und Verhaltens.* Berlin 1982, S. 69–77. Pöppels Kurven zeigen sogar 3,14 Sekunden als einen besonderen Kipp-Punkt an. Im Text jedoch spricht er nur von zwei bis drei Sekunden.

65 Für eine bildliche Darstellung der Marmas und auch für den Umgang mit ihnen in den Yoga-Übungen vgl. R. Lobo, *Ayurveda. Besser leben im Rhythmus der Zeit.* Zürich/St. Gallen 1987, und *Yoga-Elementarkurs,* Bde. 1–6. München 1986/87.

66 Tafil-Klawe et al., ebd.

67 D. A. Wentz et al., »Alternating cerebral hemispheric activity and the lateralization of autonomic nervous function, in: *Human Neurobiology* (1983/2), S. 39–43, und »Selective hemispheric stimulation by unilateral forced nostril breathing«, in: *Human Neurobiology* (1987/6), S. 165–171.

68 Vgl. dazu A. Borbély, »A two process model of sleep regulation, in: *Human Neurobiology* (1982/1, 3) S. 195–205.

69 A. Hobson, »Sleep and Dreaming«, in: *Journal of Neuroscience,* 1990, (noch nicht veröffentlicht, mir zur Verwendung für wiss. Zwecke freundlich durch den Verfasser überlassen).

70 S. Villablanca, »The electrocorticogram in the chronic cerveau isolé cat, in: *Electroenceph, Clinical Neurophysiology.* 19/1965, S. 576–586, und »Behavioral and polygraphic study of ›sleep‹ and ›wakefulness‹ in chronic decerebrate cats, in: *Electroenceph. Clin. Neurophysiol.* 21/1966, S. 562–577. Vgl. W. Larbig zu Villablancas Experimenten in Zusammenhang mit dem Dissoziationsphänomen, ebd., S. 259.

71 Vgl. J. Levy, »Cerebral asymmetry and aesthetic experience«, in: *Beauty and the Brain,* hrsg. v. I. Rentschler et al., Basel/Boston/Berlin 1988, S. 219–242. Vgl. auch Regard and T. Landis, »Beauty may differ in each Half of the Eye of the Beholder«, in: *Beauty and the Brain,* ebd., S. 243–293.

72 A. L. Basham, ebd., S. 146, 176, 499.

73 K. K. Bhishagratna, ebd., S. XX–XXIV.

74 ebd., S. XXV.

75 O. P. Jaggi, *Indian System of Medicine*. Delhi / Jaipur / Chandigarh / Lucknow 1973, S. 194–198.

76 Aus: F. Cramer, *Chaos und Ordnung. Die komplexe Struktur des Lebendigen*. Stuttgart 1988, S. 152.

77 W. Gerok, »Die gefährdete Balance zwischen Chaos und Ordnung im menschlichen Körper. Gesundheit und Krankheit als komplexe Lebenserscheinungen«, in: *Mannheimer Forum 89/90*, hrsg. v. H. v. Ditfurth und E. P. Fischer. Mannheim 1990, S. 137–182.

78 E. Schubert, »Welche Erkenntnisse können aus Untersuchungen des Herzrhythmus gewonnen werden?« in: *Das deutsche Gesundheitswesen. Zeitschrift für klinische Medizin*, 39, 22, 1984, S. 845–855.

79 Rein/Schneider, *Einführung in die Physiologie des Menschen*. Berlin / Heidelberg / New York 1973, S. 52 ff. Weitere verwendete Bücher: H. H. Börger, *EKG-Information*, bearbeitet und ergänzt von K. v. Olshausen. Darmstadt ^{5}1987, und G. Csapo, *Konventionelle und intrakardiale Elektrokardiographie*. (Documenta Geigy). Wehr / Baden 1980.

80 Nach der Übersetzung von P. Deussen, *Sechzig Upaniṣads des Veda*. Darmstadt ^{2}1963, S. 411.

81 W. Gerok, ebd.

82 R. Wever, *The Circadian System of Man*. Stuttgart / New York 1979, S. 28 ff.

83 Vgl. G. Hildebrandts Darstellung einer Reihe von sehr relevanten Parametern für unsere Überlegungen in ihrer circadianen Rhythmizität: Autonomous Time Structure and its Reactive Modifications in the Human Organism, in: *Temporal Disorder in Human Oscillatory Systems*, hrsg. v. L. Rensing / an der Heiden / M. C. Mackey. London / Paris / New York / Tokyo 1987, S. 160–177.

84 Rein/Schneider: ebd., S. 79.

85 Benninghoff / Goerttler, *Die Anatomie des Menschen*. Bd. II, S. 436.

86 A. Winfree, *When Time Breaks Down. The Three Dimensional Dynamics of Electrochemical Waves and Cardiac Arrhythmias*. Princeton 1987, bes. S. 30–40 und S. 125–S. 152.

87 Paul Tholey / Kaleb Utrecht, *Schöpferisch Träumen*. München 1987.

88 W. R. Inge, *Mysticism in Religion.* New York/Melbourne/ Sydney/Cape Town (Hutchinson's University Library, ohne Jahreszahl), und L. Gardet, *Mystische Erfahrungen in nichtchristlichen Ländern.* Freiburg i. Br. 1956.
89 Nach P. Deussen, ebd., S. 635 f.
90 Taittiriya-Brahmanam 3.11,8, aus: P. Deussen, ebd., S. 262.

Sanskrit-Zitate aus:

Suśruta Samhitā, hg. mit Ayurveda-Tatva-Sandipika K. A. Shastri, Bd. 1, 2, Kashi Sanskrit Series 156, Chaukhamba Sanskrit Sansthan. Varanasi 1972–74.

Sharma, R. K./Dash, V. B., *Agniveśás Caraka Samhitā.* Text mit englischer Übersetzung u. kritischer Einleitung auf der Grundlage von Cakrapani/Datti, Āyurveda Dipikā, Bd. 1, 2, Chowkhamba Sanskrit Studies XCIV. Varanasi 1977.

Abkürzungsverzeichnis

C.S.Ci.Sth.	Caraka Samhitā	Cikitsā Sthānam
C.S.Ni.Sth.		Nidāna Sthānam
C.S.Śa.Sth.		Śārīra Sthānam
C.S.Su.Sth.		Sutra Sthānam
S.S.Ci.Sth.	Suśruta Samhitā	Cikitsa Sthānam
S.S.Ni.Sth.		Nidāna Sthānam
S.S.Śa.Sth.		Śārīra Sthānam
S.S.Su.Sth.		Sutra Sthānam
S.S.U.T.		Uttara Tantra
Y.S.	Yoga Sutras von Patañjali	

Gesamtergebnisse des in Kapitel V dargestellten Experimentes

Die Werte der Gesamt-Herzfrequenz sind errechnet auf der Grundlage der jeweiligen Längen der RR-Strecken, die Werte der Aktivität der Herzmuskeln in der Zeit sind anhand der jeweiligen Längen der QT-Strecken errechnet. Der Vergleich der RR- und QT-Tabellen ist nur in einem Punkt wirklich interessant. Es ist die Bewegung dieser Strecken in den Situationen 9 bis 12.

Bei der Errechnung der Zufallswahrscheinlichkeit legten wir die binomiale Verteilung zugrunde.

Wir gehen davon aus, daß die Werte sich von 50 zu 50 % auf beiden Seiten des Mittelwertes sich im Normalfall verteilen und daß eine Verschiebung dieses Verhältnisses durch eine binominale Verteilung auch zustande kommen könnte. Die Abweichung unserer Werte von der in der binominalen Verteilung erwarteten Wahrscheinlichkeit zeigt den eigentlichen Effekt der Situation.

Diese Ergebnisse sind errechnet mit einer 90 %igen Sicherheitswahrscheinlichkeit und damit 10 %igen Irrtumswahrscheinlichkeit.

Der Trend wurde durch spätere, wesentlich erweiterte Stichproben (n = 108 und n = 126) in allen wesentlichen Einzelheiten bestätigt. Man kann daher sagen, daß der Effekt jeder der in Kapitel V erklärten Situationen damit als Ausgangs-Grundlage für die Errechnung des sozialen Zeitgebers und damit des sozialen Sogs für jedes andere übende Individuum aus einer vergleichbaren Gruppe der Bevölkerung verwendet werden könnte. Die Ergebnisse sagen aus, daß bestimmte Übungen die Herzfrequenz des Großteils der Übenden oder auch die Aktivität der Herzmuskeln anregen, andere Übungen dagegen sie eindeutig beruhigen. In vielen der Situationen jedoch hängt die Wirkung der Übungen vom Platz der jeweiligen Ausgangsfrequenz in der Verteilungsskala ab. Die errechneten Wahrscheinlichkeiten besagen, daß diese Abhängigkeit vom jeweiligen Platz der Ausgangsfrequenz kein Zufall ist. Der Effekt der Übung Naḍiśoddhana Prāṇāyāma ist vom sozialen Zeitgeber her in den Bewegungen 9 bis 12 sehr schön bestätigt worden. Der soziale Zeitgeber übt in dieser Übung lediglich einen verstärkenden Einfluß auf das Schnellerwerden der Herzfrequenz. Die Kontrollfunktion der QT-Strecke auf die Aktivität des Sinusknoten wird verstärkt. Damit ist die Übung an sich vom sozialen Zeitgeber her betrachtet sehr wohltuend.

Bei der Errechnung der Wahrscheinlichkeiten für die Abhängigkeit der Zunahme oder Abnahme der Herzfrequenz (RR) und der Aktivität der Herzmuskeln (QT) vom Platz des Teilnehmers im sozialen Raum haben wir folgenden Test entwickelt:

I. 1. Wir haben den Gesamtmittelwert der Gruppe über alle 18 Positionen genommen und danach die Gruppe in zwei Untergruppen aufgeteilt:

- Die Gruppe derjenigen, die einen größeren individuellen Gesamtmittelwert über die 18 Situationen hatten als die Gesamt-Gruppe im Durchschnitt (A)
  und
- die Gruppe derjenigen, die einen kleineren individuellen Gesamtmittelwert über die 18 Situationen hatten als die Gesamt-Gruppe im Durchschnitt (B).

I. 2. Von jeder Situation zur darauffolgenden Situation haben wir die Veränderung der einzelnen situativen Mittelwerte der einzelnen Teilnehmer beobachtet und sie danach wiederum in zwei Gruppen eingeteilt:

- Die Gruppe derjenigen, die zu Gruppe A gehören und deren Mittelwerte größer werden (C)
  und
- die Gruppe derjenigen, die zu Gruppe A gehören und deren Mittelwerte kleiner werden (D).

Das gleiche gilt auch für Gruppe B.
Danach verfuhren wir wie folgt:

	A	B	Randverteilung
C D	$A \cdot C$ $A \cdot D$	$B \cdot C$ $B \cdot D$	$A \cdot C + B \cdot C$ $A \cdot D + B \cdot D$
Randverteilung	$A \cdot C + A \cdot D$	$B \cdot C + B \cdot D$	$(A + B) \cdot (C + D)$

Wir prüfen, ob die Wahrscheinlichkeiten:

$$P(A \cdot C + B \cdot C) + P(A \cdot C + A \cdot D) - P(A \cdot C)$$
$$P(A \cdot D + B \cdot D) + P(A \cdot C + A \cdot D) - P(A \cdot D)$$
$$P(A \cdot C + B \cdot C) + P(B \cdot C + B \cdot D) - P(B \cdot C) \quad \text{und}$$
$$P(A \cdot D + B \cdot D) + P(B \cdot C + B \cdot D) - P(B \cdot D)$$

jeweils kleiner als 1 waren.

II. 1. Wir nahmen für alle Situationen von 2 bis 18 jeweils die Werte und teilten sie in zwei Gruppen:

- die Gruppe derjenigen Teilnehmer deren Mittelwert in der jeweiligen Situation im Vergleich zu ihren eigenen Mittelwerten in der vorangegangenen Situation größer wurde (X),

– die Gruppe derjenigen Teilnehmer, deren individuelle Mittelwerte in der jeweiligen Situation im Vergleich zu ihren eigenen Mittelwerten in der vorangegangenen Situation kleiner wurde (Y).

II.2. Wir sichteten dann unter X diejenigen heraus, die zu Gruppe A oder B gehörten und taten das gleiche für Y. Diese Gruppen nannten wir U und V. U in V sind demnach Zufallsverteilungen nach größeren und kleineren Werten nach der Form ein Element von U gehört sowohl zur Zufallsgruppierung X, Y oder zu A oder B.

Danach ergab sich wieder:

	U	V	Randverteilung
X	$U \cdot X$	$V \cdot X$	$U \cdot X + V \cdot X$
Y	$U \cdot Y$	$V \cdot Y$	$U \cdot Y + V \cdot Y$
Randverteilung	$U \cdot X + U \cdot Y$	$V \cdot X + V \cdot Y$	$(U+V) \cdot (X+Y)$

Demnach ist die Wahrscheinlichkeit, daß U und V von X und Y abhängig sind wiederum dadurch gegeben, daß:

$$P(U \cdot X + V \cdot X) + P(U \cdot X + U \cdot Y) - P(U \cdot X) < 1$$
$$P(U \cdot Y + V \cdot Y) + P(U \cdot X + U \cdot Y) - P(U \cdot Y) < 1$$
$$P(U \cdot X + U \cdot Y) + P(V \cdot X + V \cdot Y) - P(V \cdot X) < 1$$
$$P(U \cdot X + U \cdot Y) + P(V \cdot X + V \cdot Y) - P(V \cdot Y) < 1$$

Wenn für I und II die Bedingung der Abhängigkeit von A und B von C und D als auch von X und Y von U und V erwiesen war, so überprüften wir, ob die Abhängigkeit von C und D von A und B größer war, als die von X und Y von U + V.

Ob diese so errechnete Differenz wiederum nur Zufall sei, haben wir mit der Binominalverteilung für $K = 64$ und $n = 100$ überprüft für ein Signifikanzniveau von 0,1.

D. h. gegeben den Fall, daß per Zufall die Teilnehmer-Werte größer oder kleiner werden, so ist über eine hohe Anzahl von Werten eine 50 zu 50 % Verteilung zu erwarten. Davon ausgehend ist bei 64 von 100 Versuchen die Wahrscheinlichkeit eine 50 zu 50 %ige Verteilung zu bekommen 99,8214 %.

Die Irrtumswahrscheinlichkeit liegt bei 0,1786 % oder $p = 0{,}001786$. Jede Differenz zwischen den errechneten Wahrscheinlichkeiten in I und II spricht daher für die Wahrscheinlichkeit von 2 Faktoren die auf die Veränderung der Werte wirken:

– die Situation verursacht eine Veränderung
– die Veränderung ist auch abhängig vom Platz im sozialen Raum

Wir geben hinter jeder der folgenden Prozentzahlen die Wahrscheinlichkeit dieser Differenzen, um den Grad der Abweichung von der Irrtumswahrscheinlichkeit anzuzeigen.

Herzfrequenz bezogen auf die RR-Strecke
Gesamt: 64 Personen

In der Gruppe der Teilnehmer deren Herzfrequenz größer als der Mittelwert der Gruppe war (RR) (36 Vpn = 56,25 %) kam es zu Bewegungen in den folgenden Übungen. Die Herzfrequenz wurde:	In der Gruppe der Teilnehmer deren Herzfrequenz kleiner als der Mittelwert der Gruppe war (RR) (28 Vpn = 43,75 %) kam es zu Bewegungen in den folgenden Übungen. Die Herzfrequenz wurde:
Von *Übung 1 zu 2*:	
in 55,55 % langsamer Differenz in p = 0,2306 und	in 39,28 % langsamer Differenz in p = 0,029
in 44,45 % schneller Differenz in p = 0,1646	in 57,14 % schneller Differenz in p = 0,0364
Von *Übung 2 zu 3*:	
in 19,44 % langsamer Differenz in p = 0,0846 und	in 10,71 % langsamer Differenz in p = 0,3852
in 75 % schneller Differenz in p = 0,0311 (5,5 % gleichbleibend)	in 89,29 % schneller Differenz in p = 0,0595

Von *Übung 3 zu 4* wurde die Bewegung nicht in Betracht gezogen, da die Übung 4 nicht von allen Teilnehmern dieser Gruppe durchgeführt wurde.

Von *Übung 3 zu 5*:	
in 93,75 % langsamer Differenz in p = 0,0994 und	in 91,67 % langsamer Differenz in p = 0,3169
in 6,25 % schneller Differenz in p = 0,0968	in 8,33 % schneller Differenz in p = 0,0149

Von *Übung 5 zu 6*:	
in 58,33 % langsamer	in 60,71 % langsamer
Differenz in p = 0,1632	Differenz in p = 0,0716
und	
in 41,66 % schneller	in 39,29 % schneller
Differenz in p = 0,0832	Differenz in p = 0,1746
Von *Übung 6 zu 7*:	
in 33,33 % langsamer	in 10,71 % langsamer
Differenz in p = 0,061	Differenz in p = 0,026
und	
in 66,66 % schneller	in 89,29 % schneller
Differenz in p = 0,2215	Differenz in p = 0,186
Von *Übung 7 zu 8*:	
in 16,66 % langsamer	in 25 % langsamer
Differenz in p = 0,1181	Differenz in p = 0,0696
und	
in 83,33 % schneller	in 75 % schneller
Differenz in p = 0,0779	Differenz in p = 0,2656
Von *Übung 8 zu 9*:	
in 80,55 % langsamer	in 82,14 % langsamer
Differenz in p = 0,2463	Differenz in p = 0,0253
und	
in 19,44 % schneller	in 17,86 % schneller
Differenz in p = 0,0203	Differenz in p = 0,288
Von *Übung 9 zu 10*:	
in 38,89 % langsamer	in 42,86 % langsamer
Differenz in p = 38,89	Differenz in p = 0,0112
und	
in 58,33 % schneller	in 53,57 % schneller
Differenz in p = 0,003	Differenz in p = 0,0864
Von *Übung 10 zu 11*:	
in 55,55 % langsamer	in 51,85 % langsamer
Differenz in p = 0,0616	Differenz in p = 0,0064

und in 41,66 % schneller Differenz in p = 0,0378	in 48,43 % schneller Differenz in p = 0,1057
Von *Übung 11 zu 12*: in 45,71 % langsamer Differenz in p = 0,1456 und in 54,29 % schneller Differenz in p = 0,0244	in 29,63 % langsamer Differenz in p = 0,0137 in 70,37 % schneller Differenz in p = 0,1564
Von *Übung 12 zu 13*: in 60 % langsamer Differenz in p = 0,2543 und in 40 % schneller Differenz in p = 0,0575	in 89,29 % langsamer Differenz in p = 0,1569 in 10,71 % schneller Differenz in p = 0,1529
Von *Übung 13 zu 14*: in 19,44 % langsamer Differenz in p = 0,0528 und in 77,77 % schneller Differenz in p = 0,0782 (2,7 % gleichbleibend)	in 25 % langsamer Differenz in p = 0,0819 in 71,43 % schneller Differenz in p = 0,22 (3,71 % gleichbleibend)
Von *Übung 14 zu 15*: in 60 % langsamer Differenz in p = 0,1883 und in 40 % schneller Differenz in p = 0,0923	in 62,96 % langsamer Differenz in p = 0,0788 in 37,04 % schneller Differenz in p = 0,202
Von *Übung 15 zu 16*: in 64,70 % langsamer Differenz in p = 0,1565 und in 35,3 % schneller Differenz in p = 0,0674	in 51,85 % langsamer Differenz in p = 0,3614 in 48,15 % schneller Differenz in p = 0,1684

Von *Übung 16 zu 17*: in 83,33 % langsamer Differenz in p = 0,3149 und in 16,66 % schneller Differenz in p = 0,0029	in 84,21 % langsamer Differenz in p = 0,5979 in 15,79 % schneller Differenz in p = 0,336
Von *Übung 17 zu 18*: in 27,77 % langsamer Differenz in p = 0,1544 und in 72,22 % schneller Differenz in p = 0,1526	in 16,66 % langsamer Differenz in p = 0,0641 in 83,33 % schneller Differenz in p = 0,3472

Herzfrequenz bezogen auf die QT-Strecke
Gesamt: 64 Personen

In der Gruppe der Teilnehmer deren QT-Strecke anfänglich größer als die der Gruppe war (32 Vpn = 50 %) kam es zu Bewegungen in den folgenden Übungen. Die Frequenz der QT-Strecke wurde:	In der Gruppe der Teilnehmer deren QT-Strecke anfänglich kleiner als die der Gruppe war (32 Vpn = 50 %) kam es zu Bewegungen in den folgenden Übungen. Die Frequenz der QT-Strecke wurde:
Von *Übung 1 zu 2* in: 58,06 % langsamer Differenz in p = 0,6357 und 38,70 % schneller Differenz in p = 0,0629 (3,22 % gleichbleibend)	59,37 % langsamer Differenz in p = 0,0756 25 % schneller Differenz in p = 0,2314 (15,62 % gleichbleibend)
Von *Übung 2 zu 3*: 29,03 % langsamer Differenz in p = 0,4048 und 70,97 % schneller Differenz in p = 0,0646	28,12 % langsamer Differenz in p = 0,0938 71,88 % schneller Differenz in p = 0,2395

Von *Übung 3 zu 4* wurden die Werte nicht in Betracht gezogen, da die Übung 4 nicht von allen Teilnehmern dieser Gruppe durchgeführt wurde.

Von *Übung 3 zu 5* in: 50 % langsamer Differenz in p = 0,0482 und 50 % schneller Differenz in p = 0,122	 57,14 % langsamer Differenz in p = 0,1627 22,22 % schneller Differenz in p = 0,2366 (14,28 % gleichbleibend)
Von *Übung 5 zu 6* in: 68,75 % langsamer Differenz in p = 0,1968 und 28,12 % schneller Differenz in p = 0,0306 (3,13 % gleichbleibend)	 59,37 % langsamer Differenz in p = 0,0184 37,5 % schneller Differenz in p = 0,2458 (3,13 % gleichbleibend)
Von *Übung 6 zu 7* in: 15,62 % langsamer Differenz in p = 0,3224 und 81,25 % schneller Differenz in p = 0,0335 (3,12 % gleichbleibend)	 12,90 % langsamer Differenz in p = 0,0445 87,09 % schneller Differenz in p = 0,3334
Von *Übung 7 zu 8* in: 25,81 % langsamer Differenz in p = 0,2781 und 70,97 % schneller Differenz in p = 0,0947 (3,23 % gleichbleibend)	 32,26 % langsamer Differenz in p = 0,0746 67,74 % schneller Differenz in p = 0,2705
Von *Übung 8 zu 9* in: 70,97 % langsamer Differenz in p = 0,3224	 78,12 % langsamer Differenz in p = 0,0445

und 25,81 % schneller Differenz in p = 0,0335 (3,22 % gleichbleibend)	21,88 % schneller Differenz in p = 0,3334
Von *Übung 9 zu 10* in: 43,75 % langsamer Differenz in p = 0,1239 und 56,25 % schneller Differenz in p = 0,0379	37,5 % langsamer Differenz in p = 0,0402 59,37 % schneller Differenz in p = 0,1217 (3,12 % gleichbleibend)
Von *Übung 10 zu 11* in: 37,5 % langsamer Differenz in p = 0,064 und 50 % schneller Differenz in p = 0,0006 (12,5 % gleichbleibend)	51,61 % langsamer Differenz in p = 0,0005 38,71 % schneller Differenz in p = 0,0063 (9,68 % gleichbleibend)
Von *Übung 11 zu 12* in: 48,39 % langsamer Differenz in p = 0,0343 und 51,61 % schneller Differenz in p = 0,0152	41,94 % langsamer Differenz in p = 0,0165 51,61 % schneller Differenz in p = 0,0331 (6,45 % gleichbleibend)
Von *Übung 12 zu 13* in: 41,93 % langsamer Differenz in p = 0,0891 und 51,61 % schneller Differenz p = 0,0284 (6,45 % gleichbleibend)	40,63 % langsamer Differenz in p = 0,0283 53,12 % schneller Differenz in p = 0,089 (6,25 % gleichbleibend)
Von *Übung 13 zu 14* in: 18,75 % langsamer Differenz in p = 0,0876	46,87 % langsamer Differenz in p = 0,0722

und 90,62 % schneller Differenz in p = 0,1385 (6,25 % gleichbleibend)	53,13 % schneller Differenz in p = 0,1224
Von *Übung 14 zu 15* in:	
58,06 % langsamer Differenz in p = 0,1869 und 35,48 % schneller Differenz in p = 0,0618 (6,45 % gleichbleibend)	63,33 % langsamer Differenz in p = 0,0612 33,33 % schneller Differenz in p = 0,1875 (3,34 % gleichbleibend)
Von *Übung 15 zu 16* in:	
70,97 % langsamer Differenz in p = 0,1734 und 29,03 % schneller Differenz in p = 0,0395	48,27 % langsamer Differenz in p = 0,0366 48,28 % schneller Differenz in p = 0,1763 (3,45 % gleichbleibend)
Von *Übung 16 zu 17* in:	
80 % langsamer Differenz in p = 0,2424 und 15 % schneller Differenz in p = 0,0151 (5 % gleichbleibend)	70,59 % langsamer Differenz in p = 0,1405 29,41 % schneller Differenz in p = 0,3677
Von *Übung 17 zu 18* in:	
57,89 % langsamer Differenz in p = 0,1197 und 42,11 % schneller Differenz in p = 0,0859	31,25 % langsamer Differenz in p = 0,0078 68,75 % schneller Differenz in p = 0,0416

Fall Kapitel IV, 3: Junge Italienerin (S. 146ff.)

I.

	RR			**QT**	
Gruppe:	1) A_1 : 817 2) B_1 : 820	→ langsamer	Gruppe:	1) C_1 : 350 2) D_1 : 351	→ langsamer
Indivi- : duum	1) A : 803 2) B : 779	→ schneller	Indivi- : duum	1) C : 383 2) D : 363	→ schneller

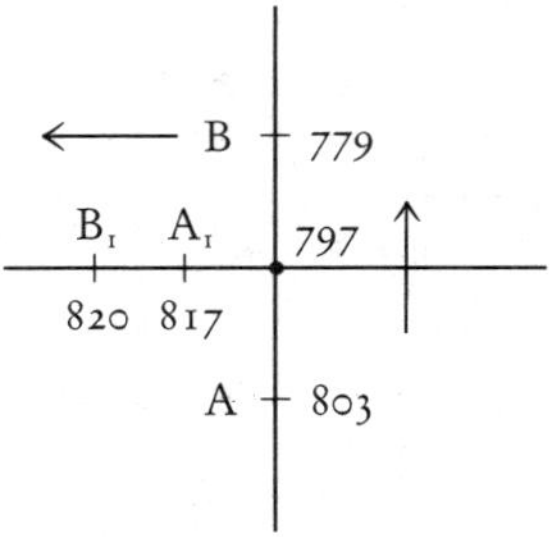

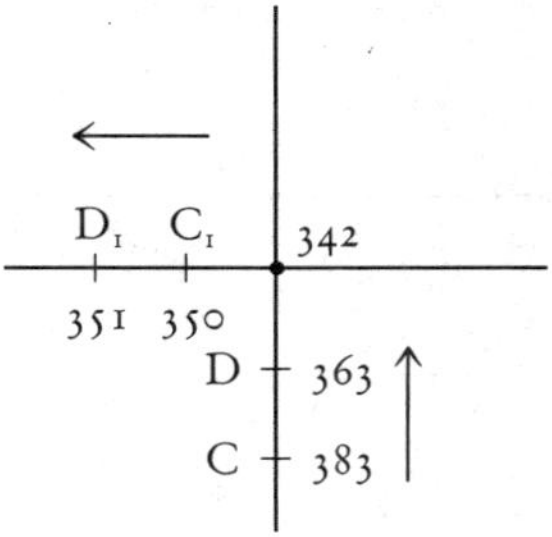

II.

	RR			**QT**	
Gruppe:	2) A_1 : 820 3) B_1 : 756	→ schneller	Gruppe:	2) C_1 : 351 3) D_1 : 344	→ schneller
Indivi- : duum	2) A : 779 3) B : 707	→ schneller	Indivi- : duum	2) C : 363 3) D : 393	→ langsamer

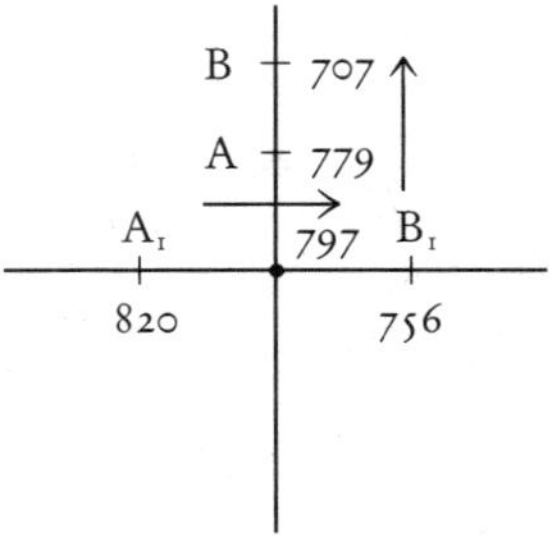

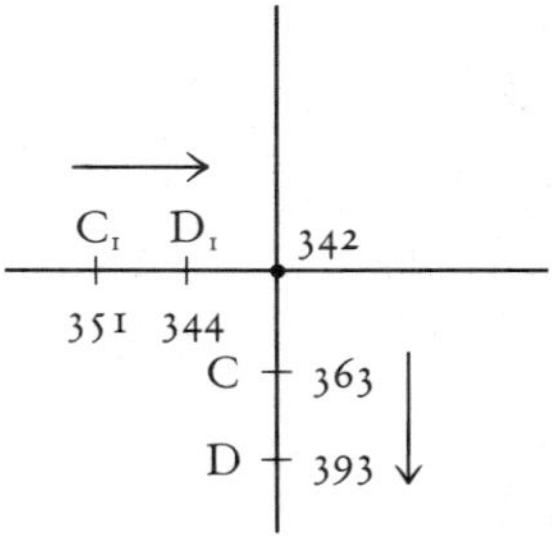

III.

RR

Gruppe: 3) A_I : 756 → langsamer
4) B_I : 759

Indivi- : 3) A : 707 → langsamer
duum 4) B : 744

QT

Gruppe: 3) C_I : 344 → schneller
4) D_I : 337

Indivi- : 3) C : 393 → schneller
duum 4) D : 372

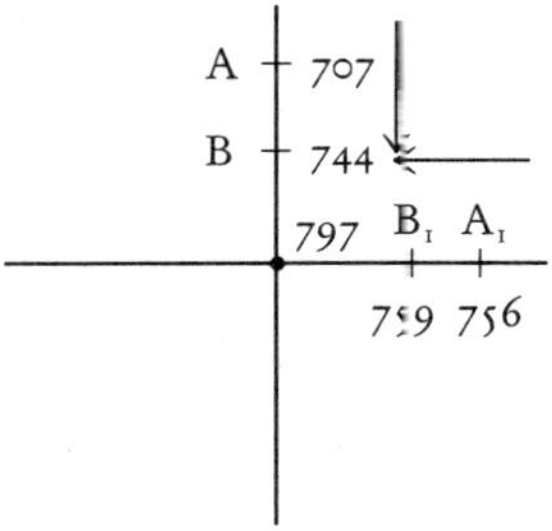

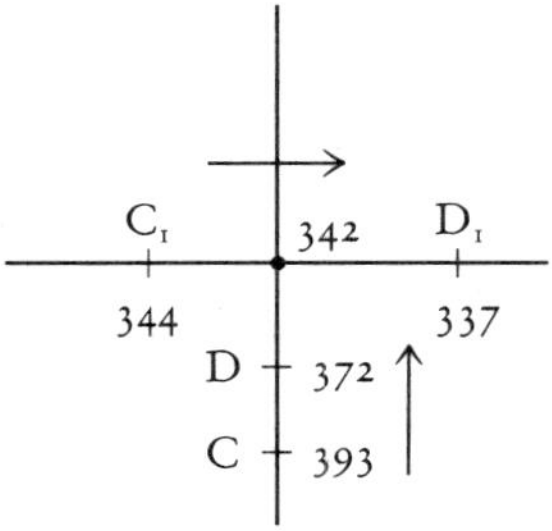

IV.

RR

Gruppe: 4) A_I : 759 → langsamer
5) B_I : 823

Indivi- : 4) A : 744 → langsamer
duum 5) B : 788

QT

Gruppe: 4) C_I : 337 → langsamer
5) D_I : 347

Indivi- : 4) C : 372 → schneller
duum 5) D : 348

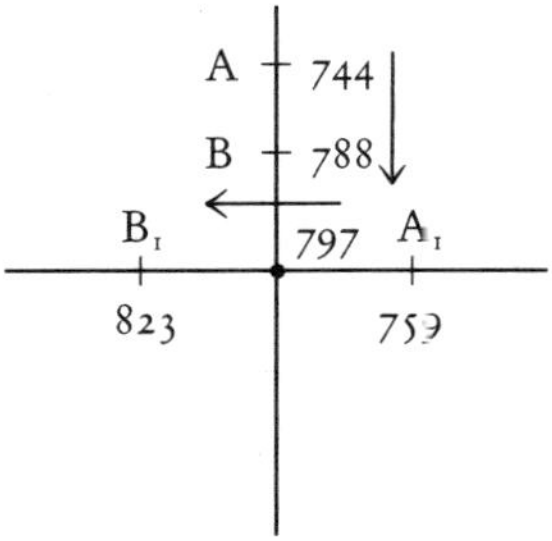

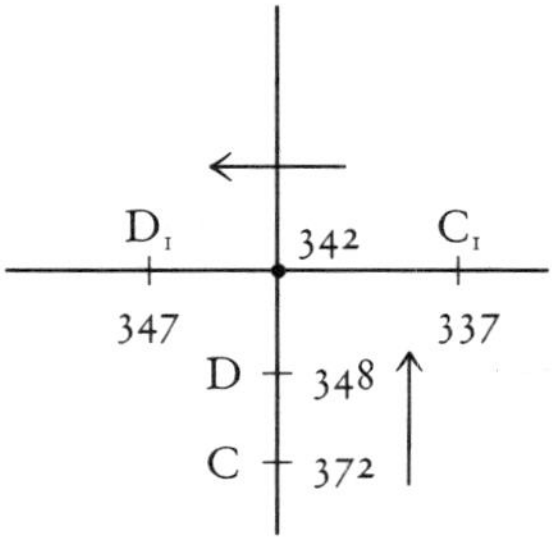

V.

	RR			**QT**	
Gruppe:	5) A_I : 823 6) B_I : 828	→ langsamer	Gruppe:	5) C_I : 347 6) D_I : 349	→ langsamer
Individuum :	5) A : 788 6) B : 800	→ langsamer	Individuum :	5) C : 348 6) D : 353	→ langsamer

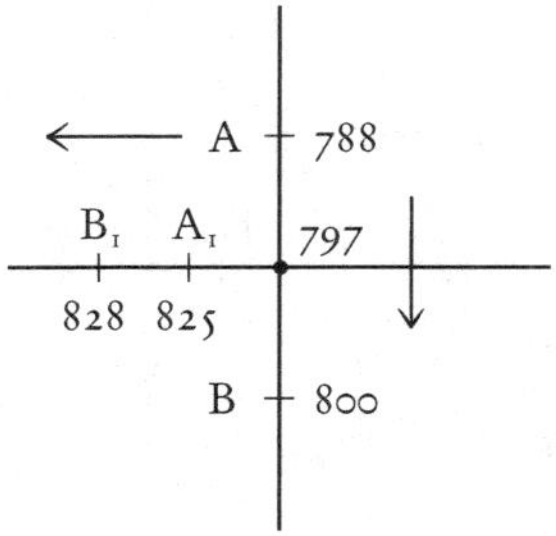

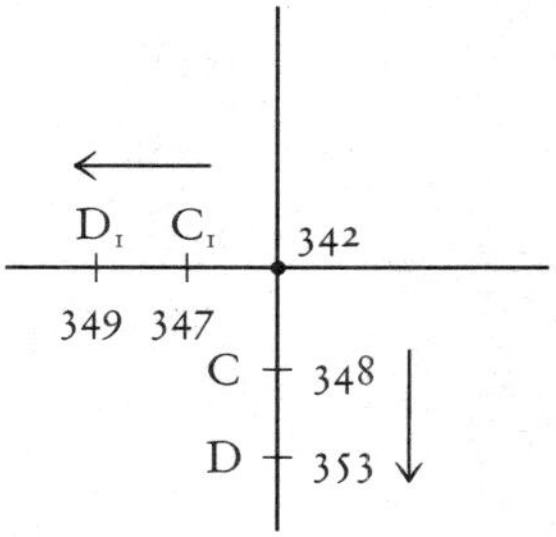

VI.

	RR			**QT**	
Gruppe:	6) A_I : 828 7) B_I : 784	→ schneller	Gruppe:	6) C_I : 349 7) D_I : 340	→ schneller
Individuum :	6) A : 800 7) B : 724	→ schneller	Individuum :	6) C : 353 7) D : 349	→ schneller

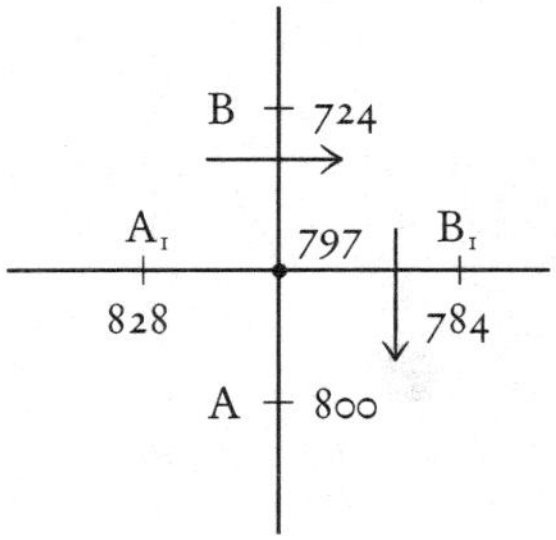

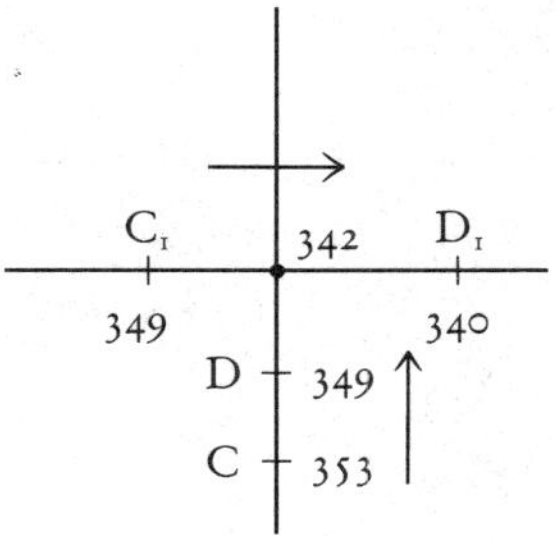

VII.

RR

Gruppe: 7) A_I : 784 → schneller
8) B_I : 737

Indivi- : 7) A : 724 → langsamer
duum 8) B : 729

QT

Gruppe: 7) C_I : 340 → schneller
8) D_I : 334

Indivi- : 7) C : 349 → langsamer
duum 8) D : 355

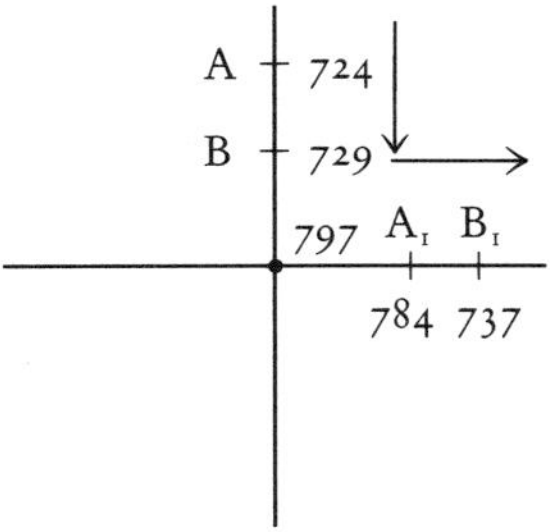

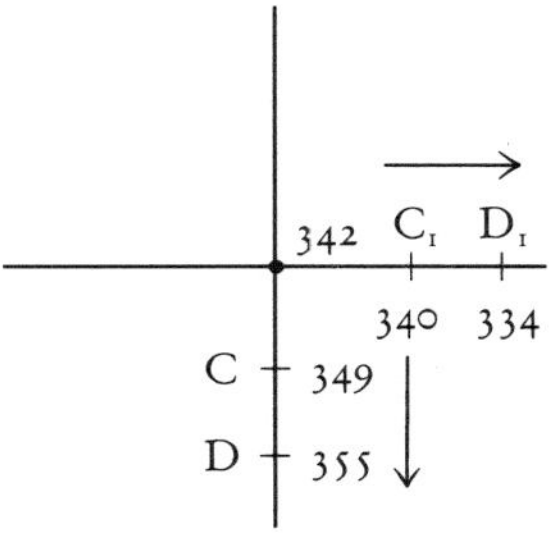

VIII.

RR

Gruppe: 8) A_I : 737 → langsamer
9) B_I : 784

Indivi- : 8) A : 729 → langsamer
duum 9) B : 739

QT

Gruppe: 8) C_I : 334 → langsamer
9) D_I : 340

Indivi- : 8) C : 355 → langsamer
duum 9) D : 359

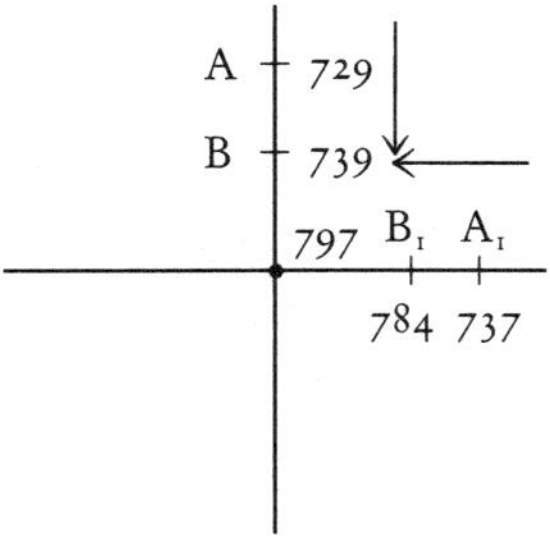

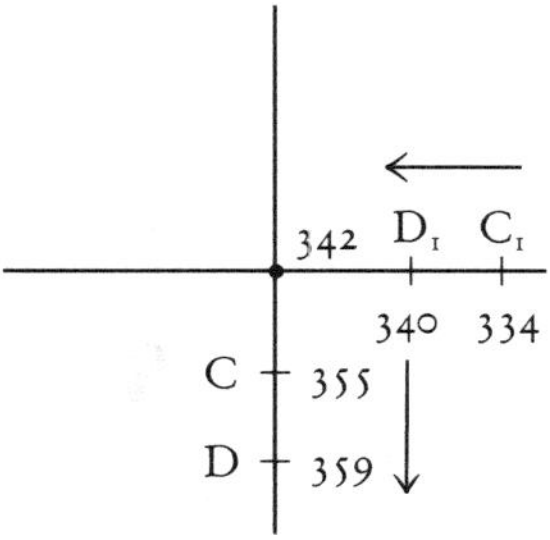

IX.

	RR			QT	
Gruppe:	9) A_1 : 784 10) B_1 : 769	→ schneller	Gruppe:	9) C_1 : 340 10) D_1 : 337	→ schneller
Indivi- : duum	9) A : 739 10) B : 740	→ langsamer	Indivi- : duum	9) C : 359 10) D : 350	→ schneller

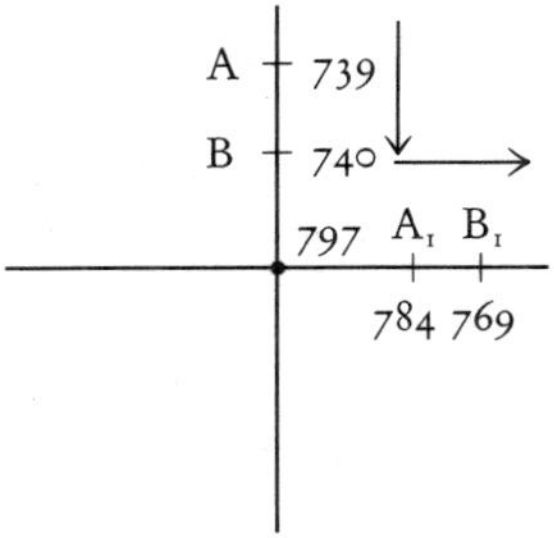

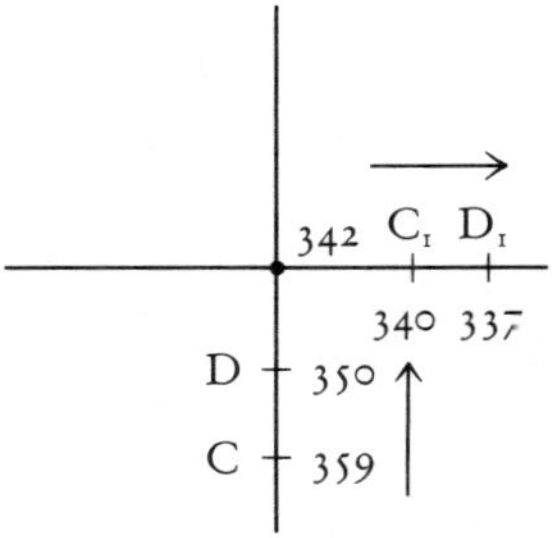

X.

	RR			QT	
Gruppe:	10) A_1 : 769 11) B_1 : 770	→ langsamer	Gruppe:	10) C_1 : 337 11) D_1 : 341	→ langsamer
Indivi- : duum	10) A : 740 11) B : 767	→ langsamer	Indivi- : duum	10) C : 350 11) D : 348	→ schneller

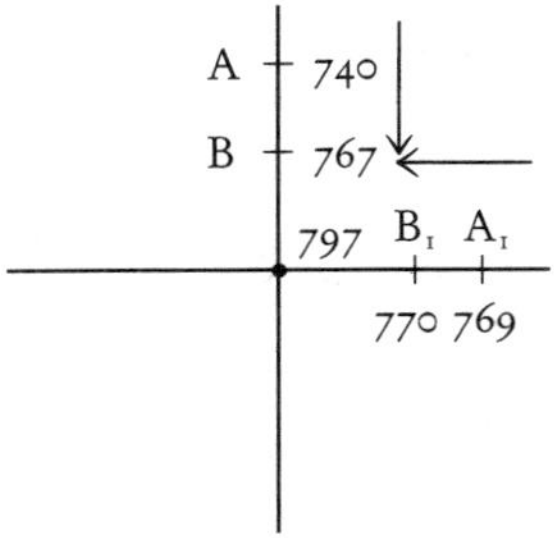

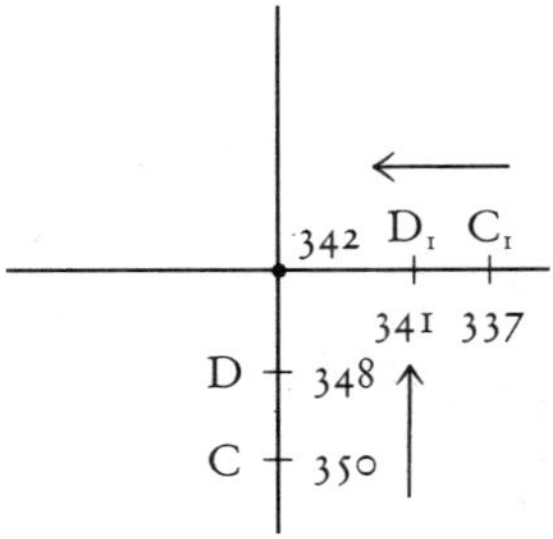

XI.

RR

Gruppe: 11) A_I : 770 $\longrightarrow$ schneller
12) B_I : 760

Indivi- : 11) A : 767 $\longrightarrow$ langsamer
duum 12) B : 776

QT

Gruppe: 11) C_I : 341 $\longrightarrow$ schneller
12) D_I : 340

Indivi- : 11) C : 348 $\longrightarrow$ langsamer
duum 12) D : 351

XII.

RR

Gruppe: 12) A_I : 760 $\longrightarrow$ langsamer
13) B_I : 781

Indivi- : 12) A : 776 $\longrightarrow$ langsamer
duum 13) B : 803

QT

Gruppe: 12) A_I : 340 $\longrightarrow$ schneller
13) B_I : 336

Indivi- : 12) A : 351 $\longrightarrow$ gleich
duum 13) B : 351

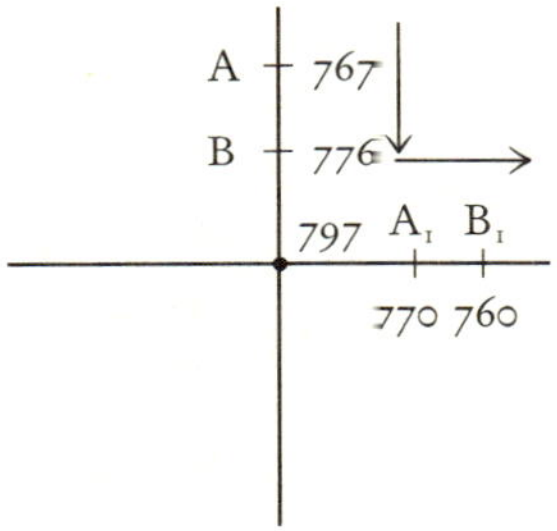

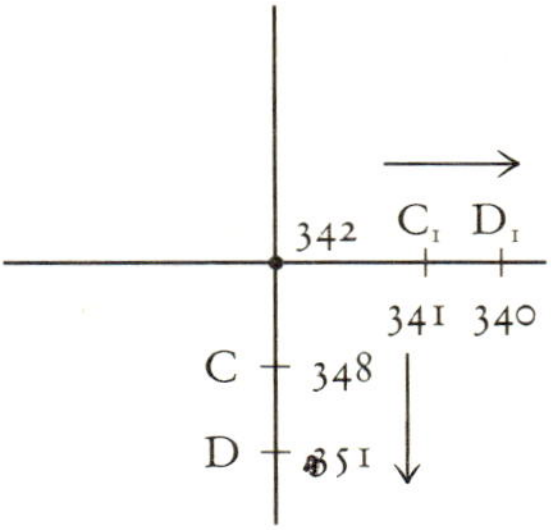

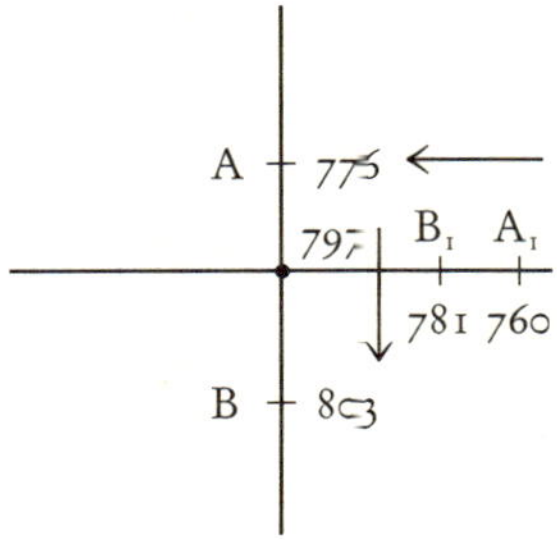

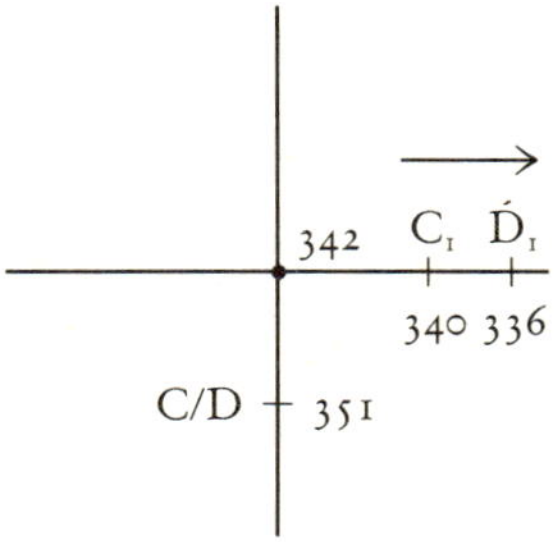

XIII.

RR

Gruppe: 13) A_1 : 781
14) B_1 : 759 → schneller

Indivi- : 13) A : 803
duum 14) B : 757 → schneller

QT

Gruppe: 13) C_1: 336
14) D_1: 335 → schneller

Indivi- : 13) C : 351
duum 14) D : 348 → schneller

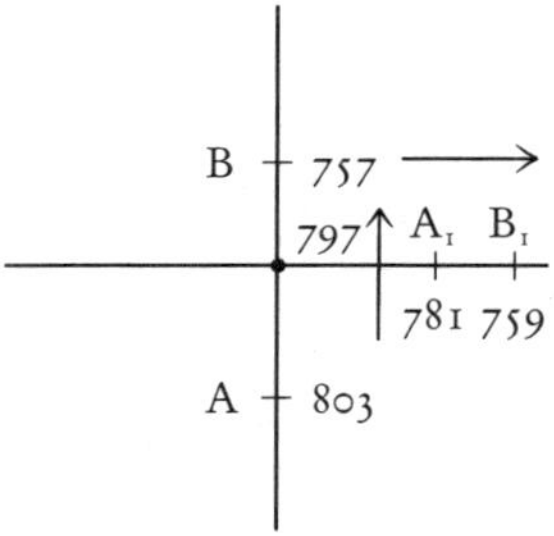

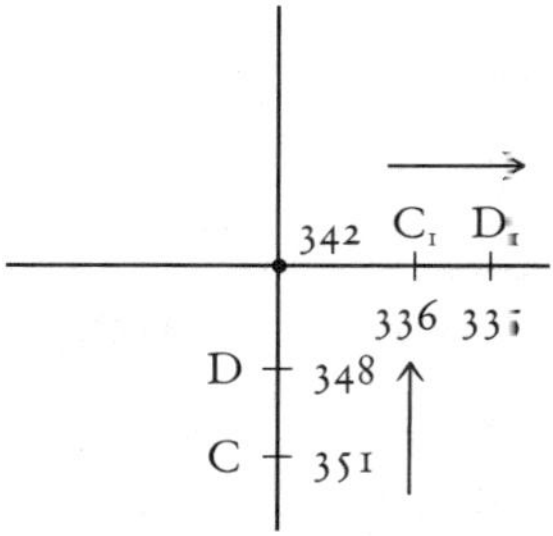

XIV.

RR

Gruppe: 14) A_1 : 759
15) B_1 : 785 → langsamer

Indivi- : 14) A : 757
duum 15) B : 796 → langsamer

QT

Gruppe: 14) C_1: 335
15) D_1: 338 → langsamer

Indivi- : 14) C : 348
duum 15) D : 338 → schneller

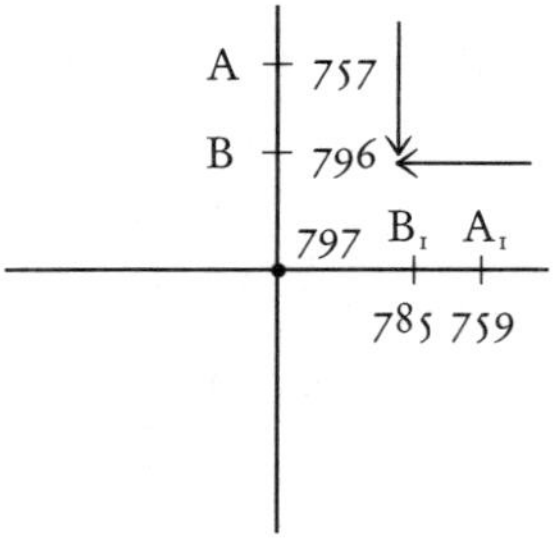

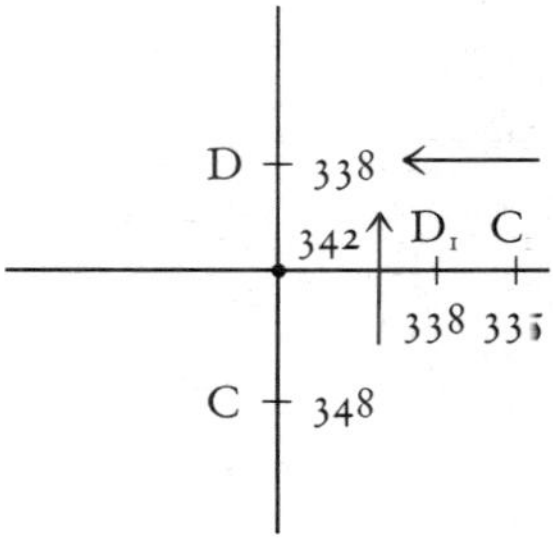

XV.

	RR			QT	
Gruppe:	15) A_1 : 785	langsamer	Gruppe:	15) C_1 : 338	langsamer
	16) B_1 : 926			16) D_1 : 353	
Indivi- :	15) A : 796	langsamer	Indivi- :	15) C : 338	langsamer
duum	16) B : 883		duum	16) D : 354	

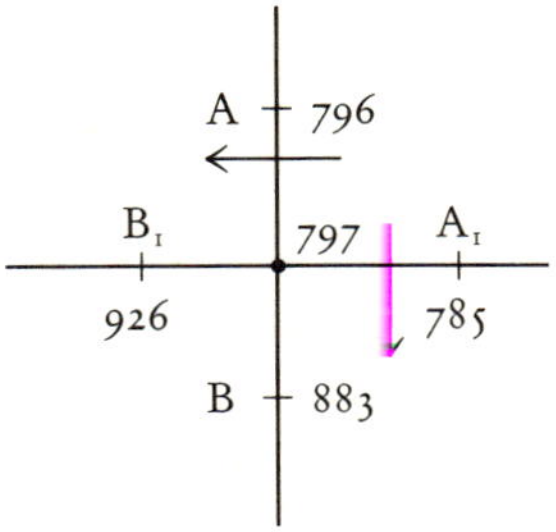

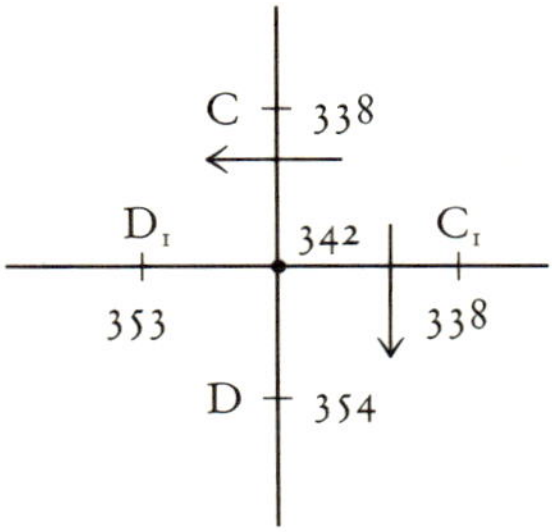

XVI.

	RR			QT	
Gruppe:	16) A_1 : 926	schneller	Gruppe:	16) C_1 : 353	schneller
	17) B_1 : 806			17) D_1 : 344	
Indivi- :	16) A : 883	schneller	Indivi- :	16) C : 354	langsamer
duum	17) B : 826		duum	17) D : 360	

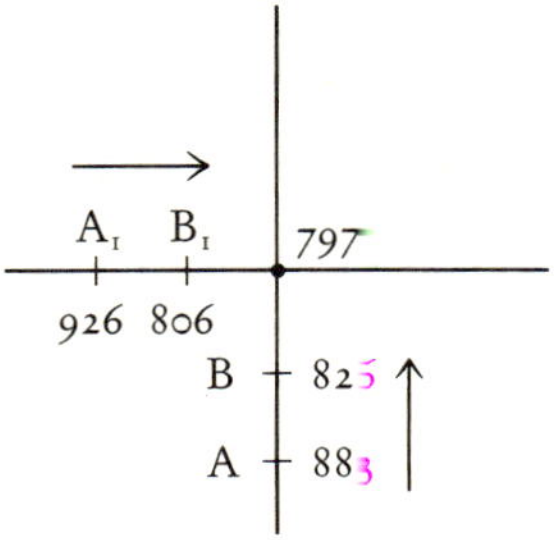

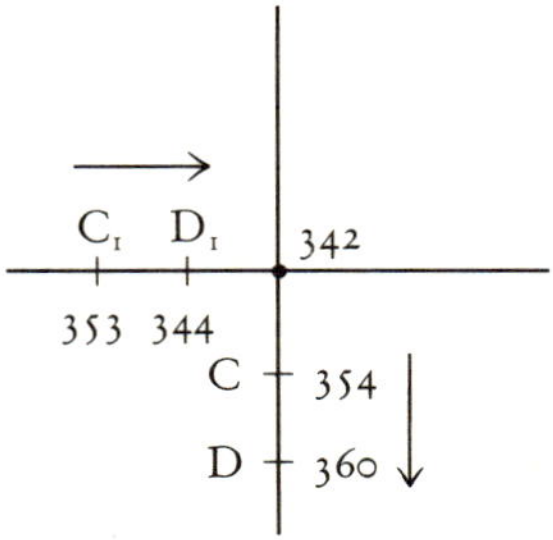

XVII.

RR

Gruppe: 17) A_1 : 806
18) B_1 : 877 → langsamer

Indivi- : 17) A : 826
duum 18) B : 901 → langsamer

QT

Gruppe: 17) C_1 : 344
18) D_1 : 353 → langsamer

Indivi- : 17) C : 360
duum 18) D : 360 → gleich

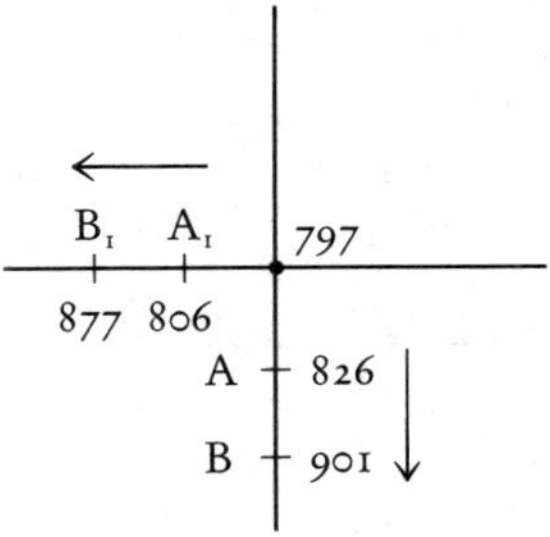

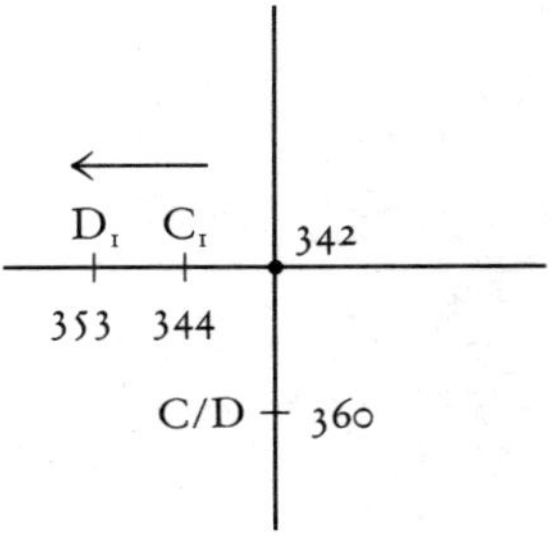

Fall Kapitel V, 4: Junger Mann (S. 170)

I.

RR

Gruppe: 1) A_1 : 817 → langsamer
2) B_1 : 820

Indivi- duum : 1) A : 790 → schneller
2) B : 774

QT

Gruppe: 1) C_1 : 350 → langsamer
2) D_1 : 351

Indivi- duum : 1) C : 398 → langsamer
2) D : 400

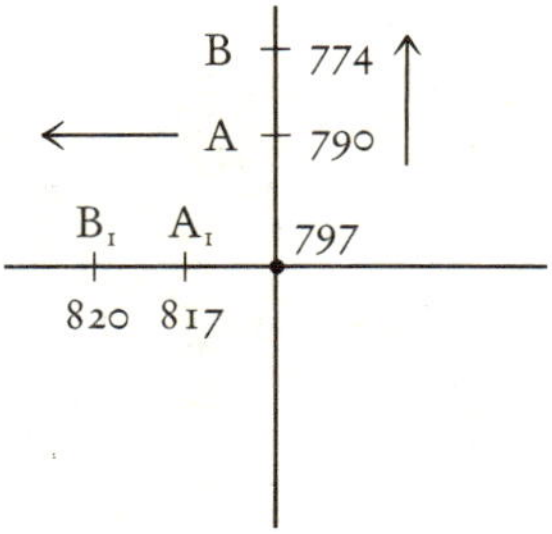

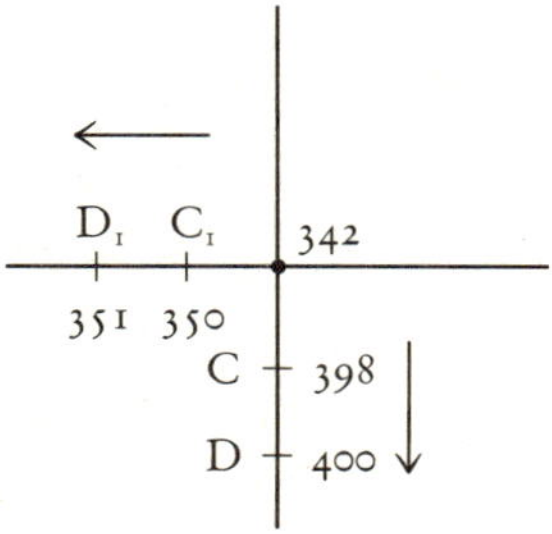

II.

RR

Gruppe: 2) A_1 : 820 → schneller
3) B_1 : 756

Indivi- duum : 2) A : 774 → schneller
3) B : 756

QT

Gruppe: 2) C_1 : 351 → schneller
3) D_1 : 344

Indivi- duum : 2) C : 400 → langsamer
3) D : 424

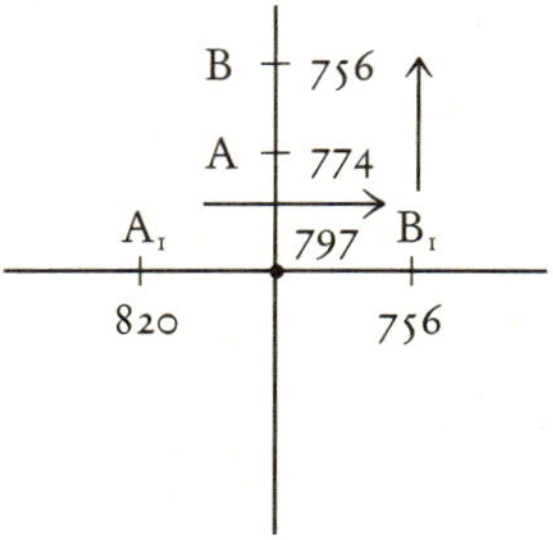

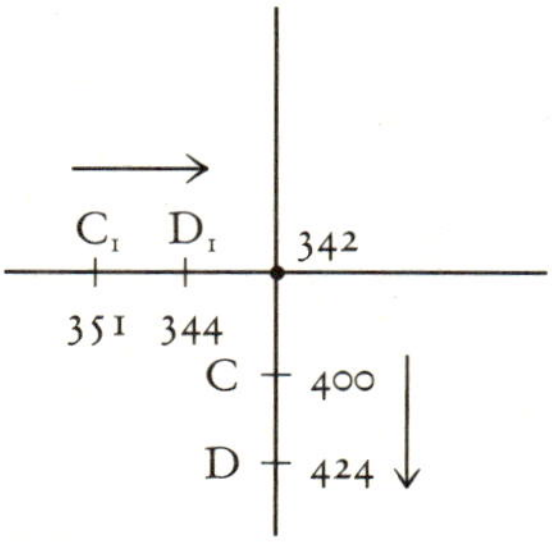

III.

RR

Gruppe: 3) A_I : 756 → langsamer
4) B_I : 759

Indivi- : 3) A : 756 → schneller
duum 4) B : 746

QT

Gruppe: 3) C_I : 344 → schneller
4) D_I : 337

Indivi- : 3) C : 424 → schneller
duum 4) D : 404

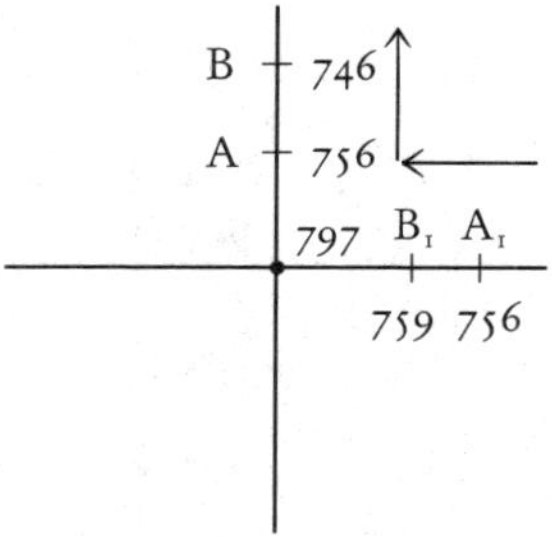

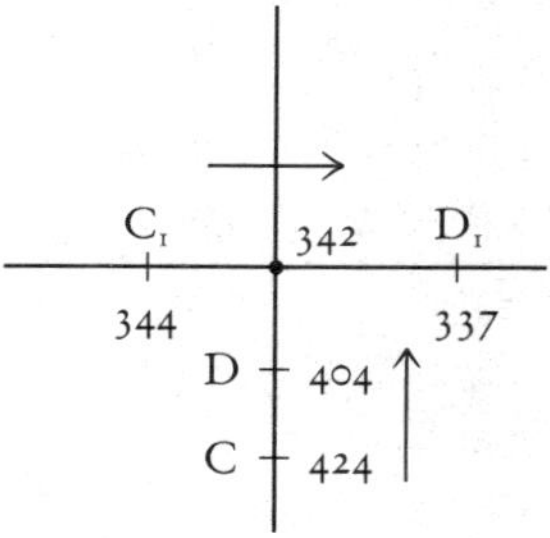

IV.

RR

Gruppe: 4) A_I : 759 → langsamer
5) B_I : 823

Indivi- : 4) A : 746 → langsamer
duum 5) B : 758

QT

Gruppe: 4) C_I : 337 → langsamer
5) D_I : 347

Indivi- : 4) C : 404 → schneller
duum 5) D : 388

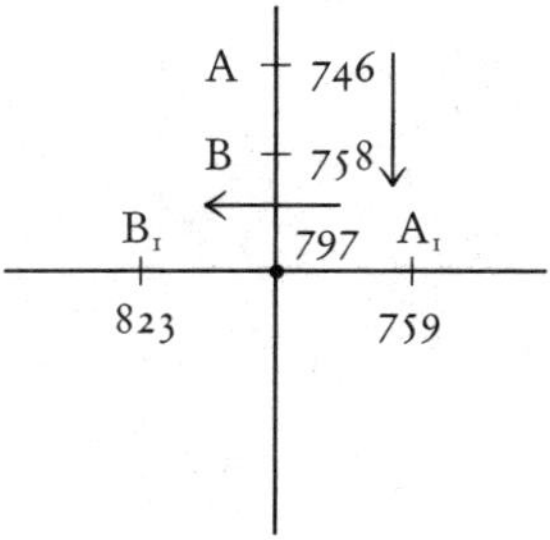

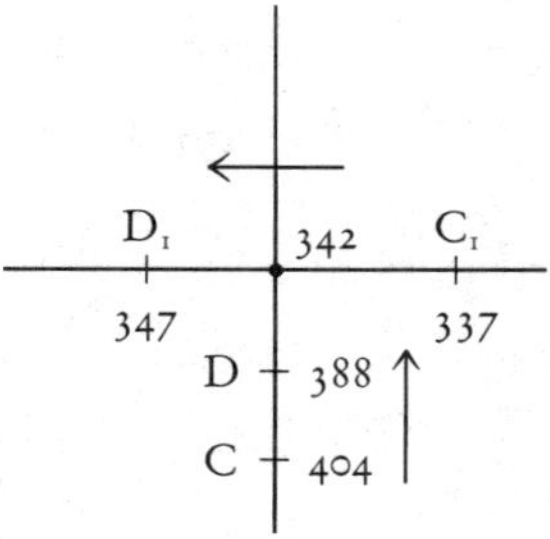

V.

RR

Gruppe: 5) A_I : 823 → langsamer
6) B_I : 828

Indivi-duum : 5) A : 758 → langsamer
6) B : 770

QT

Gruppe: 5) C_I : 347 → langsamer
6) D_I : 349

Indivi-duum : 5) C : 388 → langsamer
6) D : 402

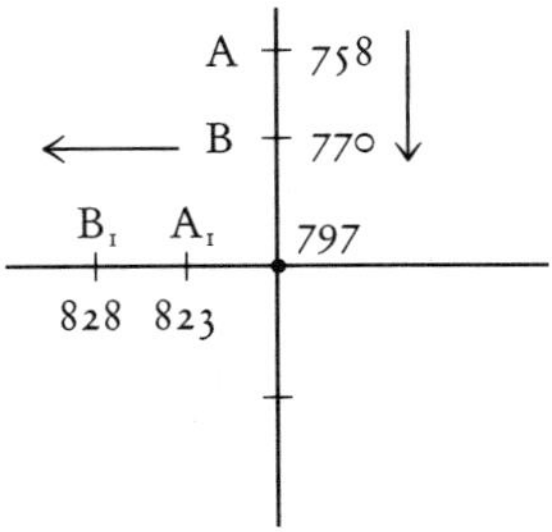

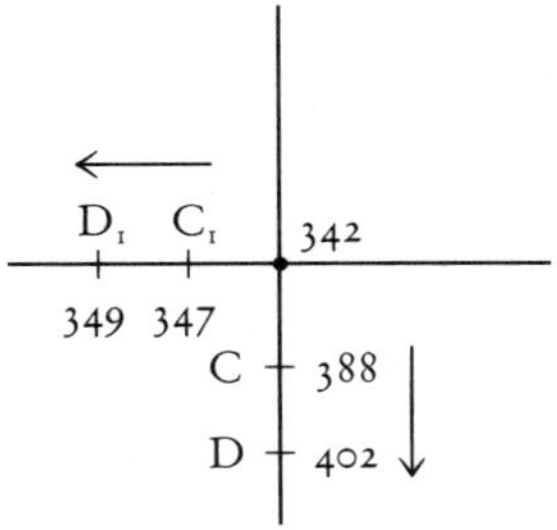

VI.

RR

Gruppe: 6) A_I : 828 → schneller
7) B_I : 784

Indivi-duum : 6) A : 770 → langsamer
7) B : 776

QT

Gruppe: 6) C_I : 349 → schneller
7) D_I : 340

Indivi-duum : 6) C : 402 → schneller
7) D : 398

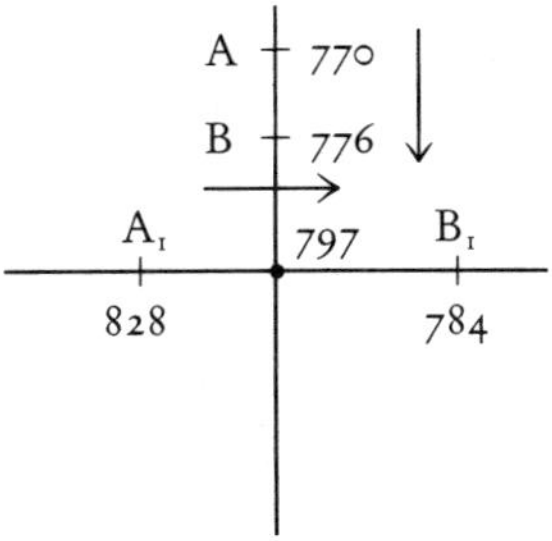

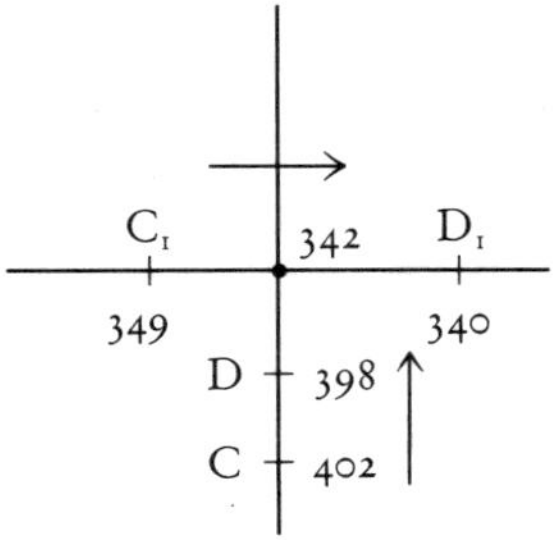

VII.

RR

Gruppe: 7) A_1 : 784
8) B_1 : 737 → schneller

Indivi- duum: 7) A : 776
8) B : 656 → schneller

QT

Gruppe: 7) C_1 : 340
8) D_1 : 334 → schneller

Indivi- duum: 7) C : 398
8) D : 368 → langsamer

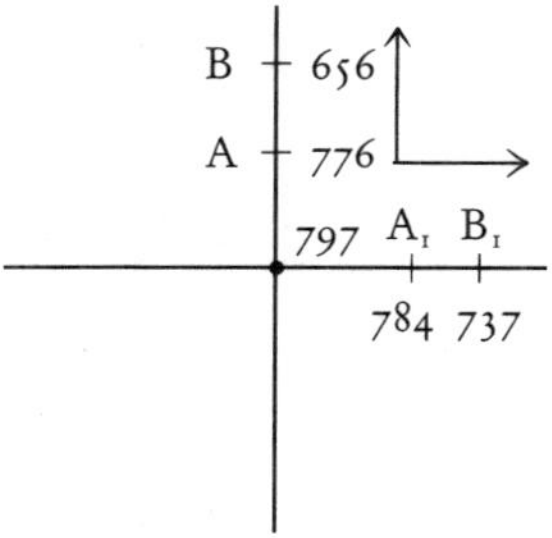

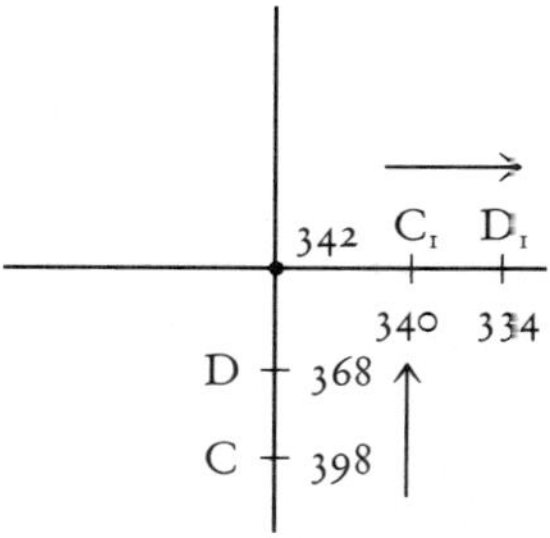

VIII.

RR

Gruppe: 8) A_1 : 737
9) B_1 : 784 → langsamer

Indivi- duum: 8) A : 656
9) B : 772 → langsamer

QT

Gruppe: 8) C_1 : 334
9) D_1 : 340 → langsamer

Indivi- duum: 8) C : 368
9) D : 380 → langsamer

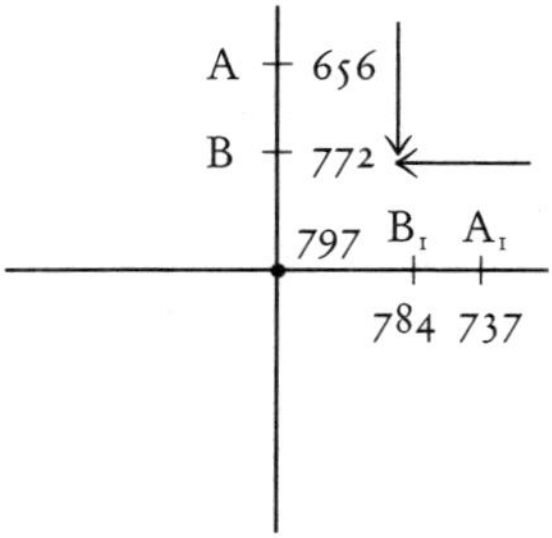

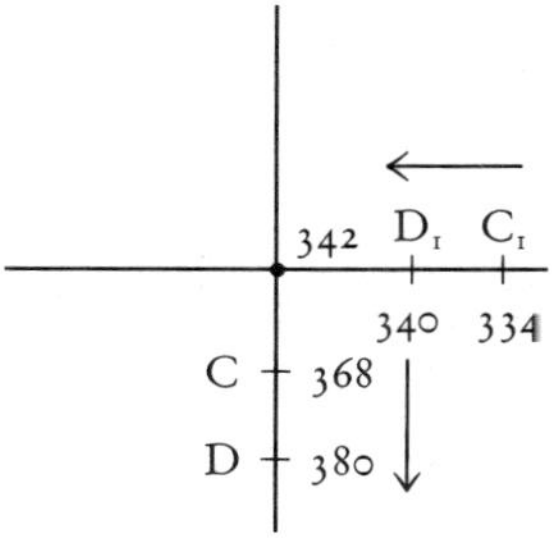

IX.

RR

Gruppe: 9) A_1 : 784
10) B_1 : 769 → schneller

Indivi- duum: 9) A : 772
10) B : 774 → langsamer

QT

Gruppe: 9) C_1 : 340
10) D_1 : 337 → schneller

Indivi- duum: 9) C : 380
10) D : 398 → langsamer

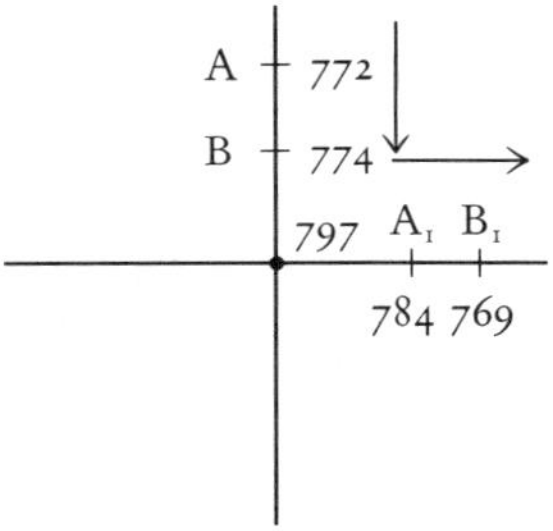

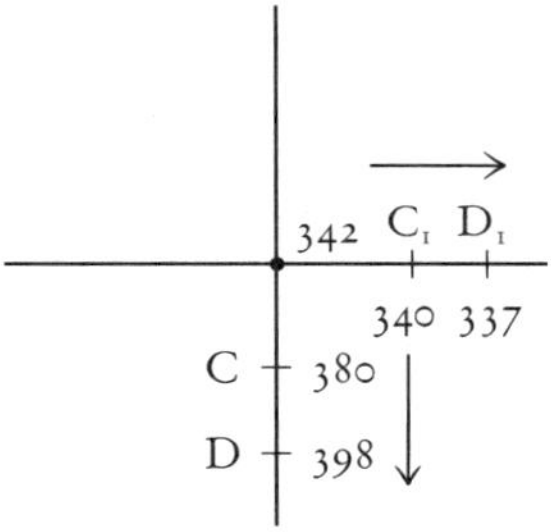

X.

RR

Gruppe: 10) A_1 : 769
11) B_1 : 770 → langsamer

Indivi- duum: 10) A : 774
11) B : 728 → schneller

QT

Gruppe: 10) C_1 : 337
11) D_1 : 341 → langsamer

Indivi- duum: 10) C : 398
11) D : 372 → schneller

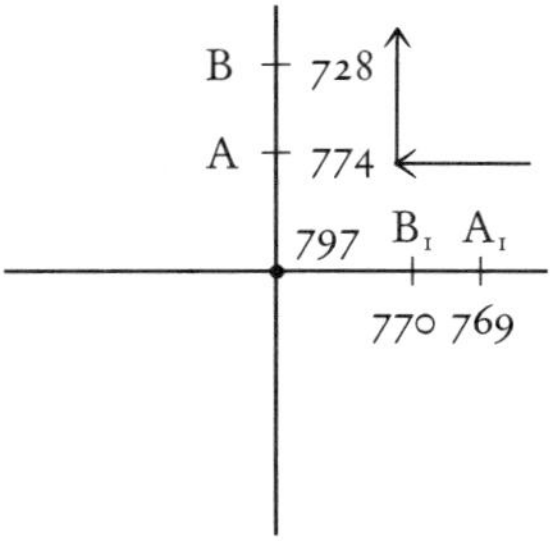

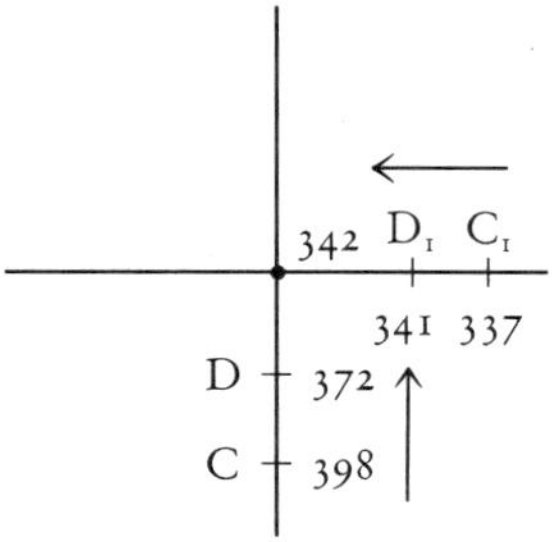

XI.

RR

Gruppe: 11) A_1 : 770
12) B_1 : 760 → schneller

Indivi-duum : 11) A : 728
12) B : 802 → langsamer

QT

Gruppe: 11) C_1 : 341
12) D_1 : 340 → schneller

Indivi-duum : 11) C : 372
12) D : 400 → langsamer

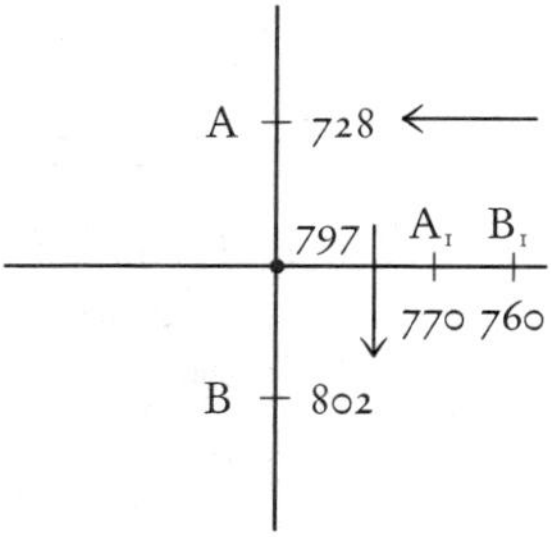

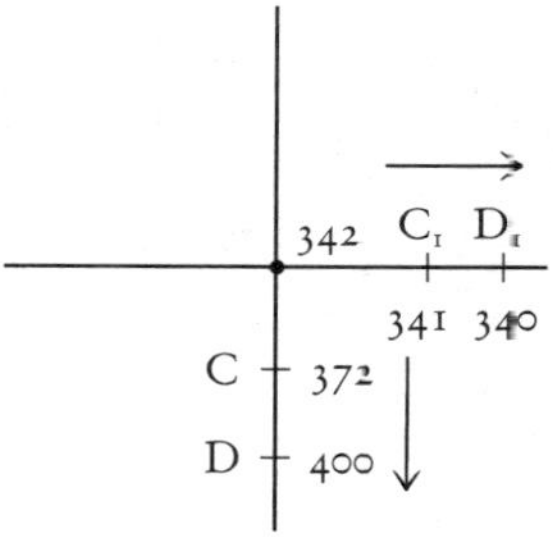

XII.

RR

Gruppe: 12) A_1 : 760
13) B_1 : 781 → langsamer

Indivi-duum : 12) A : 802
13) B : 726 → schneller

QT

Gruppe: 12) C_1 : 340
13) D_1 : 336 → schneller

Indivi-duum : 12) C : 400
13) D : 384 → schneller

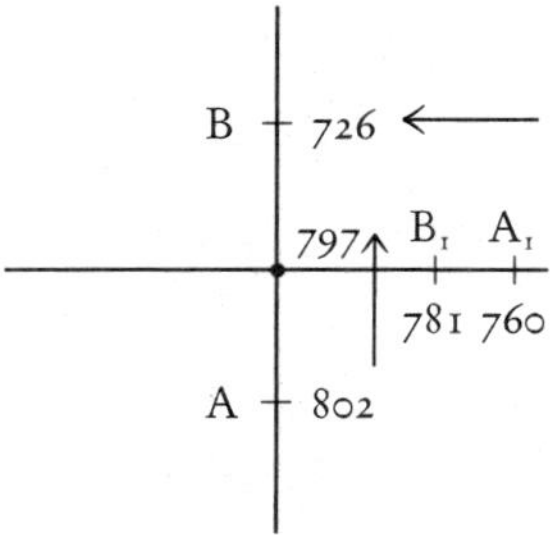

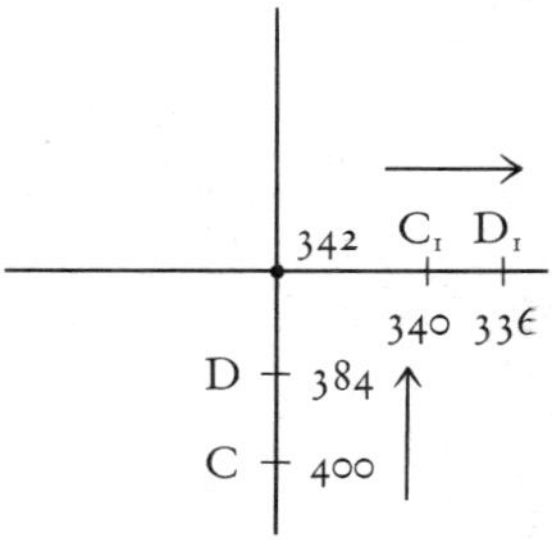

XIII.

RR

Gruppe: 13) A_1 : 781 → schneller
14) B_1 : 759

Indivi-duum : 13) A : 726 → schneller
14) B : 722

QT

Gruppe: 13) C_1 : 336 → schneller
14) D_1 : 335

Indivi-duum : 13) C : 384 → schneller
14) D : 366

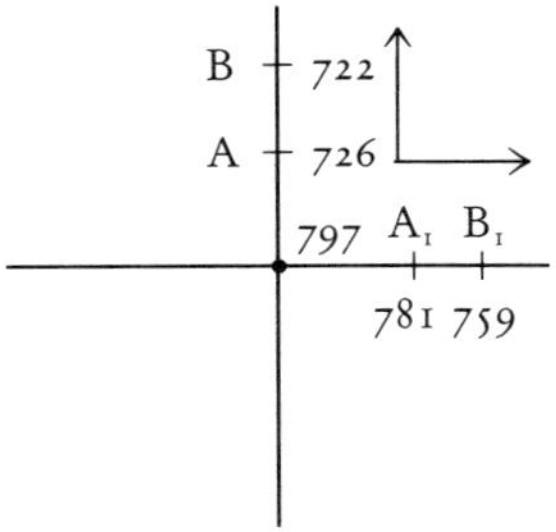

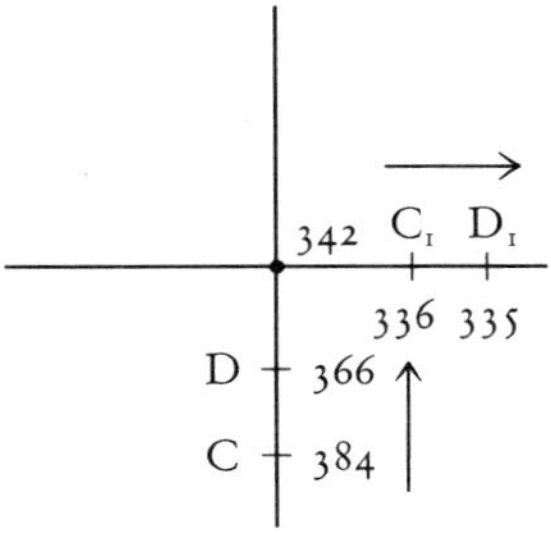

XIV.

RR

Gruppe: 14) A_1 : 759 → langsamer
15) B_1 : 785

Indivi-duum : 14) A : 722 → langsamer
15) B : 790

QT

Gruppe: 14) C_1 : 335 → langsamer
15) D_1 : 338

Indivi-duum : 14) C : 366 → langsamer
15) D : 408

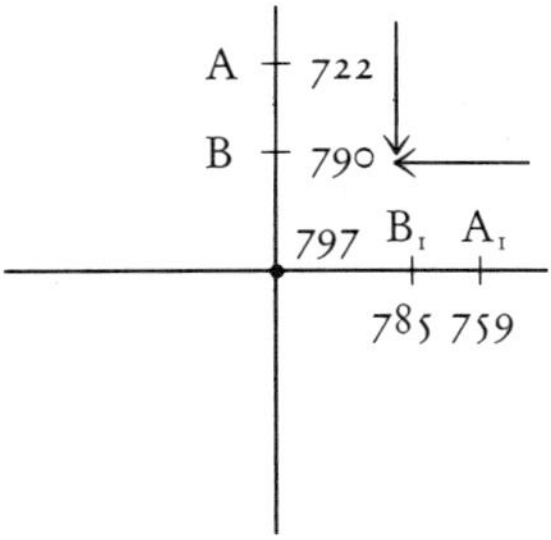

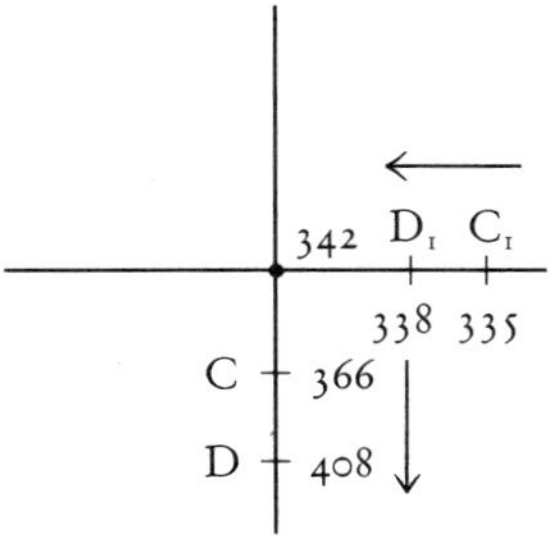

XV.

RR

Gruppe: 15) A_I : 785
16) B_I : 926 → langsamer

Indivi- : 15) A : 790
duum 16) B : 724 → schneller

QT

Gruppe: 15) C_I : 338
16) D_I : 353 → langsamer

Indivi- : 15) C : 408
duum 16) D : 420 → langsamer

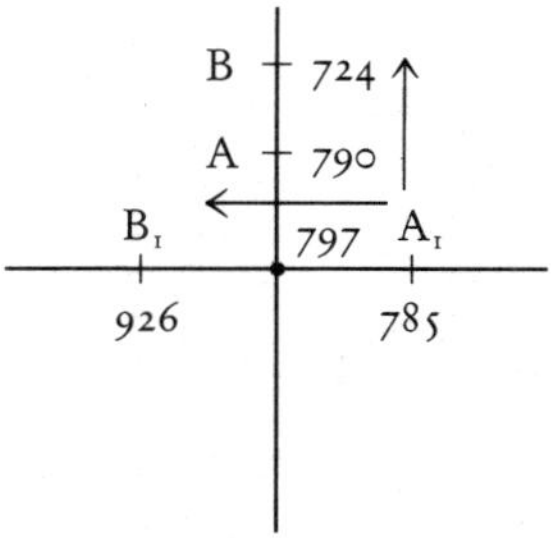

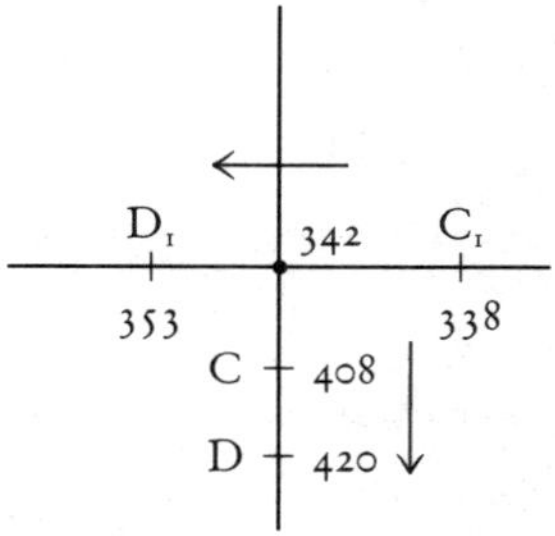

XVI.

RR

Gruppe: 16) A_I : 926
17) B_I : 806 → schneller

Indivi- : 16) A : 724
duum 17) B : 756 → langsamer

QT

Gruppe: 16) C_I : 353
17) D_I : 344 → schneller

Indivi- : 16) C : 420
duum 17) D : 404 → schneller

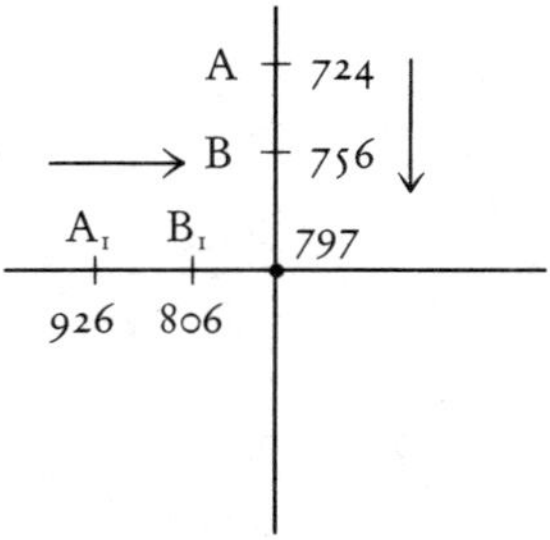

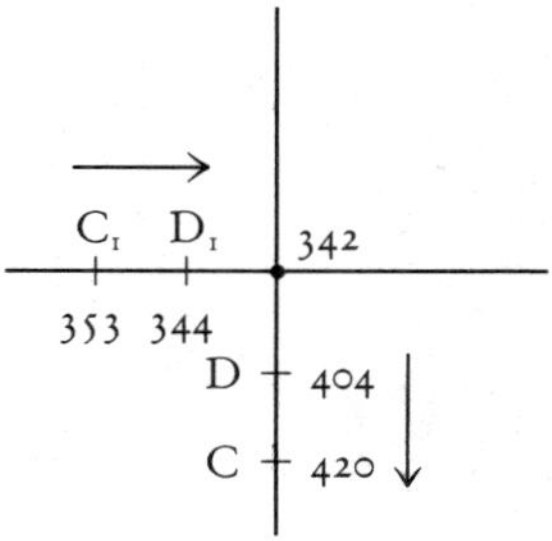

XVII.

RR			QT		
Gruppe:	17) A_I : 806 18) B_I : 877	→ langsamer	Gruppe:	17) C_I : 344 18) D_I : 353	→ langsamer
Individuum :	17) A : 756 18) B : 734	→ schneller	Individuum :	17) C : 404 18) D : 398	→ schneller

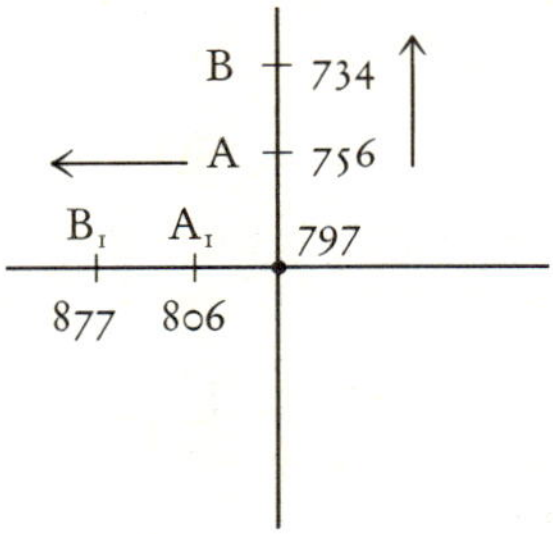

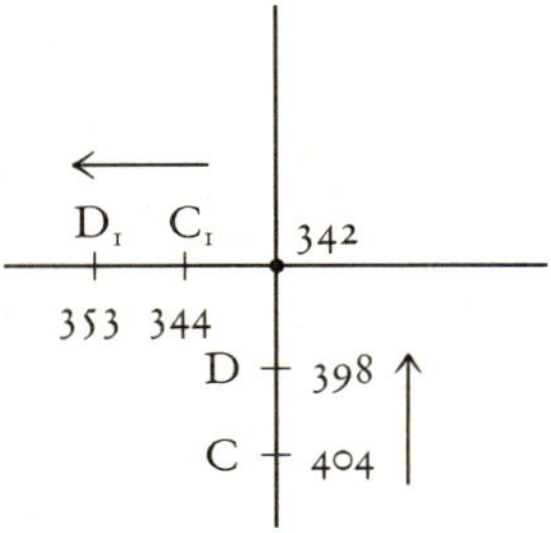

Fall 1, Kapitel V, 5 (S. 173 ff.) – MW-Gruppe QT: 342, RR: 797

I.

	RR		QT	
Gruppe:	1) A_1 : 817 2) B_1 : 820	→ langsamer	1) C_1 : 350 2) D_1 : 351	→ langsamer
Individuum :	1) A : 886 2) B : 896	→ langsamer	1) A : 366 2) B : 388	→ langsamer

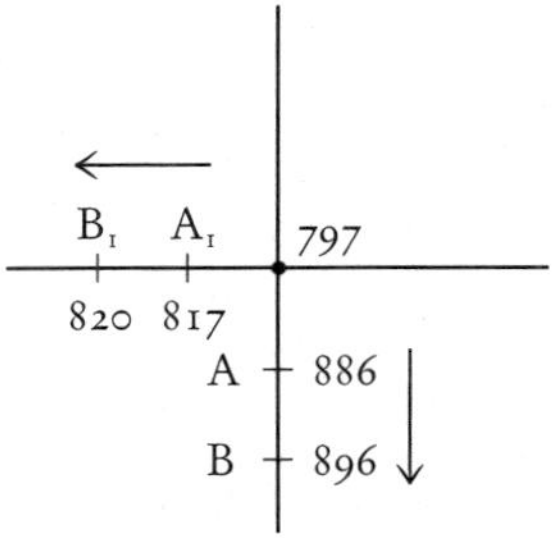

Divergenz RR

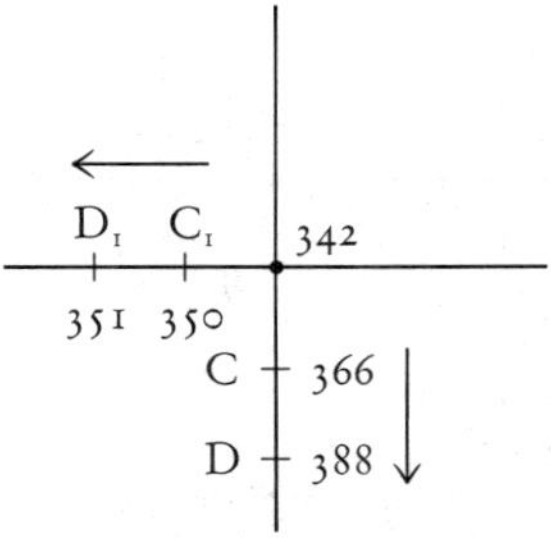

Divergenz QT

II.

	RR		QT	
Gruppe:	2) A_1 : 820 3) B_1 : 756	→ schneller	2) C_1 : 351 3) D_1 : 344	→ schneller
Individuum :	2) A : 896 3) B : 876	→ schneller	2) A : 388 3) B : 372	→ schneller

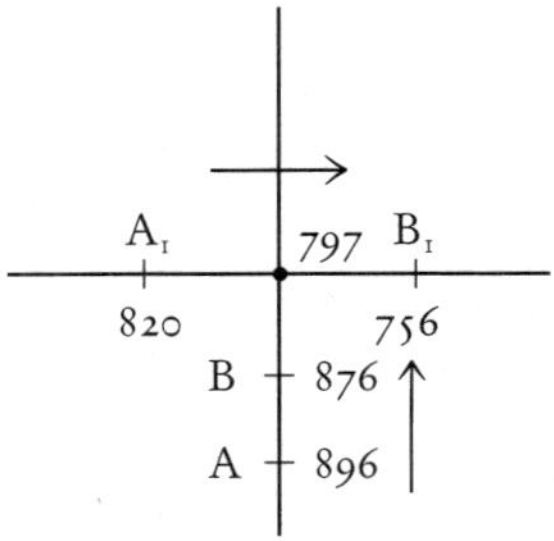

Konflikt RR

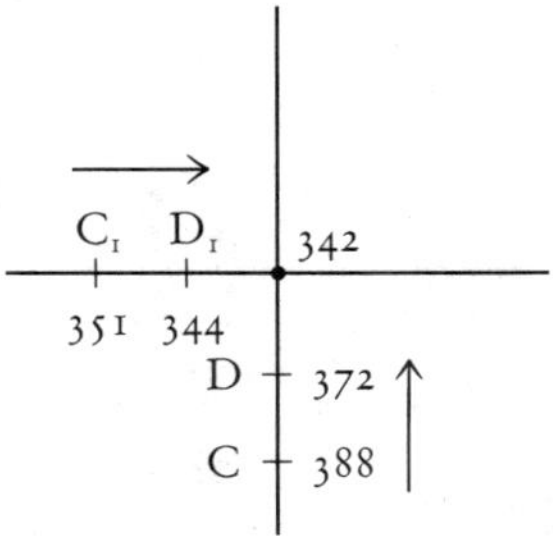

Konvergenz QT

III.

	RR			**QT**	
Gruppe:	3) A_I : 756 4) B_I : 759	→ langsamer	Gruppe:	3) C_I : 344 4) D_I : 337	→ schneller
Indivi- : duum	3) A : 876 4) B : 858	→ schneller	Indivi- : duum	3) C : 372 4) D : 404	→ langsamer

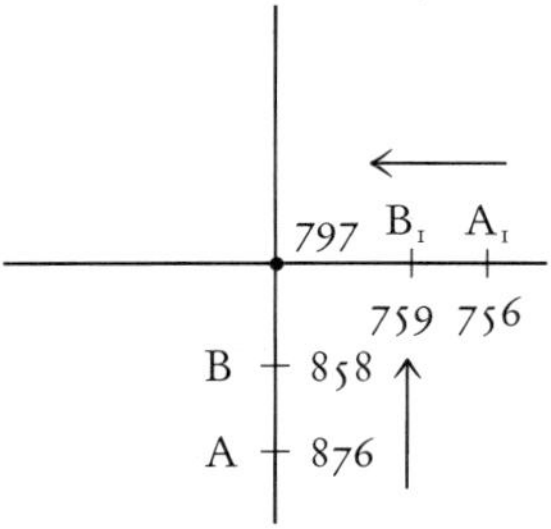

Konvergenz RR

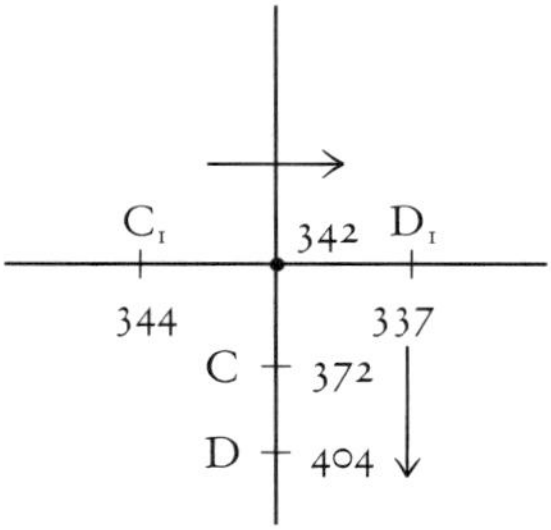

Konflikt/Divergenz QT

IV.

	RR			**QT**	
Gruppe:	4) A_I : 759 5) B_I : 823	→ langsamer	Gruppe:	4) C_I : 337 5) D_I : 347	→ langsamer
Indivi- : duum	4) A : 858 5) B : 994	→ langsamer	Indivi- : duum	4) C : 404 5) D : 382	→ schneller

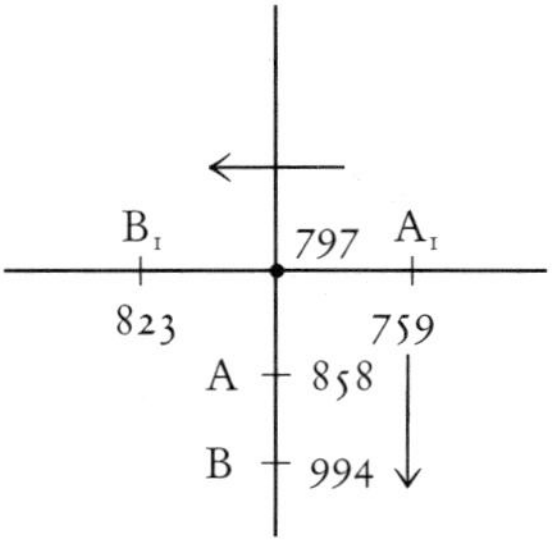

Konflikt/Divergenz RR

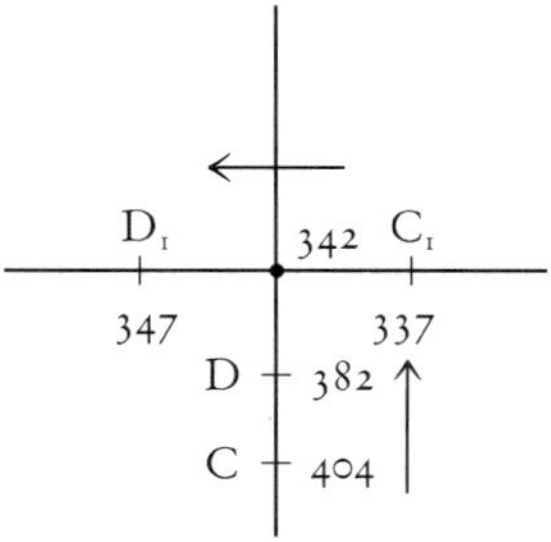

Konvergenz/Konflikt QT

V.

RR

Gruppe: 5) A_I : 823 → 6) B_I : 828 → langsamer

Individuum: 5) A : 994 → 6) B : 960 → schneller

QT

Gruppe: 5) C_I : 347 → 6) D_I : 349 → langsamer

Individuum: 5) C : 382 → 6) D : 394 → langsamer

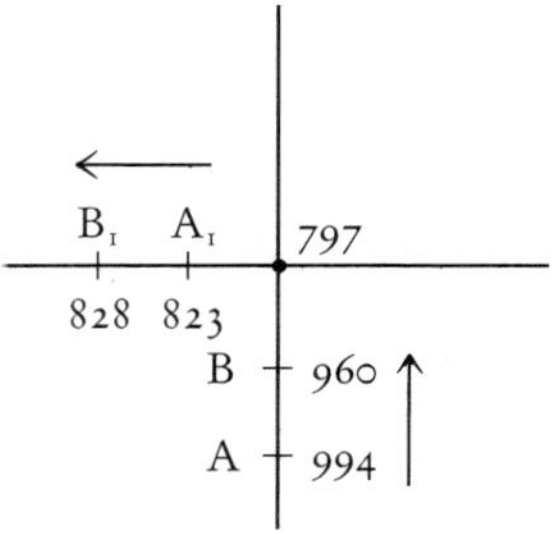

Konflikt RR

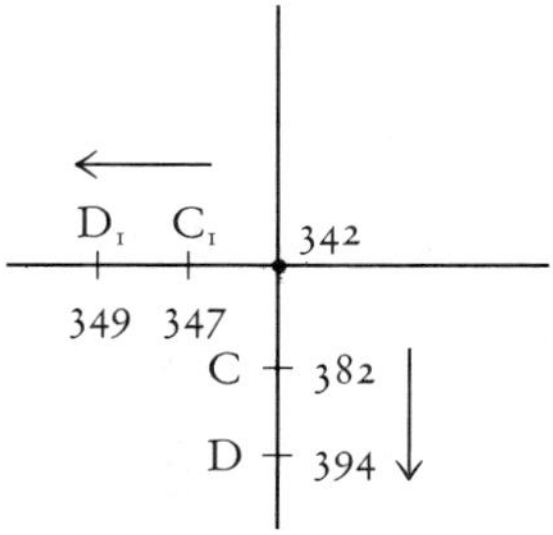

Divergenz QT

VI.

RR

Gruppe: 6) A_I : 828 → 7) B_I : 784 → schneller

Individuum: 6) A : 960 → 7) B : 1054 → langsamer

QT

Gruppe: 6) C_I : 349 → 7) D_I : 340 → schneller

Individuum: 6) C : 394 → 7) D : 378 → langsamer

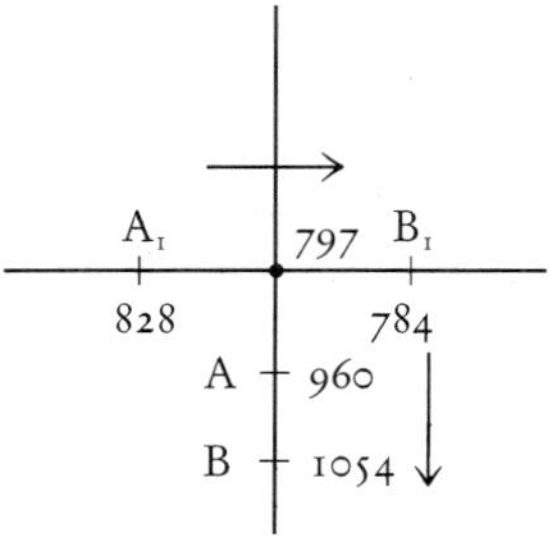

Konflikt/Divergenz RR

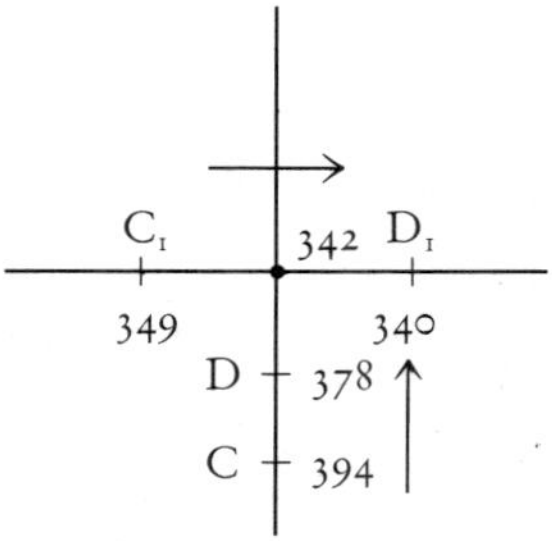

Konvergenz/Konflikt QT

VII.

	RR			**QT**	
Gruppe:	7) A_I : 784 8) B_I : 737	→ langsamer	Gruppe:	7) C_I : 340 8) D_I : 334	→ schneller
Individuum :	7) A : 1054 8) B : 974	→ schneller	Individuum :	7) C : 378 8) D : 360	→ schneller

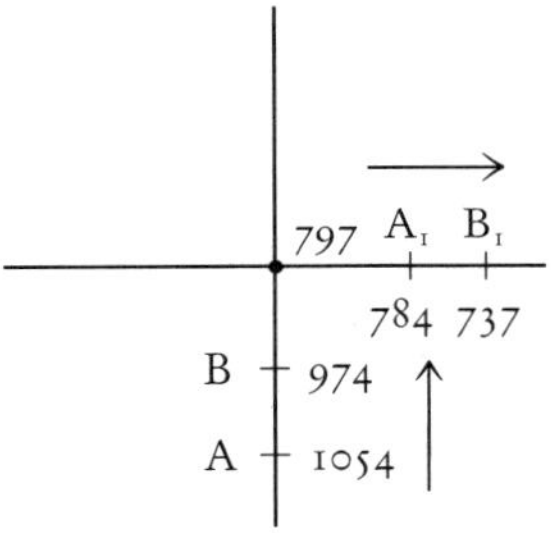

Konflikt RR

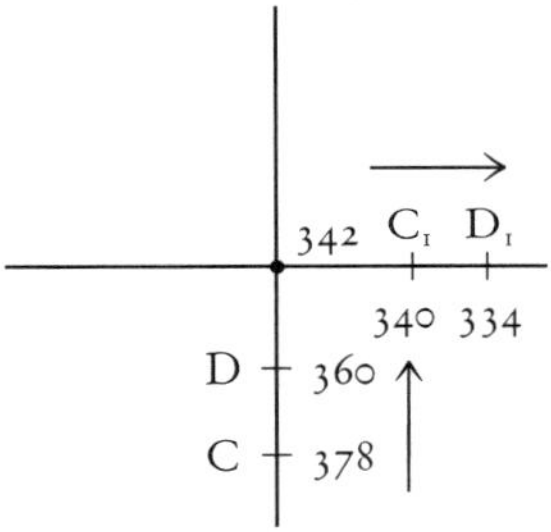

Konflikt QT

VIII.

	RR			**QT**	
Gruppe:	8) A_I : 737 9) B_I : 784	→ langsamer	Gruppe:	8) C_I : 334 9) D_I : 340	→ langsamer
Individuum :	8) A : 974 9) B : 958	→ schneller	Individuum :	8) C : 360 9) D : 358	→ schneller

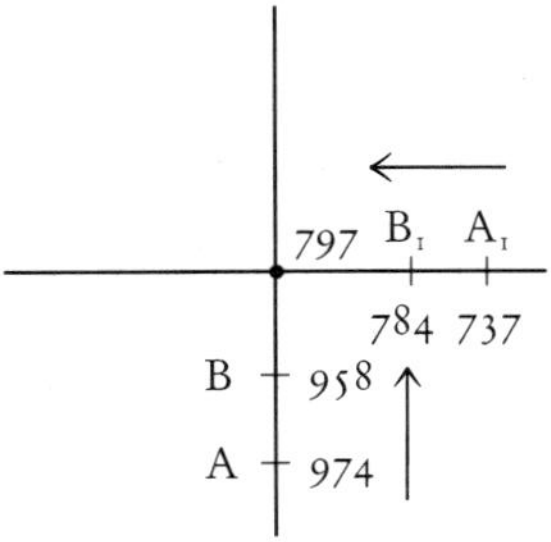

Konvergenz RR

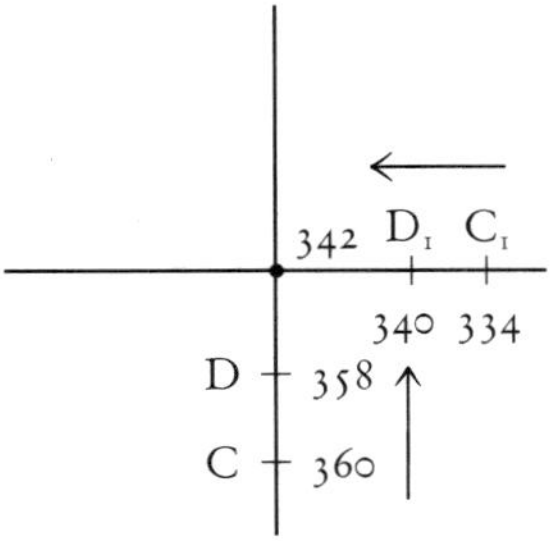

Konvergenz RR

IX.

RR

Gruppe: 9) A_1 : 784 → 10) B_1 : 769 schneller

Indivi-duum : 9) A : 958 → 10) B : 872 schneller

QT

Gruppe: 9) C_1 : 340 → 10) D_1 : 337 schneller

Indivi-duum : 9) C : 358 → 10) D : 420 langsamer

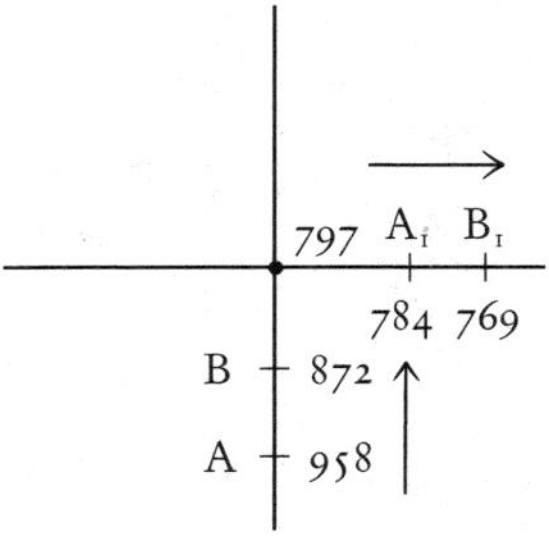

Konflikt RR

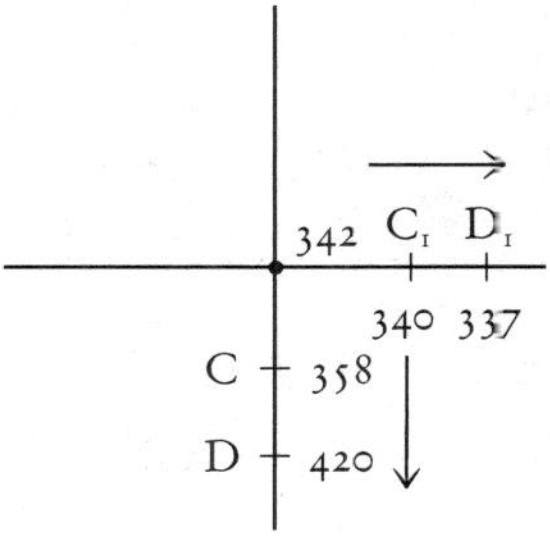

Divergenz QT

X.

RR

Gruppe: 10) A_1 : 769 → 11) B_1 : 770 langsamer

Indivi-duum : 10) A : 872 → 11) B : 878 langsamer

QT

Gruppe: 10) C_1 : 337 → 11) D_1 : 341 langsamer

Indivi-duum : 10) C : 420 → 11) D : 394 schneller

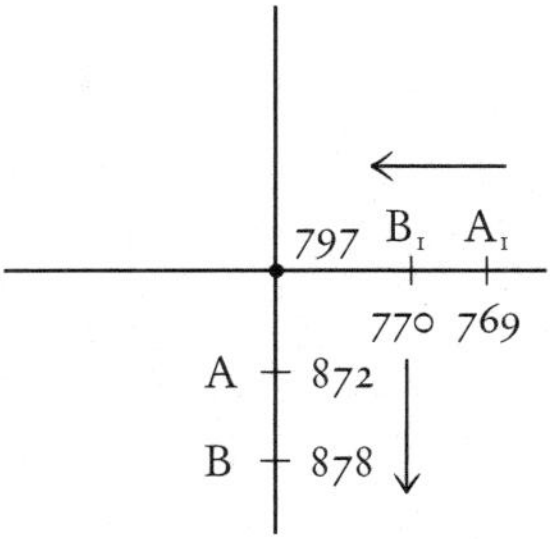

Konflikt RR

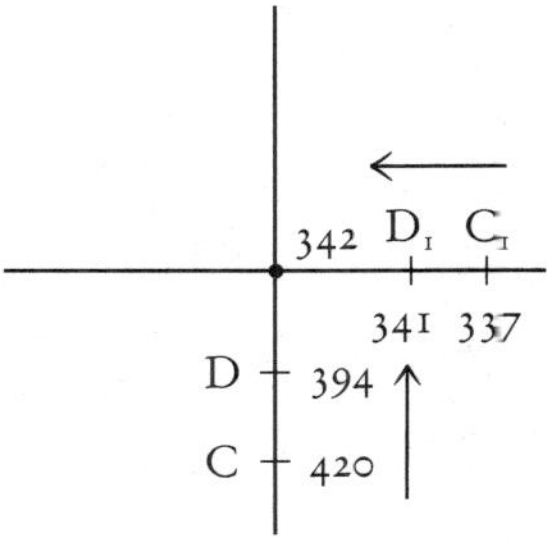

Konvergenz QT

XI.

RR

Gruppe: 11) A_I : 770 → schneller
12) B_I : 760

Indivi-duum : 11) A : 878 → langsamer
12) B : 912

QT

Gruppe: 11) C_I : 341 → schneller
12) D_I : 340

Indivi-duum : 11) C : 394 → langsamer
12) D : 410

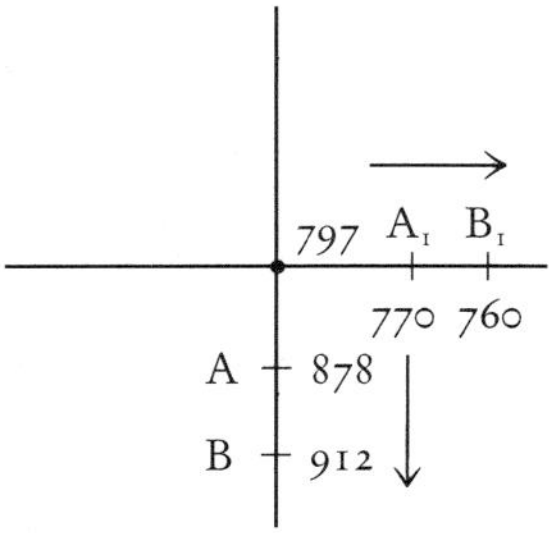

Divergenz RR

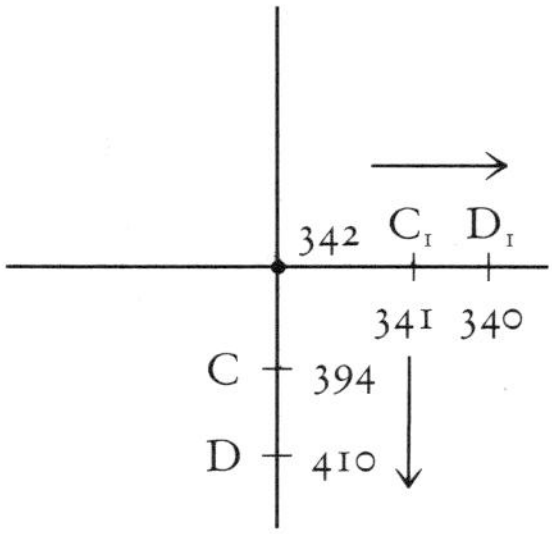

Divergenz QT

XII.

RR

Gruppe: 12) A_I : 760 → langsamer
13) B_I : 781

Indivi-duum : 12) A : 912 → schneller
13) B : 838

QT

Gruppe: 12) C_I : 340 → schneller
13) D_I : 336

Indivi-duum : 12) C : 410 → schneller
13) D : 384

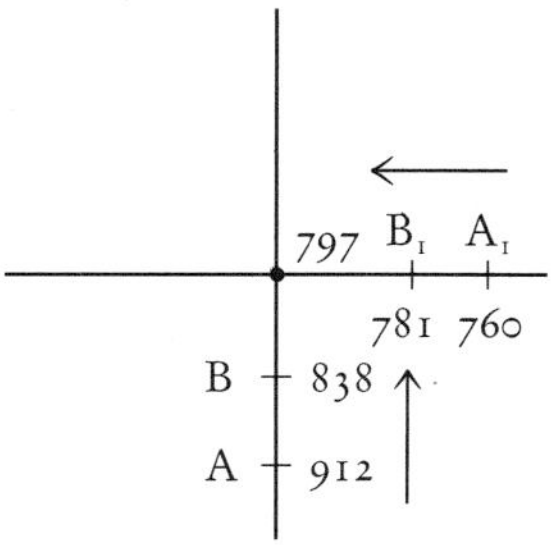

Konvergenz RR

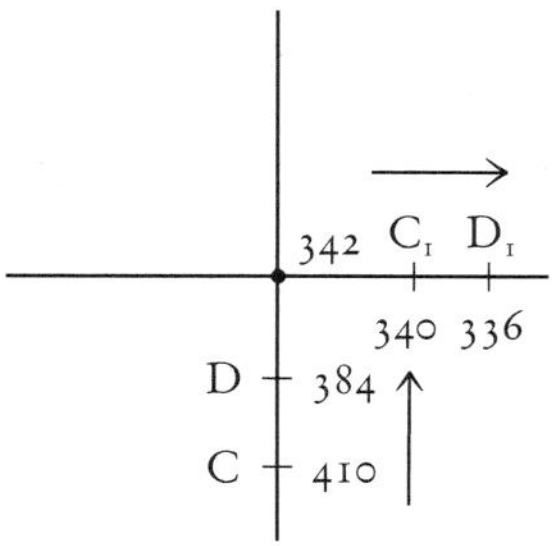

Konflikt QT

XIII.

RR

Gruppe: 13) A_I : 781 → schneller
14) B_I : 759

Individuum : 13) A : 838 → langsamer
14) B : 956

QT

Gruppe: 13) C_I : 336 → schneller
14) D_I : 335

Individuum : 13) C : 384 → langsamer
14) D : 396

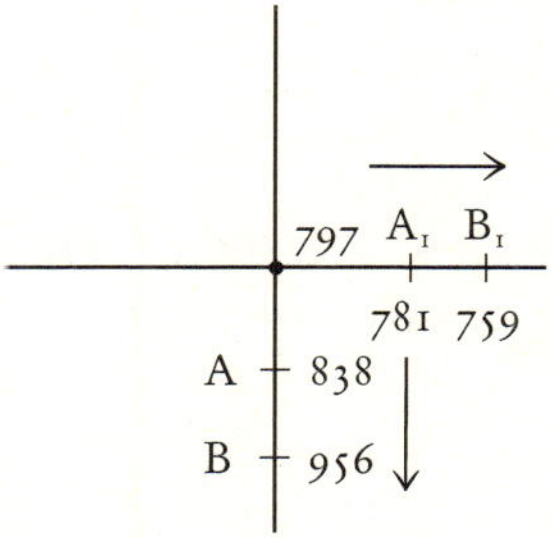

Divergenz RR

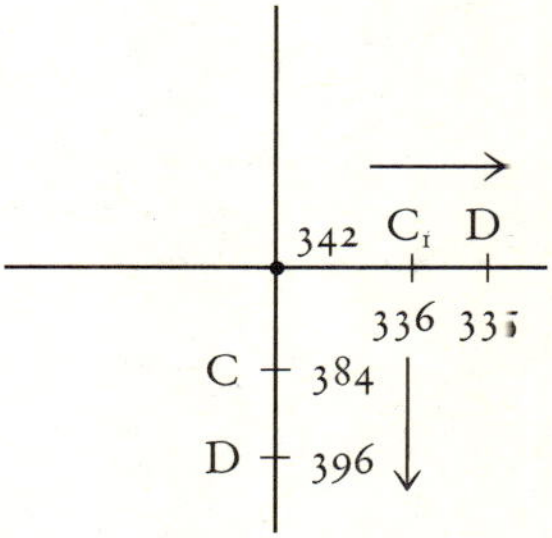

Divergenz QT

XIV.

RR

Gruppe: 14) A_I : 759 → langsamer
15) B_I : 785

Individuum : 14) A : 956 → schneller
15) B : 904

QT

Gruppe: 14) C_I : 335 → langsamer
15) D_I : 338

Individuum : 14) C : 396 → langsamer
15) D : 422

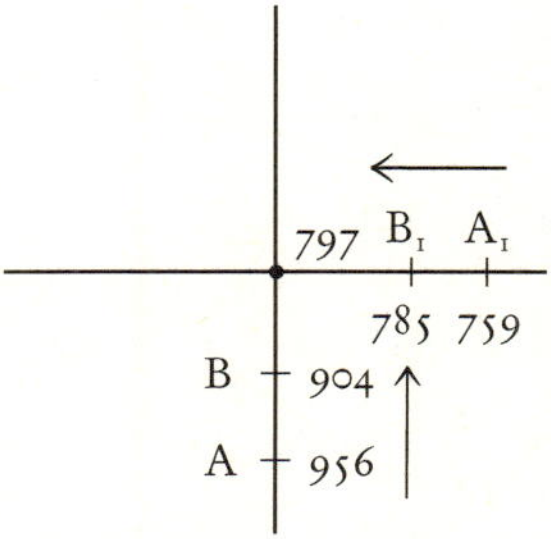

Konvergenz RR

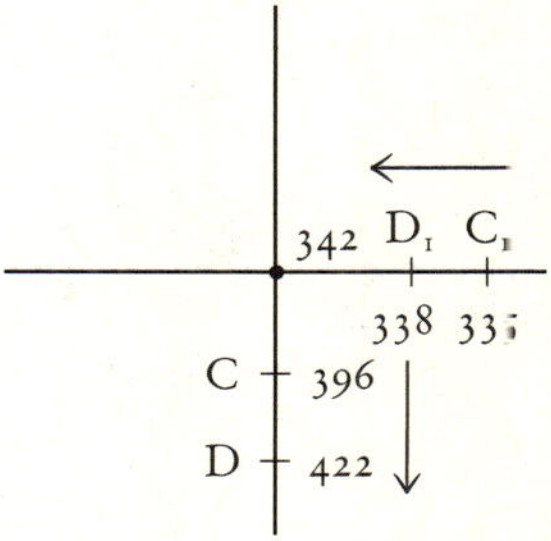

Konflikt QT

XV.

RR

Gruppe: 15) A_1: 785 → langsamer
16) B_1: 926

Indivi-duum: 15) A : 904 → langsamer
16) B : 1158

QT

Gruppe: 15) C_1: 338 → langsamer
16) D_1: 353

Indivi-duum: 15) C : 422 → schneller
16) D : 408

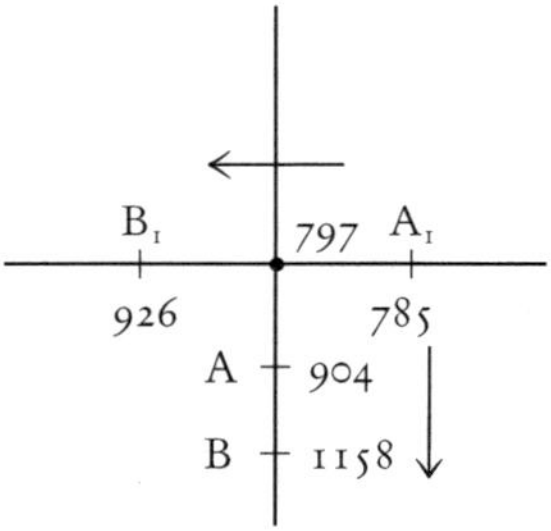

Konflikt/Divergenz RR

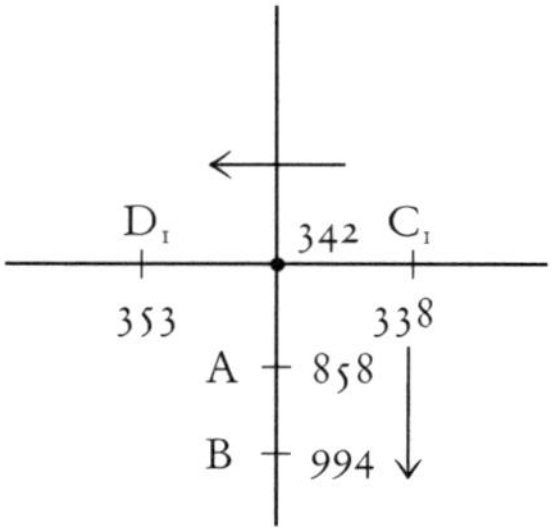

Konvergenz QT

XVI.

RR

Gruppe: 16) A_1: 926 → schneller
17) B_1: 806

Indivi-duum: 16) A : 904 → langsamer
17) B : 984

QT

Gruppe: 16) C_1: 353 → schneller
17) D_1: 344

Indivi-duum: 16) C : 408 → langsamer
17) D : 414

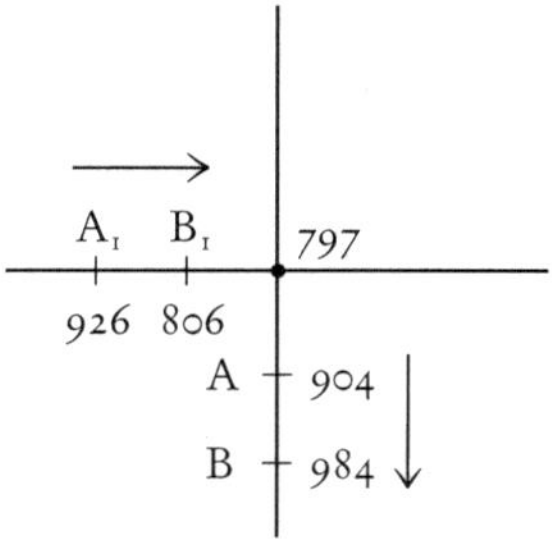

Konflikt RR

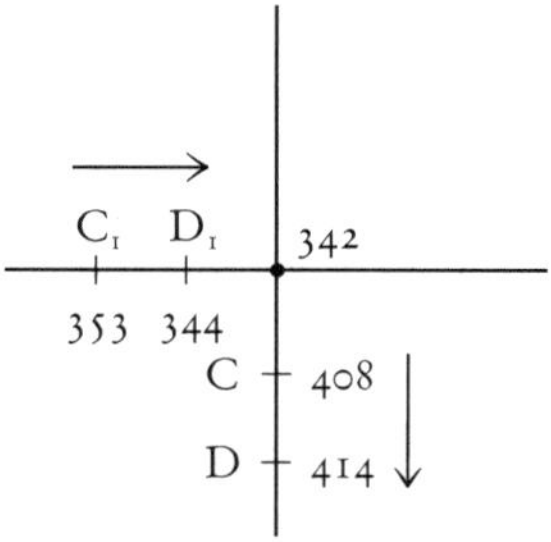

Konflikt QT

XVII.

RR

Gruppe: 17) A_I: 806 → langsamer
18) B_I: 877

Indivi-duum: 17) A: 984 → langsamer
18) B: 1206

QT

Gruppe: 17) C_I: 344 → langsamer
18) D_I: 353

Indivi-duum: 17) C: 414 → langsamer
18) D: 418

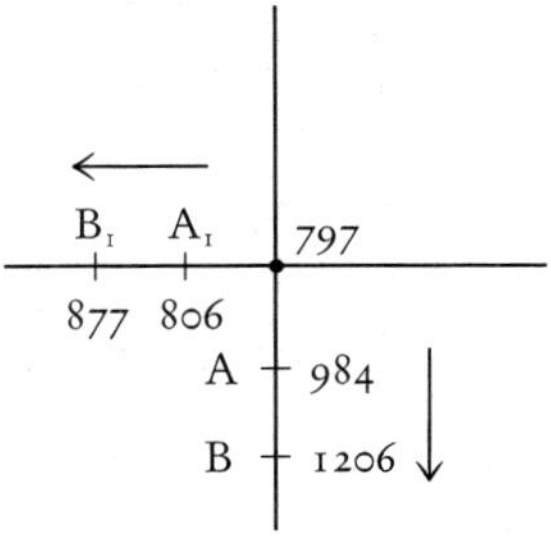

Divergenz RR

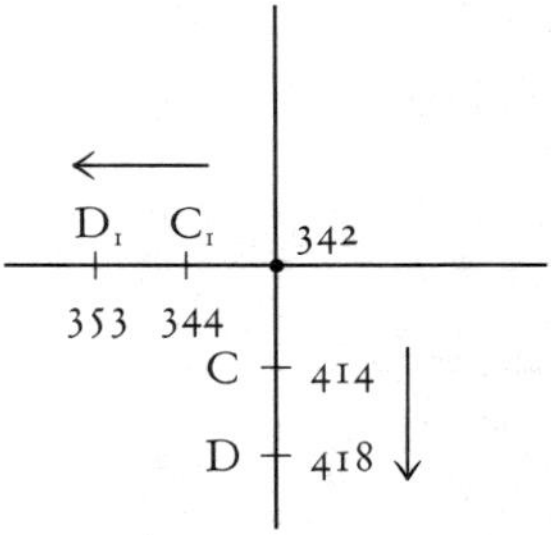

Divergenz QT

Fall 2, Kapitel V, 5 (S. 174 ff.)

I.

RR

Gruppe: 1) A_1: 817 / 2) B_1: 820 → langsamer

Indivi-duum: 1) A : 1058 / 2) B : 956 → schneller

QT

Gruppe: 1) C_1: 350 / 2) D_1: 351 → langsamer

Indivi-duum: 1) A : 407 / 2) B : 407 → gleich

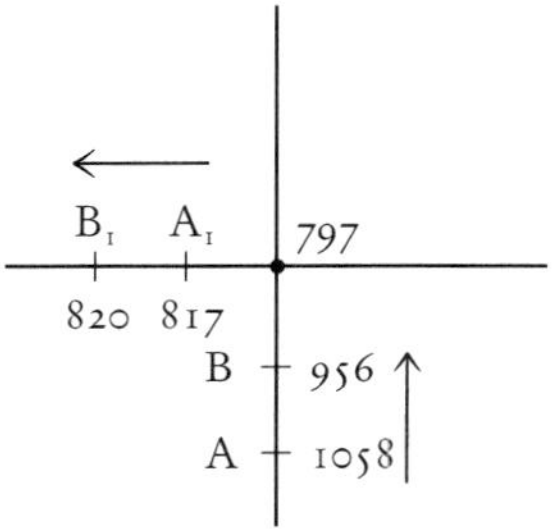

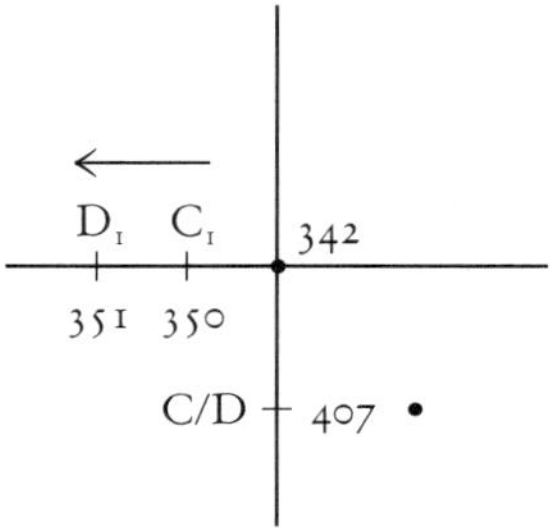

II.

RR

Gruppe: 2) A_1: 820 / 3) B_1: 756 → schneller

Indivi-duum: 2) A : 956 / 3) B : 896 → schneller

QT

Gruppe: 2) C_1: 351 / 3) D_1: 344 → schneller

Indivi-duum: 2) A : 407 / 3) B : 395 → schneller

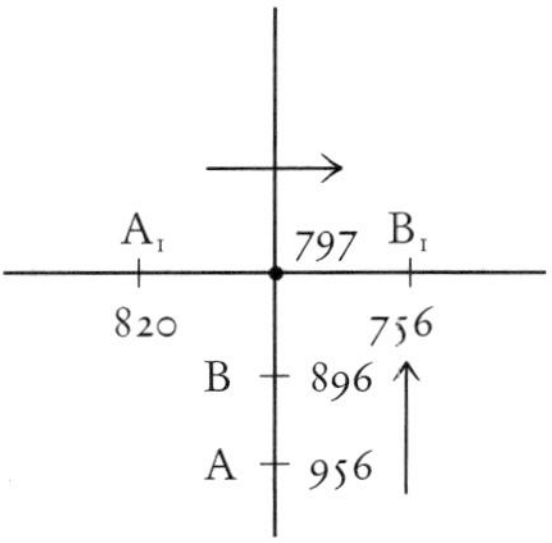

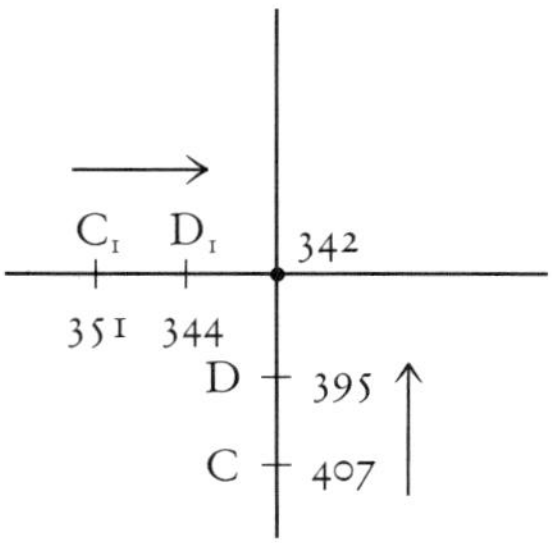

III.

RR

Gruppe: 3) A_1 : 756
4) B_1 : 759 → langsamer

Indivi- duum: 3) A : 896
4) B : 886 → schneller

QT

Gruppe: 3) C_1 : 344
4) D_1 : 337 → schneller

Indivi- duum: 3) C : 395
4) D : 374 → schneller

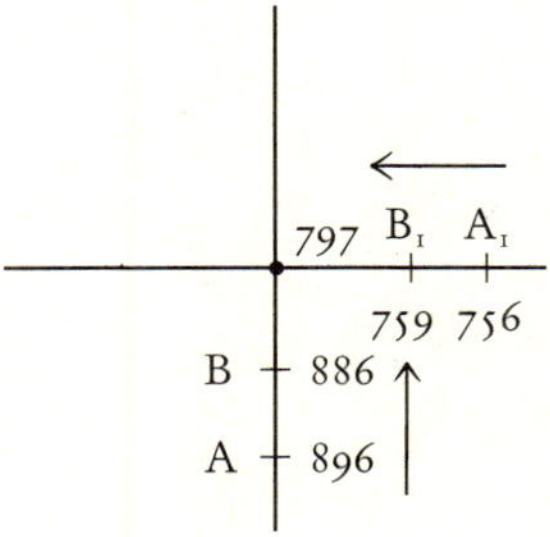

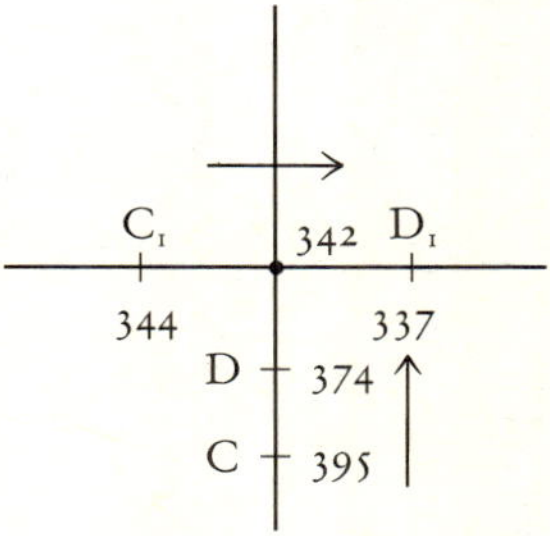

IV.

RR

Gruppe: 4) A_1 : 759
5) B_1 : 823 → langsamer

Indivi- duum: 4) A : 886
5) B : 963 → langsamer

QT

Gruppe: 4) C_1 : 337
5) D_1 : 347 → langsamer

Indivi- duum: 4) C : 374
5) D : 391 → langsamer

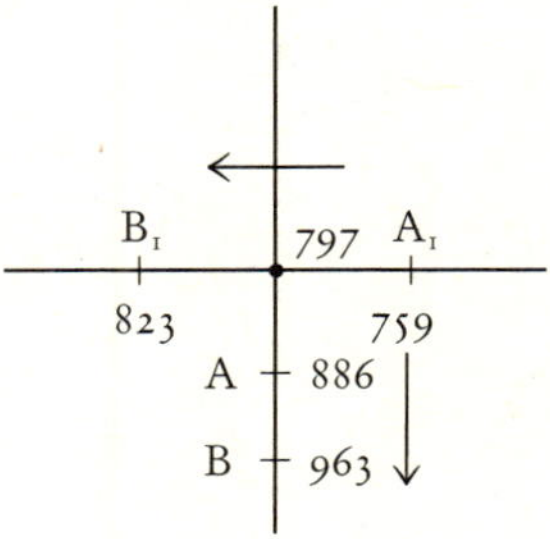

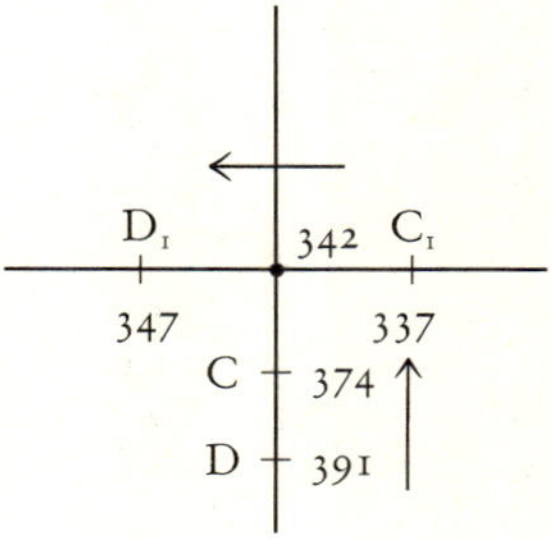

V.

RR

Gruppe: 5) A_1: 823 / 6) B_1: 828 → langsamer

Indivi-duum: 5) A : 963 / 6) B : 1020 → langsamer

QT

Gruppe: 5) C_1: 347 / 6) D_1: 349 → langsamer

Indivi-duum: 5) C : 391 / 6) D : 400 → langsamer

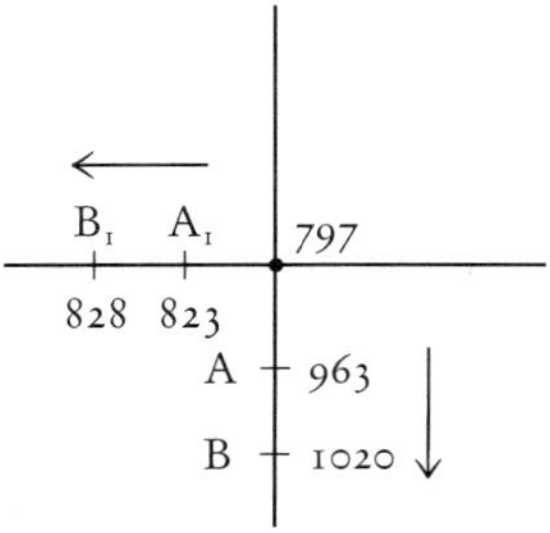

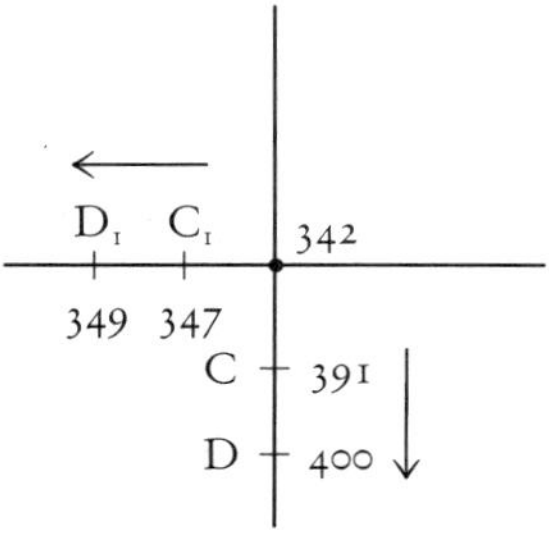

VI.

RR

Gruppe: 6) A_1: 828 / 7) B_1: 784 → schneller

Indivi-duum: 6) A : 1020 / 7) B : 850 → schneller

QT

Gruppe: 6) C_1: 349 / 7) D_1: 340 → schneller

Indivi-duum: 6) C : 400 / 7) D : 368 → schneller

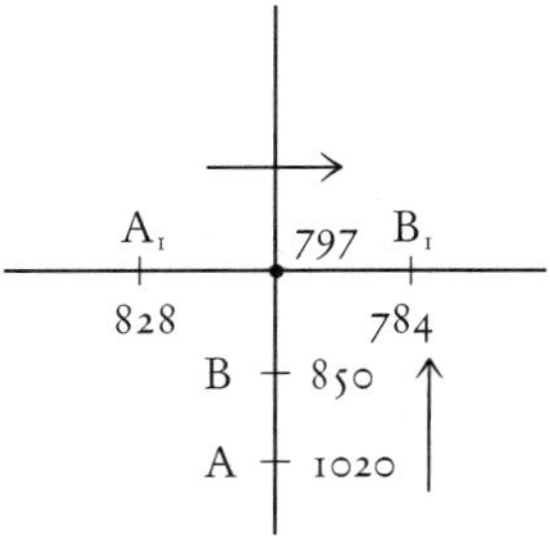

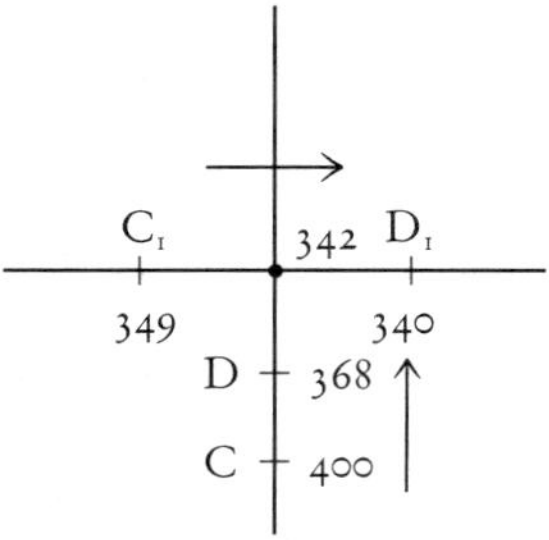

VII.

	RR			**QT**	
Gruppe:	7) A_I : 784 8) B_I : 737	→ schneller	Gruppe:	7) C_I : 340 8) D_I : 334	→ schneller
Indivi- : duum	7) A : 850 8) B : 778	→ schneller	Indivi- : duum	7) C : 368 8) D : 362	→ schneller

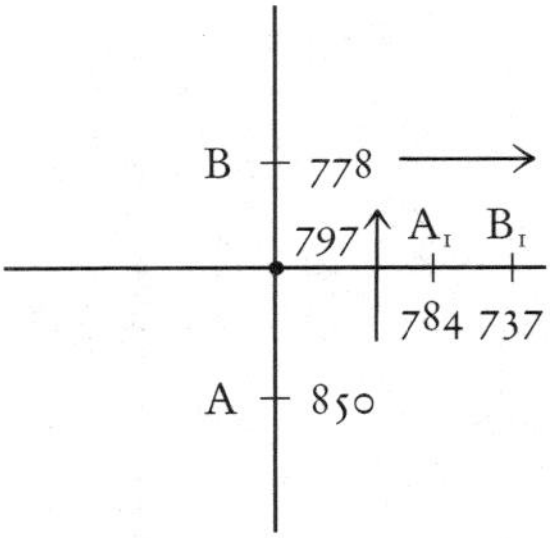

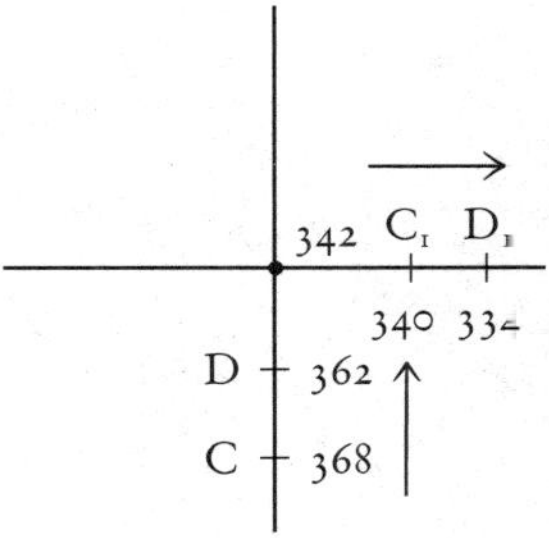

VIII.

	RR			**QT**	
Gruppe:	8) A_I : 737 9) B_I : 784	→ langsamer	Gruppe:	8) C_I : 334 9) D_I : 340	→ langsamer
Indivi- : duum	8) A : 778 9) B : 828	→ langsamer	Indivi- : duum	8) C : 362 9) D : 360	→ schneller

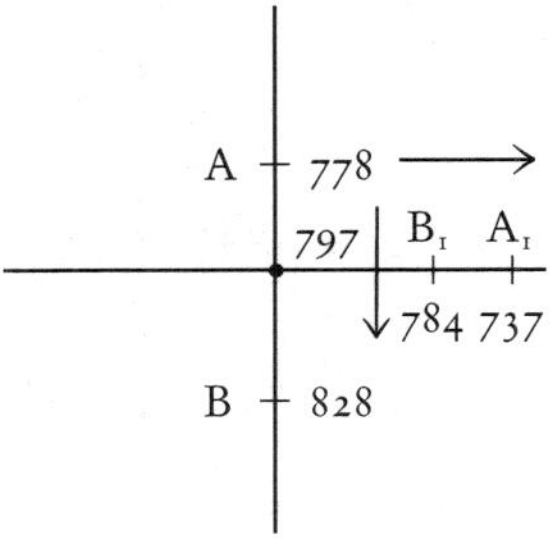

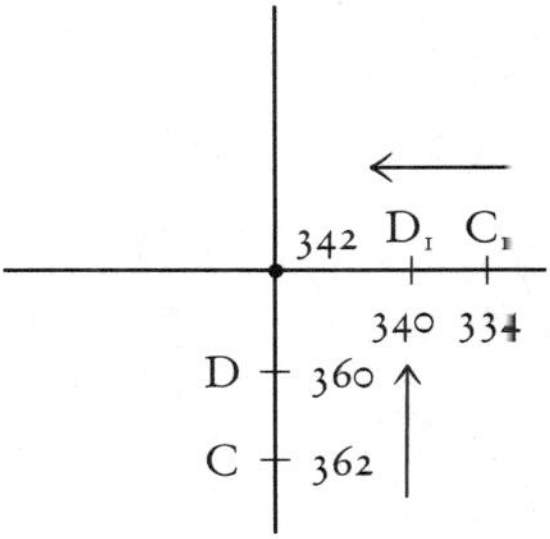

IX.

RR

Gruppe: 9) A_I : 784 → schneller
10) B_I : 769

Indivi- : 9) A : 828 → langsamer
duum 10) B : 855

QT

Gruppe: 9) C_I : 340 → schneller
10) D_I : 337

Indivi- : 9) C : 360 → langsamer
duum 10) D : 361

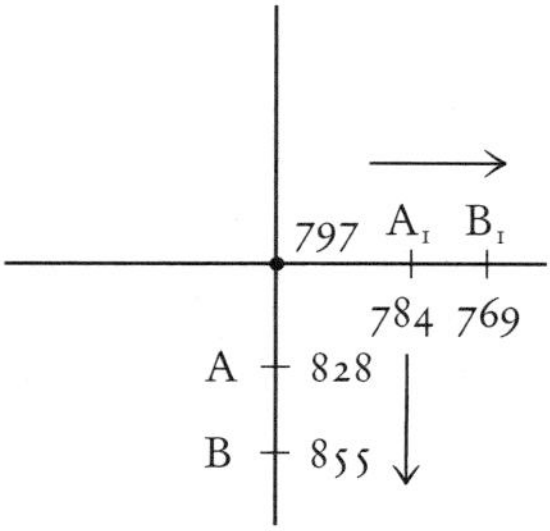

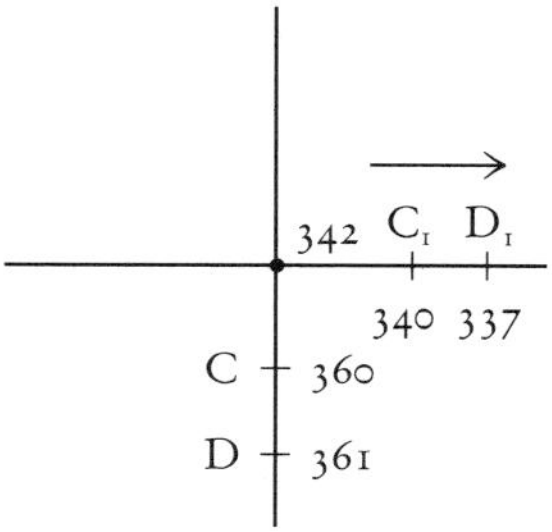

X.

RR

Gruppe: 10) A_I : 769 → langsamer
11) B_I : 770

Indivi- : 10) A : 855 → schneller
duum 11) B : 807

QT

Gruppe: 10) C_I : 337 → langsamer
11) D_I : 341

Indivi- : 10) C : 361 → schneller
duum 11) D : 353

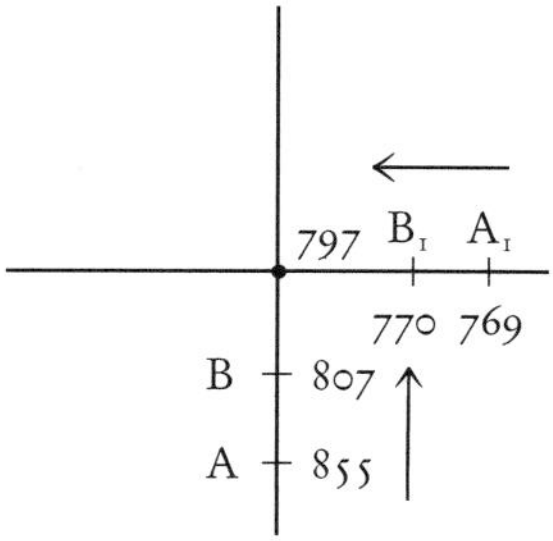

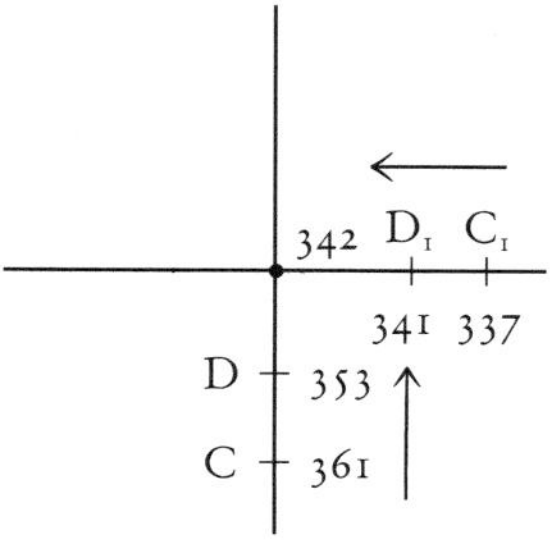

XI.

RR

Gruppe: 11) A_1 : 770 → schneller
12) B_1 : 760

Indivi- : 11) A : 807 → schneller
duum 12) B : 806

QT

Gruppe: 11) C_1 : 341 → schneller
12) D_1 : 340

Indivi- : 11) C : 353 → langsamer
duum 12) D : 355

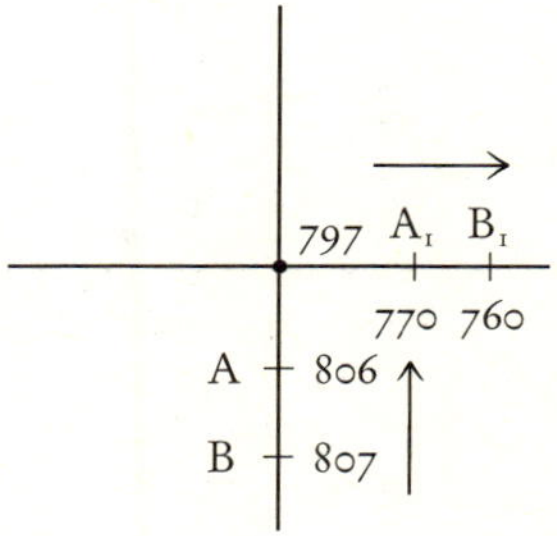

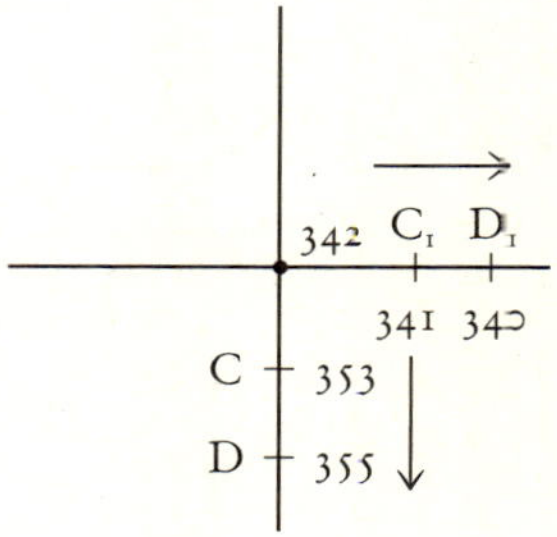

XII.

RR

Gruppe: 12) A_1 : 760 → langsamer
13) B_1 : 781

Indivi- : 12) A : 806 → langsamer
duum 13) B : 832

QT

Gruppe: 12) C_1 : 340 → schneller
13) D_1 : 336

Indivi- : 12) C : 355 → schneller
duum 13) D : 352

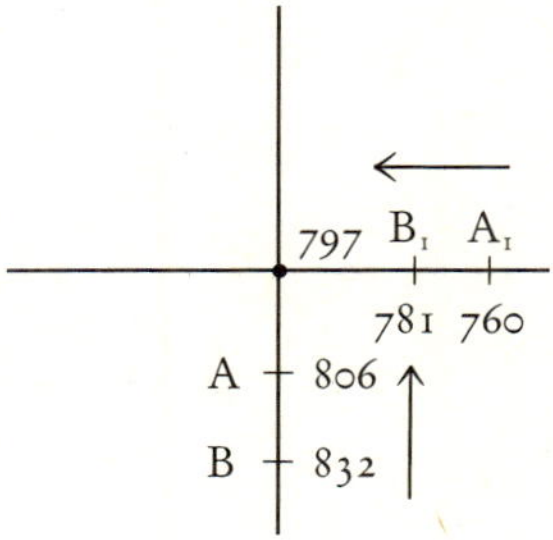

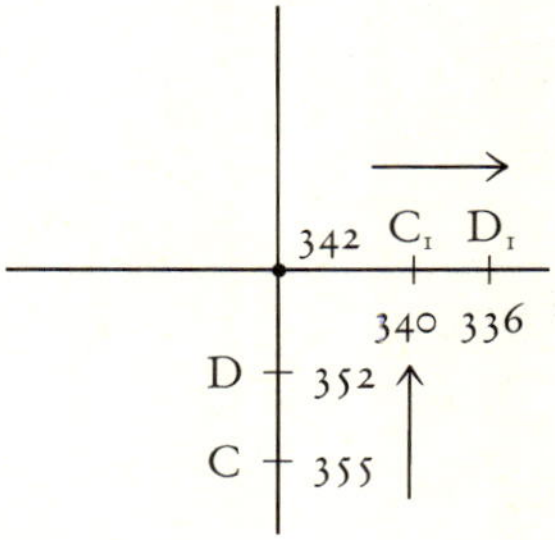

XIII.

RR

Gruppe: 13) A_1 : 781 → 14) B_1 : 759 schneller

Indivi-duum : 13) A : 832 → 14) B : 818 schneller

QT

Gruppe: 13) C_1 : 336 → 14) D_1 : 335 schneller

Indivi-duum : 13) C : 352 → 14) D : 358 langsamer

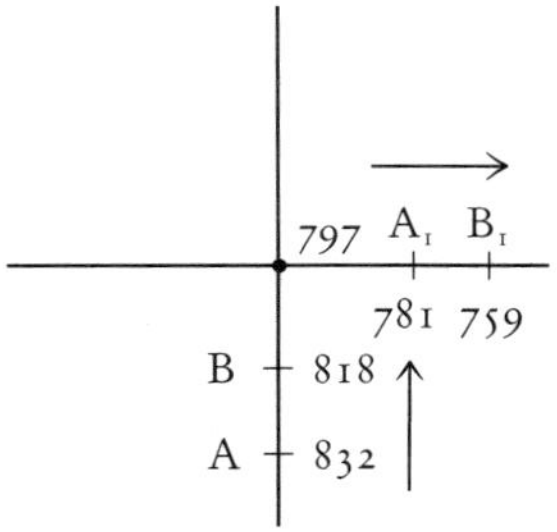

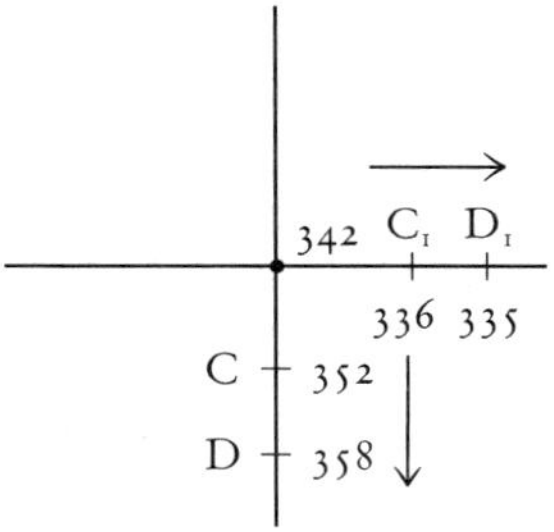

XIV.

RR

Gruppe: 14) A_1 : 759 → 15) B_1 : 785 langsamer

Indivi-duum : 14) A : 818 → 15) B : 772 schneller

QT

Gruppe: 14) C_1 : 335 → 15) D_1 : 338 langsamer

Indivi-duum : 14) C : 358 → 15) D : 347 schneller

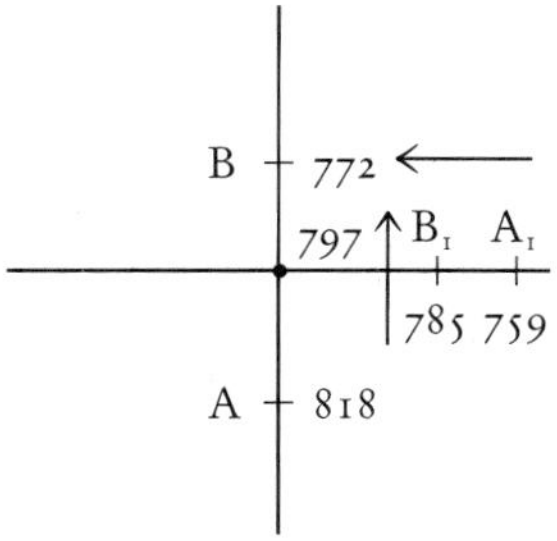

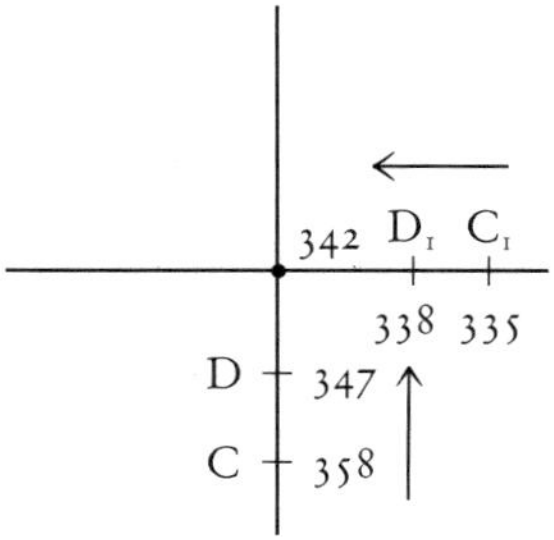

XV.

RR

Gruppe: 15) A_1 : 785
16) B_1 : 926 → langsamer

Indivi-duum : 15) A : 772
16) B : 778 → langsamer

QT

Gruppe: 15) C_1 : 338
16) D_1 : 353 → langsamer

Indivi-duum : 15) C : 347
16) D : 379 → langsamer

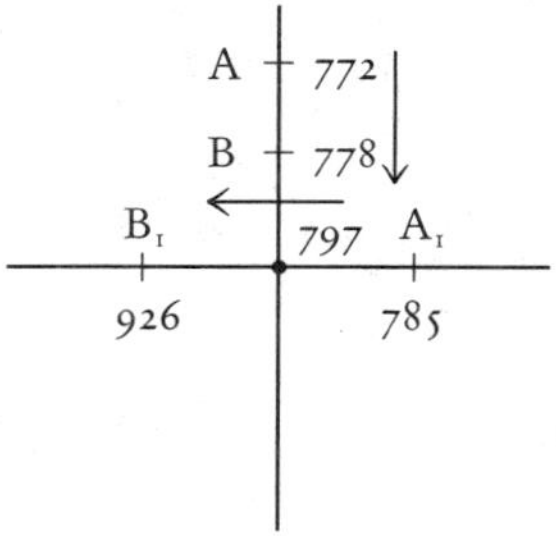

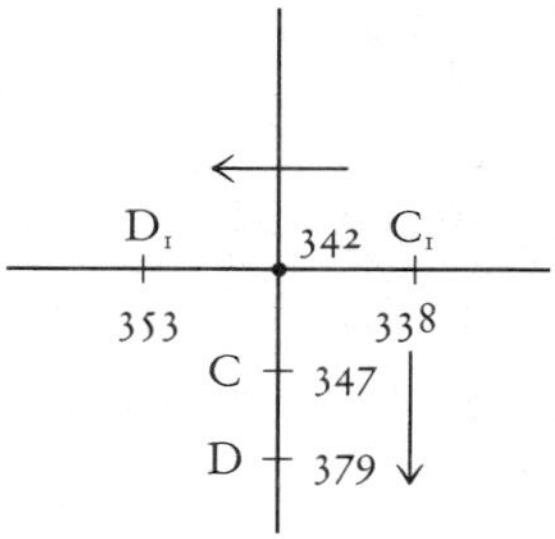

XVI.

RR

Gruppe: 16) A_1 : 926
17) B_1 : 806 → schneller

Indivi-duum : 16) A : 778
17) B : 1015 → langsamer

QT

Gruppe: 16) C_1 : 353
17) D_1 : 344 → schneller

Indivi-duum : 16) C : 379
17) D : 381 → langsamer

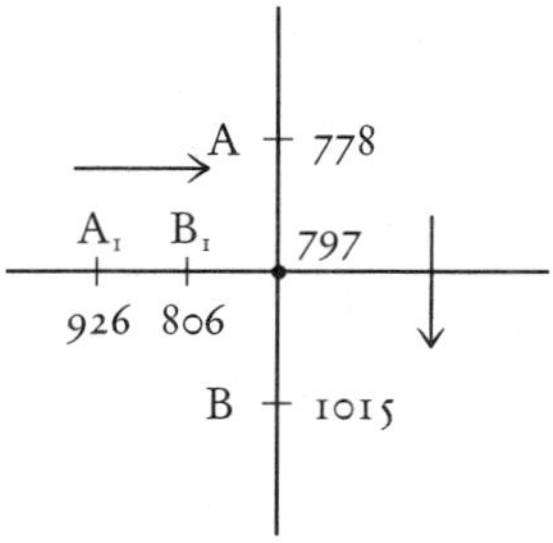

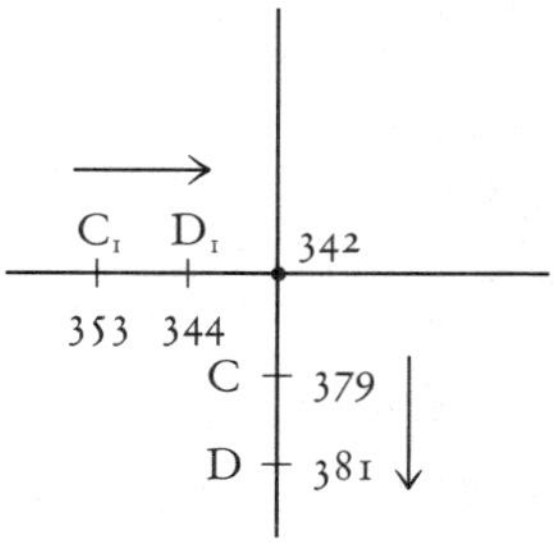

XVII.

RR

Gruppe: 17) A_1: 806
18) B_1: 877 → langsamer

Indivi- : 17) A :
duum 18) B :

QT

Gruppe: 17) C_1: 344
18) D_1: 353 → langsamer

Indivi- : 17) C :
duum 18) D :

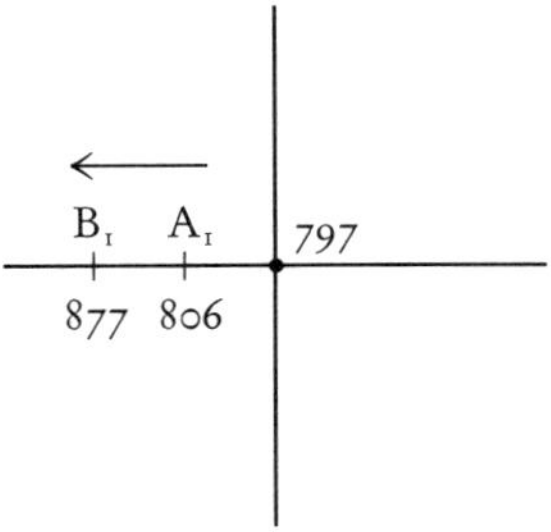

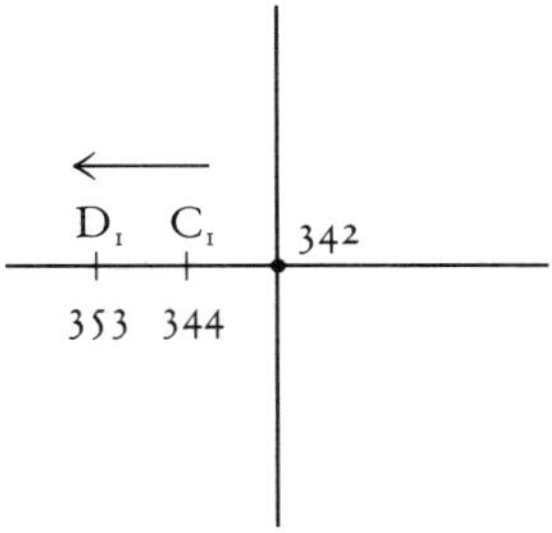

Fall 3, Kapitel V, 5 (S. 177f.)

I.

RR

Gruppe: 1) A_1 : 817 → langsamer
2) B_1 : 820

Indivi- : 1) A : 981 → schneller
duum 2) B : 968

QT

Gruppe: 1) C_1 : 350 → langsamer
2) D_1 : 351

Indivi- : 1) A : 316 → langsamer
duum 2) B : 320

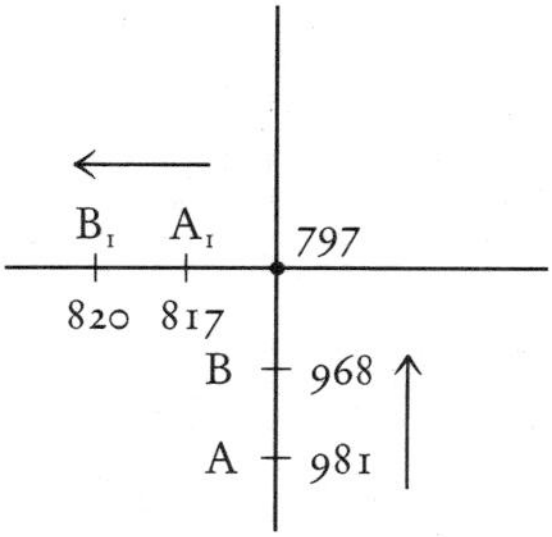

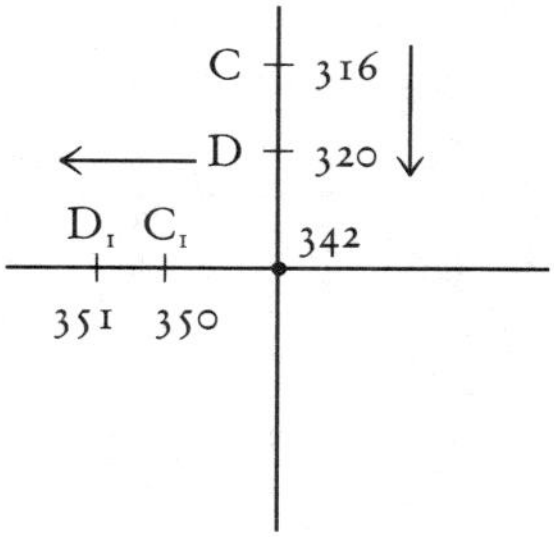

II.

RR

Gruppe: 2) A_1 : 820 → schneller
3) B_1 : 756

Indivi- : 2) A : 968 → schneller
duum 3) B : 865

QT

Gruppe: 2) C_1 : 351 → schneller
3) D_1 : 344

Indivi- : 2) A : 320 → schneller
duum 3) B : 320

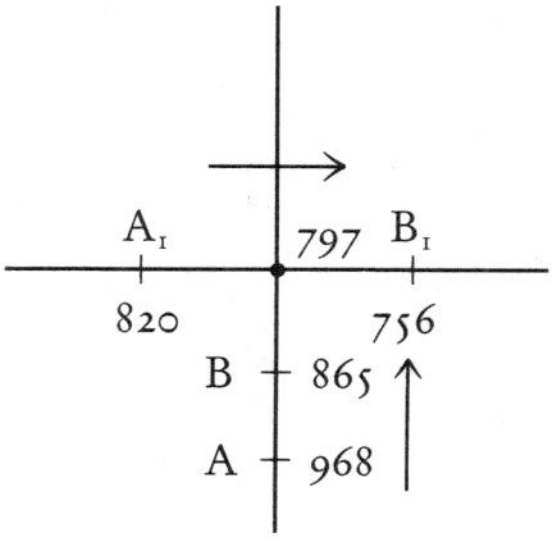

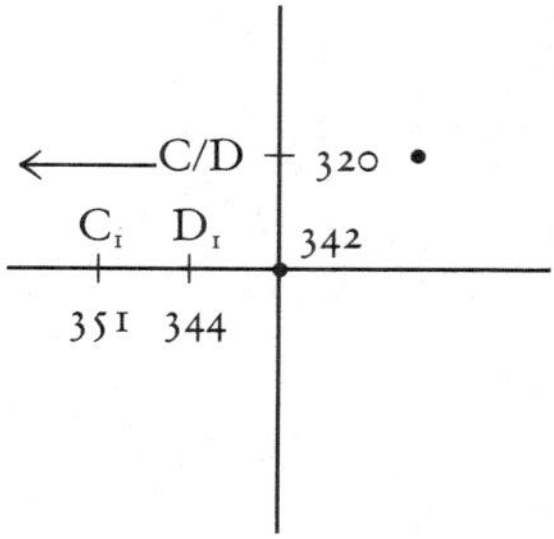

III.

RR

Gruppe: 3) A_I : 756, 4) B_I : 759 → langsamer

Individuum: 3) A : 865, 4) B : 869 → langsamer

QT

Gruppe: 3) C_I : 344, 4) D_I : 337 → schneller

Individuum: 3) C : 320, 4) D : 324 → langsamer

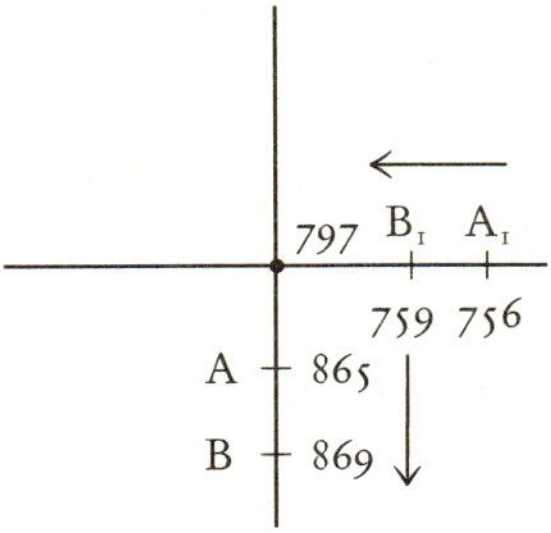

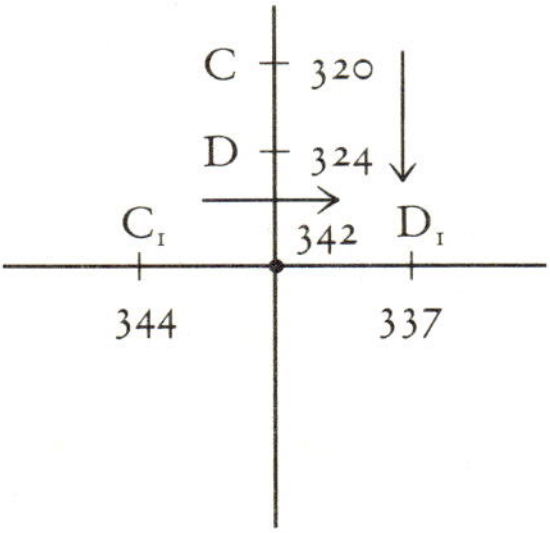

IV.

RR

Gruppe: 4) A_I : 759, 5) B_I : 823 → langsamer

Individuum: 4) A : 869, 5) B : 874 → langsamer

QT

Gruppe: 4) C_I : 337, 5) D_I : 347 → langsamer

Individuum: 4) C : 324, 5) D : 323 → schneller

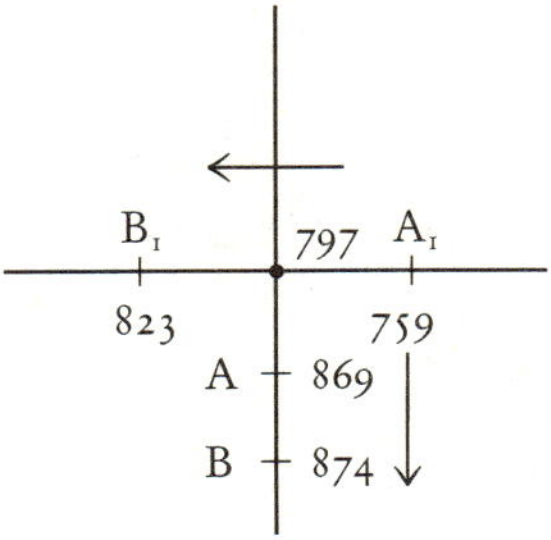

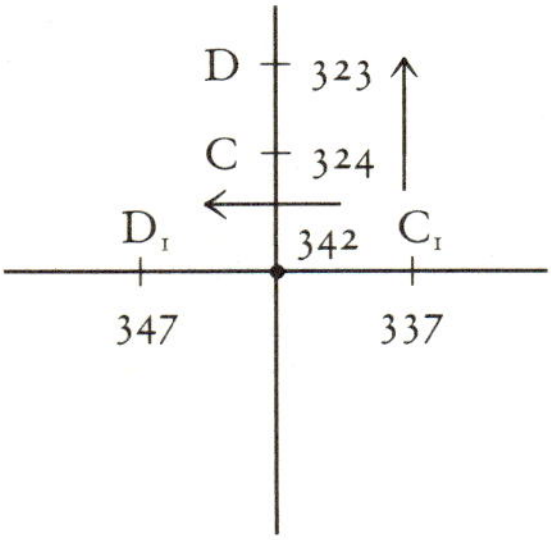

V.

RR

Gruppe: 5) A_1 : 823
6) B_1 : 828 → langsamer

Indivi- : 5) A : 874
duum 6) B : 884 → langsamer

QT

Gruppe: 5) C_1 : 347
6) D_1 : 349 → langsamer

Indivi- : 5) C : 323
duum 6) D : 324 → langsamer

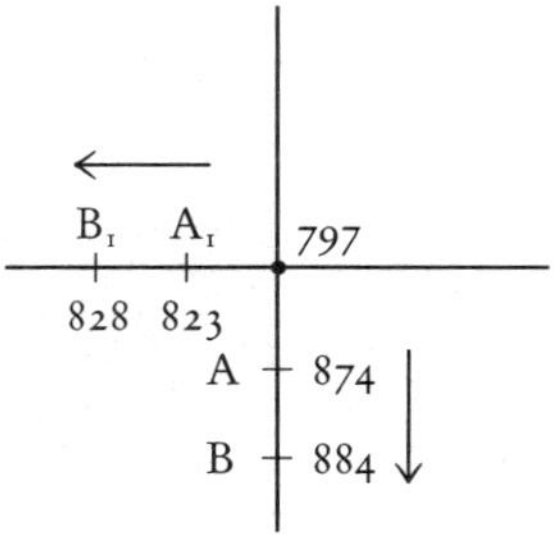

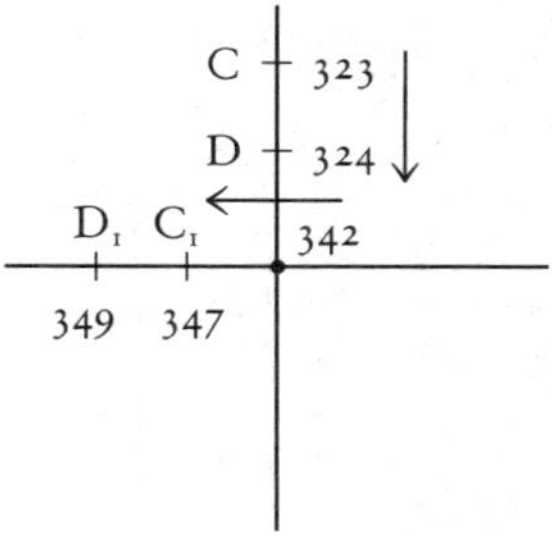

VI.

RR

Gruppe: 6) A_1 : 828
7) B_1 : 784 → schneller

Indivi- : 6) A : 884
duum 7) B : 937 → langsamer

QT

Gruppe: 6) C_1 : 349
7) D_1 : 340 → schneller

Indivi- : 6) C : 324
duum 7) D : 314 → schneller

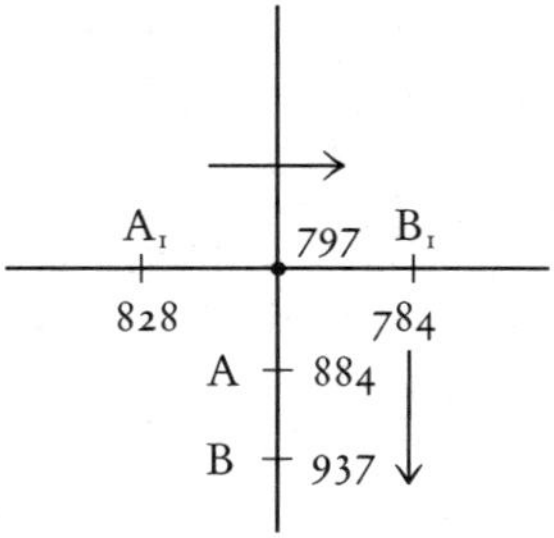

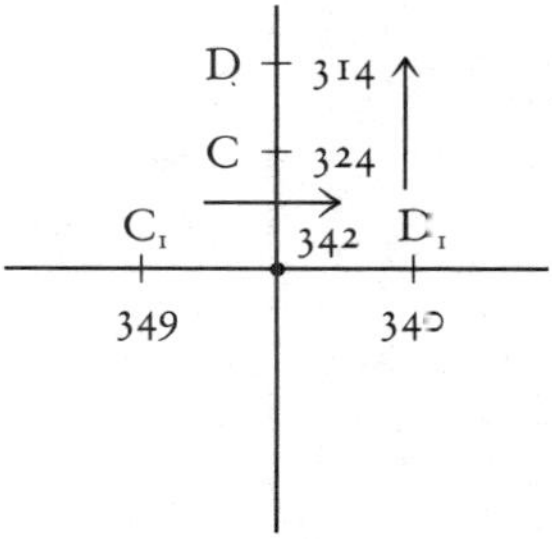

VII.

	RR			QT	
Gruppe:	7) A_1 : 784 8) B_1 : 737	→ schneller	Gruppe:	7) C_1 : 340 8) D_1 : 334	→ schneller
Indivi- : duum	7) A : 937 8) B : 817	→ schneller	Indivi- : duum	7) C : 314 8) D : 316	→ langsamer

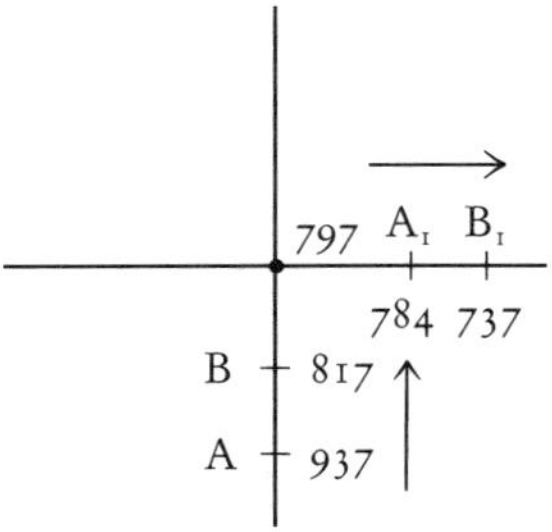

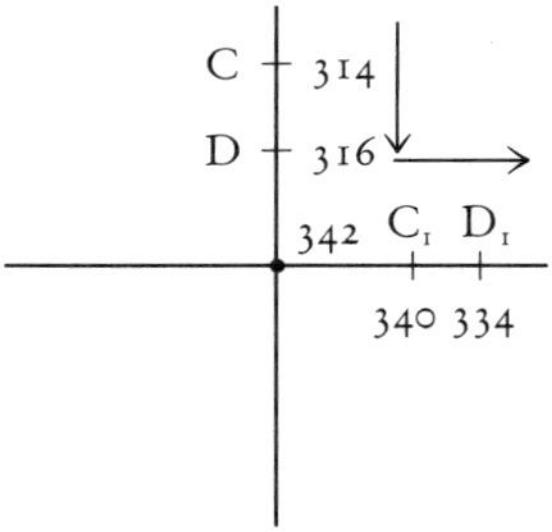

VIII.

	RR			QT	
Gruppe:	8) A_1 : 737 9) B_1 : 784	→ langsamer	Gruppe:	8) C_1 : 334 9) D_1 : 340	→ langsamer
Indivi- : duum	8) A : 817 9) B : 891	→ langsamer	Indivi- : duum	8) C : 316 9) D : 322	→ langsamer

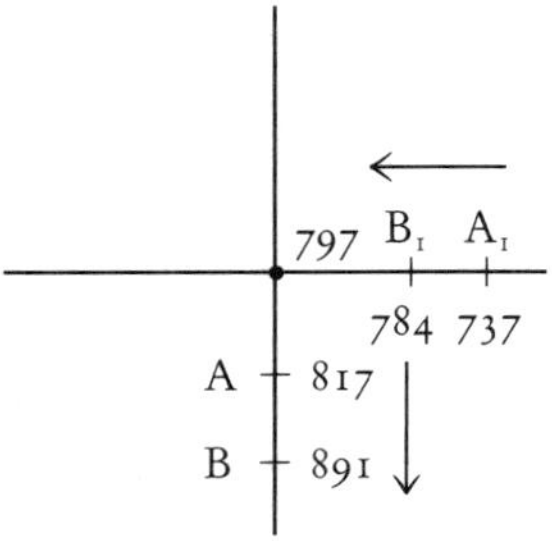

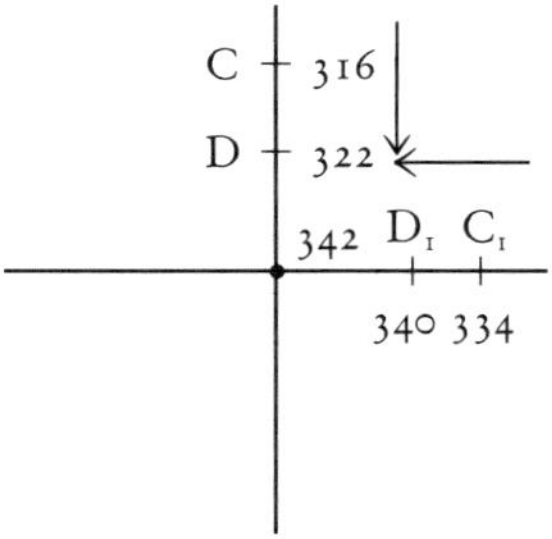

IX.

RR

Gruppe: 9) A_1 : 784 → schneller
10) B_1 : 769

Indivi- duum : 9) A : 891 → schneller
10) B : 827

QT

Gruppe: 10) C_1 : 340 → schneller
8) D_1 : 334

Indivi- duum : 9) C : 314 → langsamer
10) D : 316

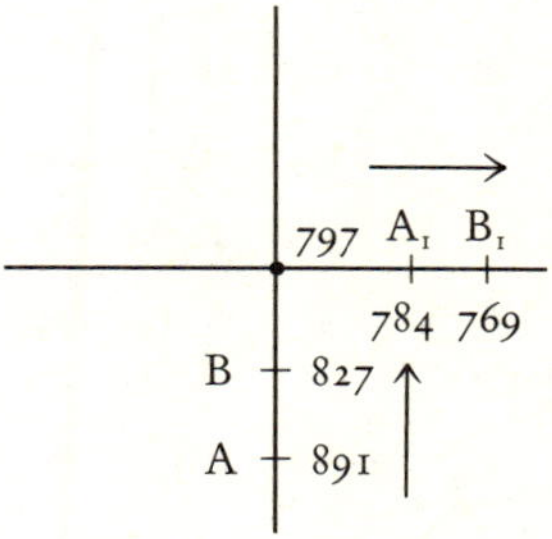

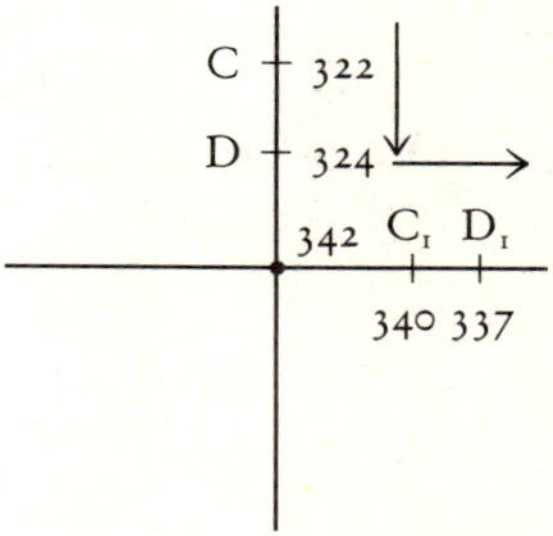

X.

RR

Gruppe: 10) A_1 : 769 → langsamer
11) B_1 : 770

Indivi- duum : 10) A : 827 → langsamer
11) B : 833

QT

Gruppe: 10) C_1 : 337 → langsamer
11) D_1 : 341

Indivi- duum : 10) C : 324 → langsamer
11) D : 330

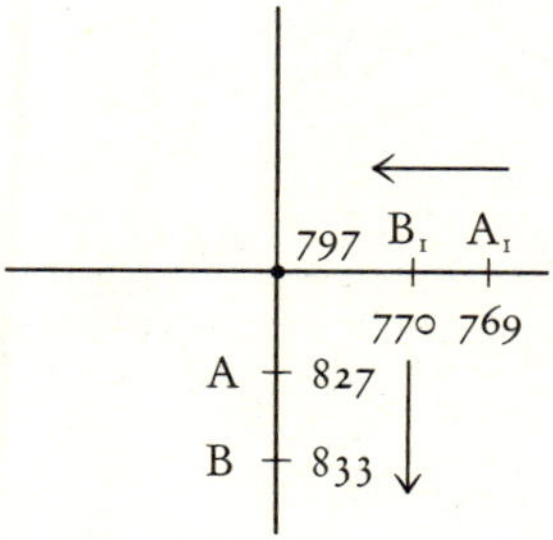

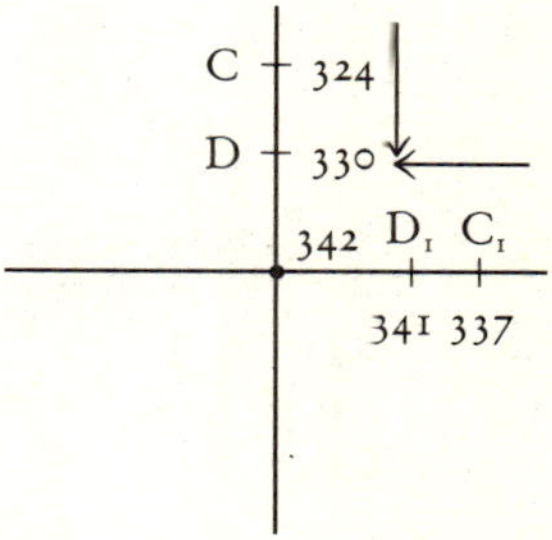

XI.

RR

Gruppe: 11) A_I : 784 → 12) B_I : 769 schneller

Indivi-duum : 11) A : 891 → 12) B : 827 langsamer

QT

Gruppe: 11) C_I : 341 → 12) D_I : 340 schneller

Indivi-duum : 11) C : 330 → 12) D : 332 langsamer

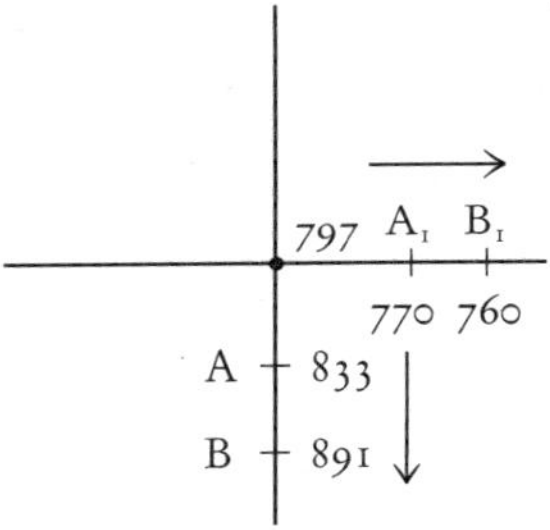

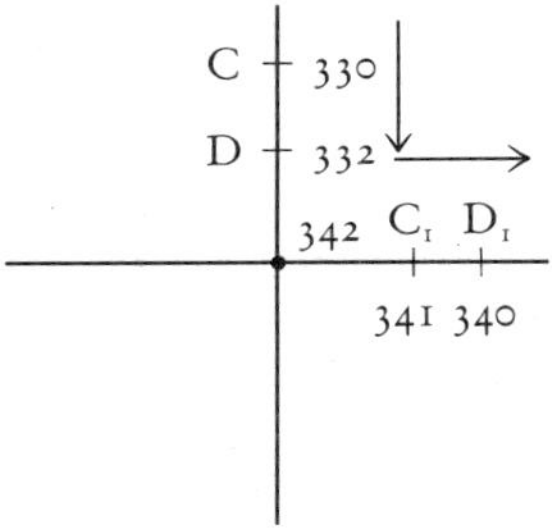

XII.

RR

Gruppe: 12) A_I : 760 → 13) B_I : 781 langsamer

Indivi-duum : 12) A : 843 → 13) B : 781 schneller

QT

Gruppe: 12) A_I : 340 → 13) B_I : 336 schneller

Indivi-duum : 12) A : 332 → 13) B : 317 schneller

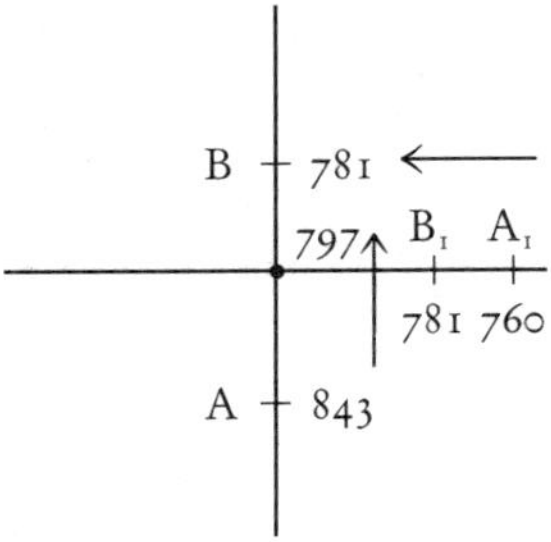

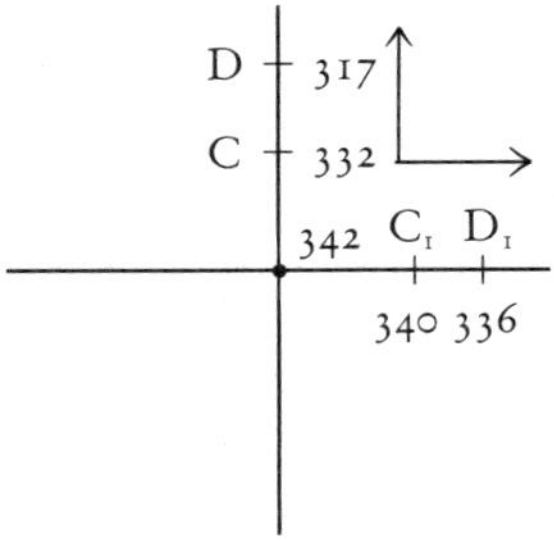

XIII.

	RR			**QT**	
Gruppe:	13) A_1 : 781 14) B_1 : 759	→ schneller	Gruppe:	13) C_1: 336 14) D_1: 335	→ schneller
Individuum :	13) A : 781 14) B : 818	→ langsamer	Individuum :	13) C : 317 14) D : 315	→ schneller

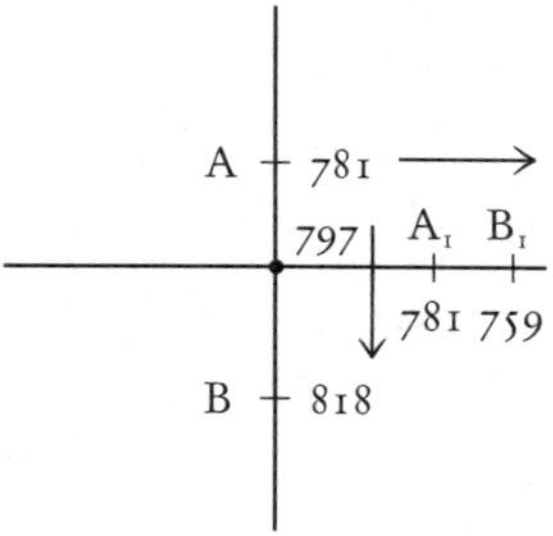

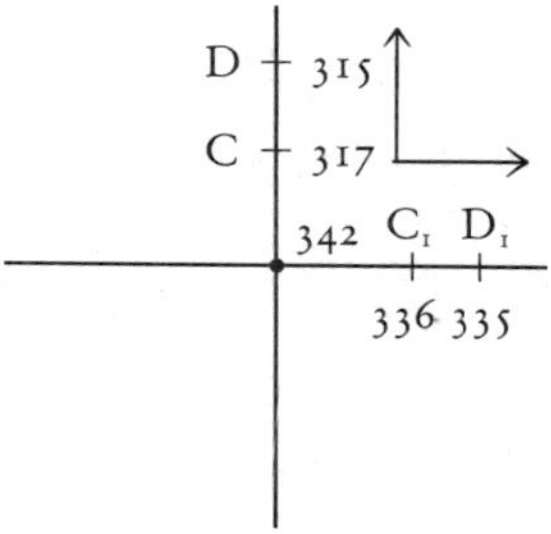

XIV.

	RR			**QT**	
Gruppe:	14) A_1 : 759 15) B_1 : 785	→ langsamer	Gruppe:	14) C_1: 335 15) D_1: 338	→ langsamer
Individuum :	14) A : 818 15) B : 908	→ langsamer	Individuum :	14) C : 315 15) D : 342	→ langsamer

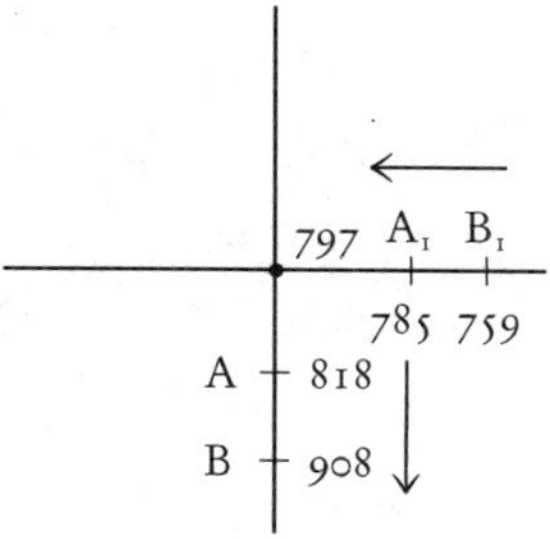

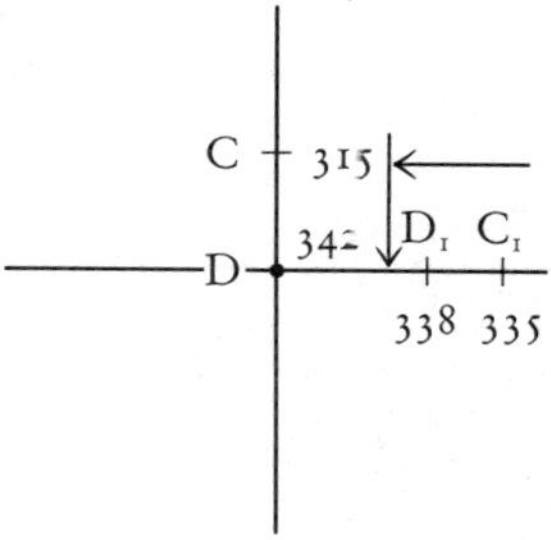

XV.

RR

Gruppe: 15) A_I : 785 ⟶ langsamer
16) B_I : 926

Indivi- : 15) A : 908 ⟶ schneller
duum 16) B : 887

QT

Gruppe: 15) C_I : 338 ⟶ langsamer
16) D_I : 353

Indivi- : 15) C : 342 ⟶ schneller
duum 16) D : 320

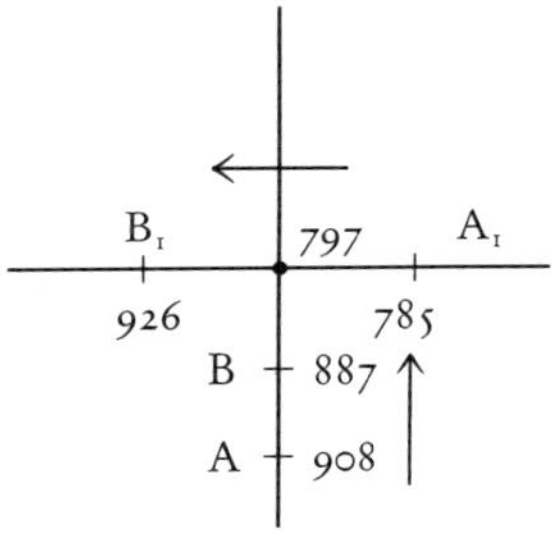

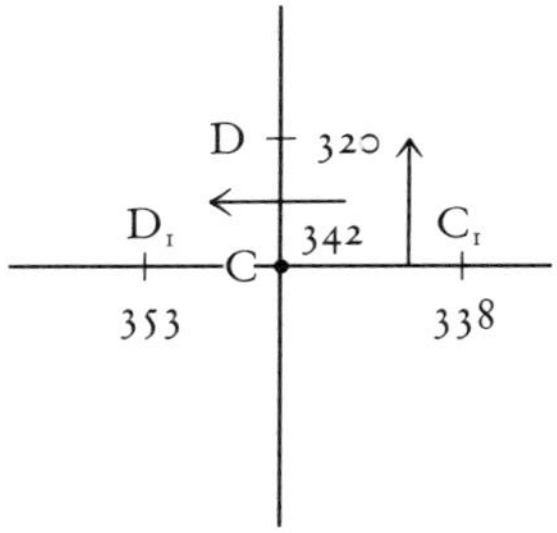

XVI.

RR

Gruppe: 16) A_I : 926 ⟶ schneller
17) B_I : 806

Indivi- : 16) A : 887 ⟶ langsamer
duum 17) B : 1088

QT

Gruppe: 16) C_I : 353 ⟶ schneller
17) D_I : 344

Indivi- : 16) A : 320 ⟶ langsamer
duum 17) B : 332

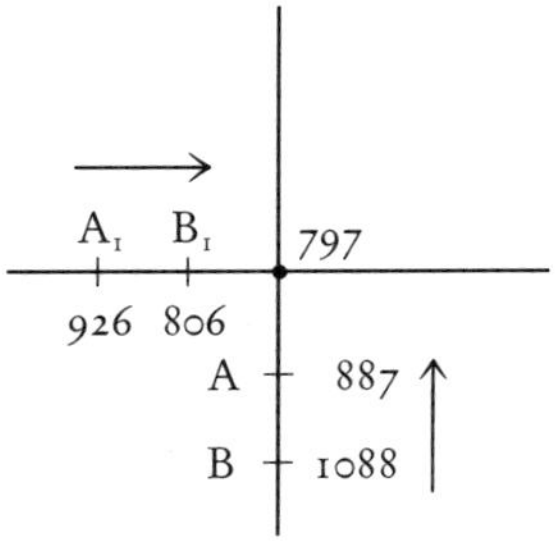

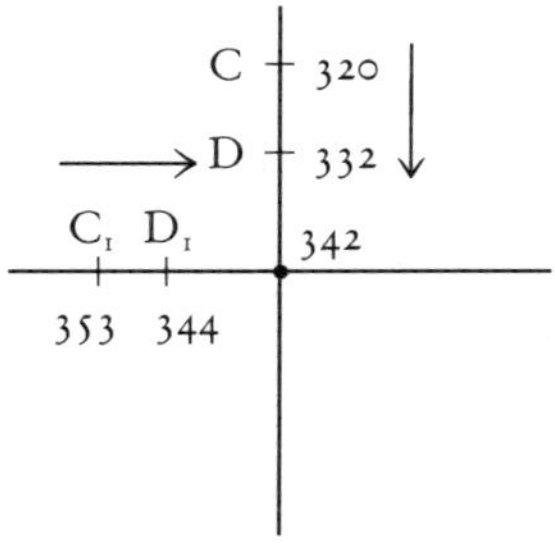

XVII.

RR			**QT**		
Gruppe:	17) A_1: 806 18) B_1: 877	→ langsamer	Gruppe:	17) C_1: 344 18) D_1: 353	→ langsamer
Individuum :	17) A : 1088 18) B : 1032	→ langsamer	Individuum :	17) A : 332 18) B : 331	→ schneller

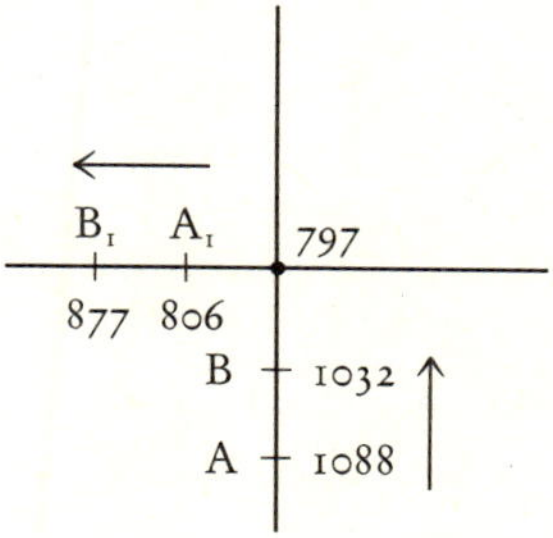

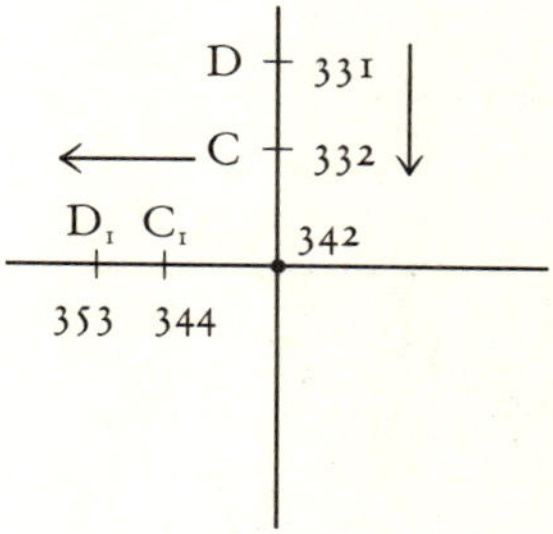

Register

Acetylcholin 57
Ahaṃkāra 38, 46ff., 51, 54f., 61f., 67, 69, 169, 188, 190; siehe auch Ich-Macher
Alptraum 56, 106, 129, 192
Apalāpa 105, 111, 116, 118, 121
Apana 93f.
Apastambha 111, 116, 118, 121
Arzt 12, 20, 43, 45, 59, 79, 82, 84, 92, 95, 123
Askese 30
Asthma 85, 89f., 105, 108, 118
Ātman 24, 49, 126; siehe auch Selbst
Atmung 94, 106, 122, 136
Automatie 160
AV-Knoten 137, 159, 161
Avyakta(m) 47, 52ff., 59, 79, 84, 87
Ayurveda 10, 15, 17, 20, 31, 87, 94, 123
Ayus 72

Barorezeptoren 94
Besitz 12, 25, 43, 46
Bewußtsein 35, 57, 62, 67, 78, 128
Bhagavad Gītā 52
Blut 64f.
Blutdruck 172
Blutgefäße 114, 172
Blutkreislauf 56, 163, 168
Buddha 24, 29
Buddhismus 29
Brahmanen 10, 19, 22, 24ff., 28f., 31, 49, 200
Bṛhati 117ff., 121f.
Bronchialäste 105f., 116, 121
Brustkorb 106f., 116ff., 122, 131, 142, 166

Calcium 155, 166
Caraka Samhitā 15, 19, 23f.
Caitanya 78
Chaos 71f., 80, 133
Chaosforschung 135
Chirurgie 15, 20f., 23, 26, 30f., 49, 53, 115, 123, 125f.
Chronobiologie 18, 35, 75, 83, 193

Depolarisation 138, 159
Desynchronisierung 124
Diagnose 16
Dissoziationsphänomen 56
Divergenz 102, 145f., 167, 169f., 173, 179, 184, 186f., 213ff.
Doṣa 84f., 90
Dravyam 72ff., 78, 93
Dynamik 24, 179

EKG 132, 136, 138, 143, 151f., 154, 159, 163ff., 172f., 179ff., 186ff., 191, 195
Elemente, fünf 68, 94, 109, 123, 157, 187
Enzyme 64
Epidemie 91
Erde 62f., 125, 147, 187
Ethik 126

Flexibilität 155
Fremdkörper 45, 117, 130
Fülle (der Zeit) 159, 189, 191

Galle siehe Pitta
Geben 34, 48, 69
Geisteswissenschaften 13, 16
Gesellschaft 12f., 16, 49, 56, 58
Gesundheit 12f., 22, 72f., 94, 116
Gesundheitsbildung 9f., 14, 186
Gleichgewicht 64, 66, 68, 70, 85, 91, 94, 115, 131, 133
Gruppendynamik 186
Gruppen-Mittelwert 102, 142f.
Guṇa 37, 60, 62

Hakenschwung-Zeremonie 27
Halsschlagader 94, 166
Herz 17, 25, 33f., 48, 64, 69, 89, 93, 97, 103f., 106f., 112, 114, 116, 118, 120f., 127, 131, 133, 136, 150, 159f., 169, 179, 186, 188
Herzfrequenz 94, 96, 106, 119f., 136, 138, 140, 143, 145, 152, 156, 169, 172f., 178, 180, 184, 191
Herzinfarkt 76
Herzmuskel 120, 160, 190
Hilfe zur Selbsthilfe 92
Hindi 39, 41, 58, 193
Hirnhemisphäre 119
His'sches Bündel 159, 161
Hṛdayam 34, 110f.
Hormone 64
Husten 89ff., 105f., 108, 118
Hypothalamus 35, 160

Ich-Macher 38, 46, 48, 60, 68f., 143, 169, 188, 190
Indologie 14
Industriegesellschaft 14
Internist 31, 74, 94

Kalium 160
Kapha 49, 54f., 91, 95, 118, 121, 131, 150
Karanam 57
Karma, Karman 36ff., 42, 45, 58f., 63, 68, 70, 74, 84, 95f., 129, 152, 192, 193
Kenner des Feldes 51f., 78, 199; siehe auch Kṣetrajña
Klartraum 56, 192ff., 198
Körper 31, 33, 36f., 45f., 56, 63f., 68, 74f., 78f., 82, 87, 93, 95f., 114f., 117, 124, 137, 156, 159, 188
Körperrhythmen 18
Körpersprache 15
Konflikt-Situation 102, 145f., 167, 169f., 179, 184, 186f., 194
Konnotation 96
Kontraktion 172
Konvergenz 102, 145f., 167ff., 172, 179, 184, 187, 213ff.
Kosmogonie 49f., 54
Krankheit 13, 22f., 27, 51, 68, 89, 92, 95, 130, 133
Krebs 130
Kreislauf 103, 122, 169
Krieger-Kaste 19; siehe auch Kṣatriya
Kṣatriya 19, 23ff., 29ff., 49ff.; siehe auch Kriegerkaste
Kṣetrajña 51, 53, 78, 199; siehe auch Kenner des Feldes

Latissimus dorsi 121
Lebensbedingungen 14
Lebensperspektive 159
Lebensqualität 13

Leere (der Zeit) 159, 189, 191
Legende 18, 21 ff., 26, 28 f., 32
Lehre vom Pfeil (Śalya Tantra) 25, 28 f., 93, 108, 127
Luft 123, 125, 147
Lunge 115, 117, 121
Luxus 11 f.

Märchen 189
Magen 85, 117
Mahābhārata 18, 25, 29
Manas 33 f., 55, 62 f., 73, 93, 199
Marma 30, 45, 95, 104, 106, 108 ff., 120, 122 ff., 127, 131, 170
Māyā 68
Medikament 76, 78, 93, 103
Meditation 28, 56, 140, 198
Menschenopfer 27, 29
Metapher 13, 194
Mittelwerte 92, 167, 174
Mond 62, 120, 149
Motorik 56
Mythos/Mythen 32, 68, 189

Nāḍiśodhana 119 f., 191 f.
Nase 21, 119, 165
Nasenflügel 111, 117, 119, 121 f., 165
Nasenloch 119 f., 133, 165
Natrium 160, 162
Naturwissenschaft 13, 103, 126
Nehmen 34, 48, 69
Nervensystem 56
Neurotransmitter 56 f., 64
Nicht-Sein 12
Noradrenalin 57
NREM-Phase 119
Noxe 31, 73, 94 f.

Operation 123, 125 ff., 131
Opfer 21, 23, 26, 31 f., 49 f.
Ordnung 71, 80, 92, 133
Organ 15, 17, 34, 48, 76, 95, 106
Osteoporose 155
Oszillation, Oszillieren 45, 66, 70 f., 76, 78 ff., 87, 93 f., 106, 116, 120 f., 131, 133 ff., 137, 150, 156, 188 f.

Paradigma 17, 20
Patañjali 51, 53
Pathologie 159
Patient 17, 47, 79, 91 f., 94, 96, 108, 124
Peristaltik 117
Pfeil 45, 53, 60, 79 f., 105, 107, 114 ff., 172
Pitta 91, 131
Pleura 117
Polarisation 159
PQ-Strecke 137, 166 f.
Präventivmaßnahme 105
Präventiv-Medizin 89, 133, 159, 187
Prakrit 39, 41 ff.
Prakṛti 53, 58, 61, 74
Prāṇa 83, 85, 89 ff., 93 ff., 104 f., 107, 121 f.
Prāṇāyāma 119 f., 121, 191 ff.
Priester 44
Priesterstand 23
Psychoneuroimmunologie 18, 83
Psychosomatik 126
Pulsschlag 103, 137
Purāṇa 18
Puruṣa 46, 49, 51, 54
Purvedeha 34, 36 f.

QT-Strecke 120, 137f., 162, 166f., 190ff., 213ff.

Rajas 33, 37, 45ff., 54f., 60, 62ff., 71, 75, 81, 93, 120f., 134
Rāmāyana 18, 25
Raum 39, 63, 65, 123, 125, 147
Reichtum 12
Reinkarnationslehre 37
Reizleitungssystem 159
Religion 22, 30
REM-Phase 120
RR-Strecke 120, 137, 162, 166f., 190f., 213ff.
Resetting (-Modell) 74
Ṛgveda 26ff., 49
Rhythmus, Rhythmen 31, 74, 81, 83, 89f., 94ff., 106, 124, 134, 142f., 160, 179, 190f.
Ritual 22, 44
Rūdra 20ff., 25f., 28f., 49

Śalya Tantra siehe Lehre vom Pfeil
Samādhi 53, 56
Samana 97
Sāmkhya-Philosophie 24, 27, 29, 38, 43, 46, 49ff., 80
Sanskrit 15ff., 38, 41ff., 48, 58
Śārīra 46, 48f., 72
Sattva 33, 37, 45ff., 54f., 60, 62, 66, 71ff., 134, 138, 143, 188, 190
Saumya 65, 104, 131; siehe auch Schlafzustand
Schlaf 33, 52f., 56, 67f., 71, 94, 96, 102
Schlaf-Wach-Rhythmus 18, 66
Schlafzustand 38, 45, 62ff., 93, 105f., 120, 124, 131, 138, 150, 154
Schleim 49, 118, 122; siehe auch Kapha
Schluckauf 85, 89f., 105f., 108, 119
Schmerz 18, 22, 80, 115
Schmerzbewältigung 159
Schmerzforschung 18, 56, 83
Schutz im sozialen Raum 145f., 167, 170, 173, 184, 188
Schwangerschaft 127f.
Schwankung 137, 142, 156f.
Schwarzes Loch 76, 78, 135, 190
Sein 12, 58ff.
Selbst 9, 24, 33, 49, 52, 56f., 69, 79, 82, 115, 125f., 131f., 199; siehe auch Ātman
Selbstorganisation 9
Selbstreflexion 11
Selbstverständnis 14
Selbstverwirklichung 11
Selbstwertgefühl 126
Sinusknoten 137, 159ff.
Śloka 16
Sonne 62, 120, 149
Sozialisation 38, 58, 69
Sozialmedizin 17
Sozialpädagogik 17
Sozietät 56, 68f., 132, 142, 186
Speiseröhre 106, 117, 121f.
Sprache 15ff., 20, 38, 41f., 58, 63, 103, 169
ST-Strecke 160, 162
Stanamūla 105, 110f., 116, 118ff.
Stanarohitā 105, 110f., 116ff., 121f.
Standort 35, 47, 52f., 56, 128, 132, 136, 157, 172, 187

Standort des Träumers 128
Stellvertreter-Tod 30, 189, 198, 201
Sterben 13
Störungen 22, 89
Streß 187
Streuung 181, 184
Suśruta Samhitā 10, 15, 19, 24, 26, 28, 44, 53, 59, 93, 125f., 145, 193f.
Sūtra 17, 39, 44, 51
Symbolik 31, 167

Tamas 33, 37, 45ff., 54f., 60, 62, 66, 71
Therapie 16, 89, 187, 192
Tiefschlaf 119
Tod 45, 58, 201f.
TP-Strecke 167, 191
Tradition 50
Traum/Träume 31f., 34f., 37f., 45, 48, 56f., 68ff., 74, 96f., 102, 106, 114, 123, 127, 132f., 146, 151, 154, 167, 176ff., 186, 188f., 195f.
Traumforschung 12, 32, 192
Traumhandlung 181
Traumsymbole 162
Tridoṣa 49, 91

Überfluß 11f.
Udāna 85, 89f., 93f., 105, 121f.
Uhr, Uhren 35, 56, 75
Ungleichgewicht 64, 68

Vāgbhaṭṭa Samhitā 15
Vaidya 44, 59, 79
Vāta 49, 54f., 81, 83, 91, 93, 118, 121
Vāyu 80ff., 86ff., 95, 105, 108, 121f.
Veden 51
Vektor, Vektoren 76, 95, 97, 132f., 135, 145, 157, 163, 167, 170, 173, 176ff.
Verdauungstrakt 85
Vyāna 93f.

Wachbewußtsein 34
Wach- und Warnposten 45, 108, 114, 150, 199
Wachzustand 33ff., 37f., 45, 48, 57, 63f., 70, 96, 105f., 120, 124, 131, 192, 198
Wahrnehmung 20
Wasser 62f., 65, 123, 125, 147, 154, 187
Wechselatmung 119
Wiedergeburtslehre 36; siehe auch Reinkarnationslehre
Wind 62, 67; siehe auch Vāta
Wissenschaft 22, 53, 74, 198
Wohlstand 73

Yoga 10, 20, 29f., 51, 89, 120, 143

Zeit 17, 38ff., 58, 93, 115f.
Zeitgeber 102, 145, 188
Zelle, Zellen 35, 76, 160
Zivilisationskrankheiten 17